당신의 과거와 화해하라

(주)죠이북스는 그리스도를 대신한 사신으로
문서를 통한 지상 명령 성취와 하나님 나라 확장을 위해 노력합니다.

Copyright ⓒ 1985 by H. Norman Wright
Originally published in English under the title:
Making Peace with Your Past
Published by the Fleming H. Revell Company
Old Tappan, New Jersey, USA
All rights reserved.

Translated and used by permission of the Fleming H. Revell Company.

This Korean Edition Copyright ⓒ 1996, 2021 by JOY BOOKS Co., Ltd., Seoul, Republic of Korea

이 책의 저작권은 Fleming H. Revell Company와 독점 계약한 (주)죠이북스에 있습니다. 신 저작권법에 의하여 한국 내에서 보호받는 저작물이므로 무단 전재와 무단 복제를 금합니다.

당신의 과거와 화해하라

H. 노먼 라이트 지음
송헌복, 백인숙 옮김

죠이북스

차 례

감사의 말 6
추천의 글 7
옮긴이 서문 10

서론_ 당신이 걸어야 할 가장 중요한 여정 12
1장_ 거추장스러운 짐 보따리를 어느 곳에 둘 수 있는가 17
2장_ 마음의 짐은 어떻게 형성되었는가 29
3장_ 과연 나도 변화될 수 있을까 45
4장_ 상상을 통해 감춰진 상처를 치유하라 65
5장_ 마음속에 품은 원통함을 포기하라 85
6장_ 거부감을 극복하라 115
7장_ 완전주의에서 탈피하라 141
8장_ 저항적인 삶의 방식을 깨뜨리라 165
9장_ 과보호를 극복하라 183
10장_ 정서적 마비에서 자유하라 207
11장_ 당신의 상처를 처리하라 233

주 259

감사의 말

이 책을 쓰는 동안 나의 사고를 자극하고 성장하도록 도전해 준 모든 사람에게 감사한다.

특히 아내에게 감사한다. 내가 책과 원고에 둘러싸여 한 가지 생각에 몰두해 있을 때, 아내는 따뜻하게 격려해 주었고 모든 불편을 참아 주었다.

또한 이 책뿐 아니라 다른 책을 쓰는 동안 많은 지원과 격려와 도움을 준 친구들에게 감사한다. 한때 내게 배우는 학생이었지만 지금은 훌륭한 작가이며 친구인 매릴린 맥기니스는 내 책을 편집했고 내 생각을 잘 정리하여 앞뒤가 맞게끔 다듬어 주었다. 매릴린 덕분에 잘 풀리지 않는 매듭을 염려하지 않을 수 있었다.

추천의 글

우리는 모두 성장 과정에서 부모나 친척, 친구 등을 통해 크고 작은 상처를 주고받는다. 신뢰의 상실은 상처로 이어지고 상처를 받은 우리는 분노와 슬픔을 경험한다. 남존여비 사상을 바탕으로 하는 우리 문화권에서 남자는 남자답기 위해 감정을 은폐하였고 여자는 억압적인 구조 속에서 살아남기 위해 남자와 윗사람에 대한 감정을 억압하면서 삶을 이어 왔다. 억압된 분노는 보복심과 원한으로 발전하고, 이것은 언어적 폭력, 물리적 폭력, 성폭력 등 파괴적 행동을 낳는다. 또는 위궤양, 고혈압, 피부병 등 각종 정신적, 신체적 질환을 유발하거나 우울증으로 발전한다.

감정은 하나님의 선물이다. 우리는 기쁨과 평안, 감사, 행복 등 긍정적인 감정은 물론, 분노와 슬픔, 수치심, 죄책감, 열등감과 같은 부정적인 감정을 경험한다. 우리의 가정생활과 직장 생활, 그리고 교회 생활에서 우리를 괴롭히는 것은 좌절, 분노, 원한, 보복심과 같은 부정적인 감정이다. 우리는 이러한 감정을 표출하거나 은폐하거나 억제하여 삶에 적응하려 한다. 정서적 에너지는 어떤 모양으로든 처리되어야 한다. 성격 장애자는 부정적인 감정을 표출하여 가까운 사람을 못살게 굴고, 신경증 환자는 스스로 감정을 억압하여 자신을 못살게 군다. 따라서 우리는 대부분 정서적으로 충만한 생활을 누리지 못하고 있다.

H. 노먼 라이트(Norman Wright)는 인간의 연약함과 고통을 누구보다 잘 아는 기독교 심리학자로, 우리가 어떻게 고통스런 과거와 화해할 수 있는지를 구체적으로 보여 준다. 그는 정서적인 고통이 인생에서 불가피함을 설명한 후에, 과거의 고통을 치유하는 길을 단계적으로 명쾌하게 제시한다. 고통은 은폐한다고 사라지지 않는다. 우리에게는 고통을 직면하고 재경험할 용기가 필요하다. 마음의 아픔을 회피하지 않고 직면할 때 하나님은 고통의 의미를 재해석할 수 있는 통찰력을 주신다. 마지막으로 우리는 분노의 감정을 처리하고 가해자를 용서하는 것으로 치유를 경험할 수 있다.

하나님은 사람을 이해하고 변화시키는 데 필요한 지식을 두 가지 '책'을 통하여 우리에게 계시하셨다. 사랑과 자비가 풍성하신 하나님은 성경의 '계시된 진리'(disclosed truth)와 사회과학의 '발견된 진리'(discovered truth)를 통하여 우리가 서로를 진단하고 치료할 수 있도록 배려하셨다. 이 책의 저자 H. 노먼 라이트는 기독교 상담학계를 대표하는 상담 심리학자이며 가정 사역자로서 심리학적 통찰을 통해 인간의 문제를 진단하고, 성경적 조명을 통해 문제의 해답을 제시하는 일에 자신의 은사를 발휘하고 있다. 나의 스승인 게리 콜린스(Gary

Collins)와 함께 H. 노먼 라이트는 '하나님이 현대 상담학계에 내려 주신 선물'이다. 나는 같은 분야에서 마음의 상처를 치유하는 일에 헌신하고 있는 가정 사역자로서, 라이트의 명저가 우리말로 번역되어 소개되는 것을 매우 기쁘게 생각한다.

성실하고 책임 있는 번역으로 저자의 의도를 충실하게 전달한 두 역자에게 독자를 대신하여 감사의 뜻을 전한다. 그리고 상담 사역 및 가정 사역에 종사하는 이들과 과거의 상처로 인해 고통당하는 모든 이에게 이 책이 '축복의 메시지'가 될 것을 의심치 않으며 기쁨으로 이 책을 추천한다.

정동섭
가족관계연구소장

옮긴이 서문

1991년 트리니티 복음주의 신학원에서 공부할 때 나는 이 책을 가정생활 교육의 필독서로 소개받았다. 치유에 관한 책이 많지만 저자의 책은 복음적이면서도 치유에 관한 좀 더 구체적인 방법과 기술을 독자에게 제시해 준다는 면에서 독특하다.

저자는 과거의 상처를 아물게 할 구체적인 방법을 제시할 뿐 아니라 항상 하나님의 말씀을 최종 권위로 내세운다. 이것이 심리적, 물적(物的) 방법만 사용하는 일반 치료 요법과 다른 점이다. 독자들은 이 책을 통해 저자가 제시하는 구체적인 질문들을 접하게 될 것이다. 또한 실제로 연습 문제를 해보면서 효과적인 도움을 얻을 수 있을 것이다.

우리는 종종 과거의 불행한 경험이 무의식 가운데 자리 잡고 우리 삶을 짓누르며 억압하는 것을 느낀다. 이 책은 그러한 억압에서 우리를 확실하게 해방시키는 좋은 안내서가 될 것이다.

한국선교훈련원(GMTC)에서 동역했고 현재는 선교사 자녀(MK) 사역을 하고 있는 백인숙 교수와 함께 이 책을 번역할 수 있게 된 것을 기쁘게 생각한다. 이 책이 출판되기까지 많은 수고를 해준 죠이선교회 출판부에 감사의 뜻을 전한다.

목동에서 송헌복

서론
당신이 걸어야 할 가장 중요한 여정

이제부터 우리가 어디로부터 왔고, 지금 어디에 머물러 있으며, 앞으로 어디를 향해 가야 할지를 살펴보기로 하자. 이렇게 할 때 우리는 과거의 중요성과 그것이 현재 어떠한 역할을 하는지 깨달을 수 있을 것이다.

나는 특히 당신이 과거를 돌아보도록 돕고 싶다. 당신의 과거가 현재의 당신을 말해 줄 수 있기 때문이다. 인생의 항로를 통과하는 데 있어 당신은 항해의 목표와 여정, 그리고 겪어 온 많은 사건을 명확히 하고 싶을 것이다. 그러기 위해서는 당신이 지금까지 어디를 통과했는지를 분명히 알아야 한다. 삶의 과정을 생각해 볼 때 무엇이 당신의 힘과 생각을 움직여 왔는지가 중요하다. 그것은 참 자아의 능력에서 나온 삶이었을 수도 있고, 당신 안에 자리 잡고 있는 또 다른 존재에서 나온 것일 수도 있다. 상담자나 심리학자는 당신을 조정하려는 이러한 '또 다른 존재'를 일컬어 '과거에 속한 내적 어린아이'(inner child of the past)라고 부른다. 이 내적 어린아이는 어린 시절에 겪은 부담이나 어려움을 그대로 지니고 있으며, 당신의 심리 세계의 일부분을 반영한다.

당신 안에 존재하는 내적 어린아이를 깨달을 때, 당신은 자신을 새로운 방법으로 이해할 수 있을 것이다. 그리고 다음과 같은 질문에 대해 좀 더 나은 통찰을 하게 될 것이다.

"어떻게 오늘날의 내가 형성되었는가?"

"내 존재에 대한 책임은 누구에게 있는가?"

"내가 싫어하는 나의 일부분을 어떻게 변화시킬 수 있는가?"

앞으로 다룰 내용들은 20년에 걸쳐 성경을 자세히 살펴보고, 수백 명에 이르는 개인과 부부들을 상담하고, 또한 대학원생들을 가르치기 위해서 많은 시간을 들여 연구한 결과다. 그중 어떤 내용은 나의 개인적인 의견에서 나온 것도 있고, 다른 신학자나 목회자의 의견을 빌려 온 것도 있다. 무엇보다 성령께서 이러한 여러 생각을 종합해서 정리하는 작업을 도우셨다. 진실로 내가 확신하기는, 당신이 예수 그리스도의 임재를 경험한다면 성령께서 당신의 숨은 상처를 치유하는 가장 강력한 원동력이 되심을 알게 되리라는 것이다. 성경은 그리스도인이 하나님 가족의 일원으로 입양되었다고 말한다. 갈라디아서 4장 4, 5절은 하나님이 우리를 구속하시기 위해서 그 아들을 보내셨다고 말한다. "우리로 아들의 명분을 얻게 하려 하심이라."

요한일서 3장 1절은 이것을 좀 더 개인적인 의미로 말한다. "보라 아버지께서 어떠한 사랑을 우리에게 베푸사 하나님의 자녀라 일컬음을 받게 하셨는가."

우리가 입양된 가정은 이 세상에 존재하는 불안정하고 지속되지 못하는 가정과는 아주 다르다. 우리 하나님 아버지 안에는 안정과 평안이 있다. 우리에게는 변함없고 지혜롭고 선하신 아버지가 계시고, 우리의 위치는 그분의 자녀로 항상 보장되어 있다.

A. W. 토저(Tozer)는 하나님이 우리에게 어떤 사랑을 가지고 계신지를 다음과 같이 묘사했다. "무한히 자유를 누리시는 하나님이 인간을 향해 그분의 마음을 여시고 감정적으로 인간과 동일시되신 것은 이상하고도 아름답고 놀라운 행동이다. 자존하시는 하나님이 우리의 사랑을 원하시고 그 사랑을 얻기까지 만족하지 않으신다. 무한히 자유하신 하나님이 그분의 마음을 영원히 우리에게 묶어 놓으셨기 때문이다."[1]

당신이 알고 있듯이 예수 그리스도를 당신의 생애에 모셨을 때 성령께서도 당신 생애의 일부를 차지하셨다. 성령께서는 우리가 하나님과 어떻게 연결되었는지를 이해하게 해주는 선생이자 안내자다. 바울은 로마서 8장 15절에서 "양자의 영을 받았으므로 우리가 아빠 아버지라 부르짖느니라"고 말했다. 성령은 우리의 양자 됨에 어떤 역할을 하시는가? 성령은 우리가 하나님의 자녀라는 사실을 계속 인식하게 해주신다. "아빠 아버지"라는 말은 우리가 하나님을 "아빠"라고 부를 수 있다는 의미다. 성령은 우리가 하나님을 아버지로 바라보고 아이가 믿음직한 부모를 의지하는 것처럼 그분을 의지하도록 우리를 감동시키신다. 이것은 우리가 현재 경험하고 있는 삶 가운데 우리를 방해하는 과거의 어린아이 같은 삶의 방식을 떠나는 것을 의미한다.

오늘 예수 그리스도께서 당신의 삶 가운데 임재하셔서 당신의 과거와 연관된 부정적인 반응들을 제거하는 데 이 책에 제시된 내용들이 사용될 수 있다. 당신은 이제 어린 시절의 무거운 멍에에 얽매이지 않고 자유로운 인간으로 삶을 즐길 수 있다. 당신이 성장하면서 겪은 어려움이나 부정적 영향력으로 인해 당신을 지배하고 있는 내적 어린아이에서 자유로워질 수 있다. 하늘에 계신 아버지가 당신의 부모가 됨으로 과거의 숨은 상처는 치유될 수 있다.

성령께서 이 책에 제시된 생각을 당신의 마음에 머물게 해주시고 당신이 원하지 않는 믿음과 태도와 반응이 변화되도록 도와주시길 간구하라. 그리고 여기서 배운 것을 실천하라. 당신이 발견한 것을 다시 기억할 수 있게 해달라고 기도하라. 당신에게 적용되는 내용을 반복해서 읽으라. 의미심장한 부분은 복사해서 가지고 다니라. 당신의 삶을 인도하는 능력이 되시는 하나님의 말씀을 외우고 묵상하고 머릿속에 떠올리라. 우리가 그분의 자녀가 됨으로 지금까지와는 다른 새 사람이 될 수 있음을 하나님께 감사하라.

한 가지 더 추가할 것은 다음과 같다. 이 책이 당신을 인생에서 가장 중요한 여정 가운데로 이끌어 갈 때, 아마도 수년 동안 묻어 둔 기억하기 싫은 생각과 감정이 드러나게 될 것이다. 그때 당신은 문제에 대해 이야기를 나누며 도움을 청할 수 있는 사람이 필요할지 모른다. 그럴 때, 신뢰할 수 있는 목회자나 전문적인 기독교 상담가를 찾는 것을 주저하지 말라.

이제 삶의 여정 가운데 어디를 지나든 상관없이 우리가 절름발이가 아니며 나약한 사람이 아니라는 확신으로 즐거워할 수 있다. 우리는 하나님의 가정에 입양된 새로운 피조물이기 때문이다. 나는 "우리를 예정하사 예수 그리스도로 말미암아 자기의 아들들이 되게"(엡 1:5) 하신 기쁜 소식의 중요성은 아무리 강조해도 지나치지 않다고 믿는다. 당신이 이러한 개념을 충분히 이해하고 이 진리를 당신의 삶에 적용시킬 때 하나님은 당신에게 통찰력과 힘, 안정감을 주실 것이다. 그리하여 주위에 아무리 많은 스트레스와 부정적인 영향력이 있을지라도 하나님이 주신 능력으로 말미암아 이 세상을 힘 있게 살아갈 수 있을 것이다. 뿐만 아니라 인생의 경험을 크게 확대시킬 수 있을 것이다.

매우 많은 그리스도인이 고아처럼 살고 있다. 당신이 하나님의 자녀가 된 것을 날마다 감사드리면서, 오늘 그분이 원하시는 삶은 무엇인지 늘 여쭈어 보라.

1장
거추장스러운 짐 보따리를 어느 곳에 둘 수 있는가

얼마 전 아내와 나는 커다란 관광 여객선을 탈 기회가 있었다. 미리 잡혀 있는 여행 일정에 따라 필요하다고 생각되는 것을 골라서 짐을 꾸리기 시작했다. 우리는 거실 바닥에 쌓아 놓은 옷가지와 물건들을 바라보며 여행이 단지 8일뿐이라는 것을 믿을 수가 없었다. 마치 80일 동안 세계를 일주하기 위해 준비한 것처럼 보였기 때문이다. 우리가 가져가야 할 짐을 잘 선택해서 챙기지 않으면 결국 우리는 엄청나게 많은 짐 보따리를 가져가게 될 것이었다.

우리는 짐 가운데서 꼭 필요한 것만 골라내기 위해 질문을 하기 시작했다. "이 물건이 꼭 필요할까?" "이 옷을 내가 입게 될까?" "이것을 가져가는 목적이 무엇이지?" "이것은 여행에 쓸모가 있을까?" "이것을 가져가지 않아도 여행을 즐기는 데는 지장이 없지 않을까?" 우리는 꼭 필요치 않은 것들을 선별해야만 했다. 해상 관광 여행에 자질구레한 물건을 모두 가지고 간다면 여행하는 동안 어려움을 수차례 겪을 것이다. 가장 먼저 공항에서 초과된 짐에 대한 요금을 지불해야 할 것이다. 그리하여 아내와 나는 처음에 가져가려 하던 것 중에서 많은 것을 빼내었다.

세심하게 골라내었지만 짐은 여전히 많았다. 우리가 배에 도착했을 때 짐 나르는 사람들이 우리 방으로 짐을 가져다주었다. 여러 개의 손가방과, 옷가지와 물건으로 가득 찬 상자였다. 우리는 짐을 풀어 벽장에 넣을 수 있는 만큼 옷을 걸었지만 너무 많이 가져왔기 때문에 꼭꼭 밀어 넣어도 다 들어가지 않았다. 우리는 다시 한 번 골라내는 작업을 했고, 소지품 가운데 얼마를 손가방과 상자 속에 도로 집어넣었다.

그런데 더 큰 문제는 짐 보따리들을 어디에 두느냐였다. 우리는 그 중 몇 개를 침대 밑에 밀어 넣었다. 낮에는 그런대로 괜찮았지만 밤에 잘 때나 쉬려고 침대에 누울 때가 문제였다. 밑에 밀어 둔 짐 보따리가 불쑥 솟아올라 있어서 잠자리가 편하지 못했다.

그러면 이제 침대 밑에 들어가지 않는 남은 짐을 어떻게 할 것인가? 보이는 곳에 둘 수도 있지만 여간 불편한 것이 아니었다. 우리가 쓰는 방 이 구석 저 구석을 비집고 집어넣어 보려 할 수도 있었다. 그러나 배를 타고 여행해 본 사람이라면 잘 알고 있듯이 손바닥만 한 크기의 방에는 남아도는 공간이 거의 없다.

그러면 물건들을 선창 밖으로 내던져 버릴까? 영원히 사라져 다시는 눈에 보이지 않을 테니까. 더는 골칫거리가 되지 않으리라. 그러나 그것은 큰 대가를 지불하는 일이다. 그렇게 한 것을 두고두고 후회할지도 모른다. 짐들이 다시는 보이지 않겠지만 그렇다고 마음속에서도 사라져 버리는 것은 아니기 때문이다.

여행을 지혜롭게 준비하지 못한 것을 돌이킬 수는 없었지만, 다음 번에 이런 기회가 있다면 그때는 좀 더 지혜롭게 결단해야겠다고 다짐했다. 너무 많은 짐 때문에 여행길에 애를 먹었으니 말이다.

우리 부부가 여행에 거추장스러운 짐을 너무 많이 가져간 것과 마찬가지로, 인생 여정에서도 거추장스러운 짐 보따리를 질질 끌고 다니는 경우가 있다. 우리는 모두 출생에서 시작하여 유년기와 사춘기를 거쳐 성인이 되기까지 짐 보따리를 주워 모은다. 이 보따리들은 어릴 때 부모나 다른 사람에게 받은 영향과 압력인데, 우리의 성년기 삶 속에 중대한 의미를 부여한다. 우리는 유년기에 받은 영향인 거추장스러운 짐 보따리에 많이 의존한다. 그러나 유년기의 구습에서 벗어나 성인이 되어야 마땅하다. 사도 바울은 이 점에 대하여 다음과 같이 말했다. "내가 어렸을 때에는 말하는 것이 어린아이와 같고 깨닫는 것이 어린아이와 같고 생각하는 것이 어린아이와 같다가 장성한 사람이 되어서는 어린아이의 일을 버렸노라"(고전 13:11). 그러나 우리는 어린아이와 같은 것들을 치워 버리지 못하고, 사는 동안 그것들을 짊어지고 다니려 한다. 그리고 이것은 종종 우리가 성인이 되는 과정을 방해한다.

이러한 어린아이의 태도는 성인의 삶 가운데 어떻게 드러나는가? 그것이 좋든 나쁘든 어릴 때 어떻게 취급되었는지에 따라 후에도 삶의 태도가 그와 같이 되어야 한다고 믿기 쉽다. 우리는 자라면서 우리에 대한 어른들의 행동을, 어릴 때 익힌 행동 반응과 한데 아울러서 받아들이게 된다. 어린 시절에 받은 부정적인 영향을 떨쳐 버리지 않으며,

좋아하지 않지만 우리가 늘 경험한 그 방법을 사용해서 우리 자신을 키워나가게 된다. 무언가가 우리의 행동 양식을 바꾸게 하지 않는 한 우리는 성인이 되어서도 어린 시절에 익힌 방법을 그대로 간직하게 될 것이다.

특정한 행동이나 말을 하고 난 뒤 스스로 이렇게 생각해 본 적이 있는가? '애도 아니고, 이건 너무 유치하잖아.' 당신에게 긍정적인 느낌이 들었는가, 원망이 있었는가? 그러한 생각이나 느낌을 가진 것에 대해 자신을 비난하게 되지는 않았는가? 자신에게 이렇게 질문해 보았는가? '도대체 이게 어디서 온 거지?' 해상 관광 여행에서 거추장스럽던 우리의 짐 보따리들처럼 어린아이와 같은 이러한 것은 과거 경험에서 나온 것으로 유령과 같다. 그것들은 생의 여정을 즐기며 자유롭게 쉬려 할 때 훼방하기 일쑤다. 바로 거추장스러운 짐 보따리인 것이다.

거추장스러운 짐 보따리

어린 시절에 쌓아 놓은 어떤 짐 보따리는 성인이 된 우리에게 도움을 준다. 그러나 또 어떤 것은 우리를 불편하게 하고 계속 긴장감을 일으킨다. 도움이 되든 방해가 되든 우리는 어려서 배운 고정된 생활 양식에 의존하여 안정감을 갖는다. 우리는 어린 시절의 즐거움과 슬픔을 모두 기억한다. W. 휴 미실다인(Hugh Missildine) 박사가 다음과 같이 말한 것처럼, 우리는 절대로 어린 시절의 경험과 우리 안의 어린아이를 완전히 제거해 버릴 수 없다.

당신 안의 어린아이는 성인이라는 껍데기 속에 계속 존재한다. 아마도 '존재한다'보다 '왕성하게 살아 있다'라는 말이 더 좋은 표현일 것이다. 이 '과거에 속한 내적 어린아이'는 자신이 좋아하는 일에 무턱대고 뛰어들어 요란하게 활개 치는 특성이 있는 반면, 싫어하는 것은 어떻게든 회피하고자 하여 다른 사람을 화나게 하며 힘들게 만들기 때문이다. 때로 그 어린아이는 두려워하고 수줍어하며 움츠러드는 모습으로도 나타난다.

좋든 싫든 우리는 과거의 어린아이와 현재 성인의 성품을 동시에 지니고 있다. 과거의 감정적 영향력에 의한 어린아이의 성품은 현재의 생활에 방해가 되는 반면, 현재의 성인은 과거를 잊어버리고 현재를 온전하게 살려고 노력한다. 과거의 어린아이는 현재 성인으로서 누려야 할 만족감을 방해하거나 좌절시키고, 당혹스럽게 하거나 괴롭게 하며, 아프게 하거나 혹은 반대로 삶을 윤택하게 할 수도 있다.[1]

우리에게 내재된 미성숙한 어린아이는 종종 우리가 매우 지쳐 있을 때나 아플 때, 압박이 심할 때, 책임이 과중하다고 느낄 때, 위협을 느낄 때 나타난다. 이 책을 읽고 있는 당신은 당신이 성인이라는 사실을 입증할 수 있는 표지와 증거를 가지고 있을 것이다. 주민등록증이나 운전면허증, 결혼사진, 심지어는 몇 개의 졸업장 같은 것이 이를 증명해 줄 것이다. 경험도 많이 쌓았을 것이다. 나이가 들면 얼굴에 주름이 생기고 머리가 희끗희끗해지며 머리숱도 적어지는데, 이러한 사실들도 당신이 성인임을 확실하게 증거해 줄지 모른다. 그러나 이러한 표지나 증거가 당신이 모든 면에서 '성장했다'는 것을 뜻하지는 않는다.

그렇다면 성장한 어른이 갖추어야 할 인격과 행위의 요소는 무엇인가? 성인은 자신의 생에 책임을 져야 할 의무가 있다. 결정을 내려야 하며, 자신의 생활에 책임감을 가지고 성인답게 행동해야 한다. 대부분은 이런 것들을 꽤 잘해 나간다. 그러나 어떤 사람들은 부분적으로 잘하고, 또 어떤 사람들은 많은 경우 그렇게 하기를 힘들어 한다. 그들의 행동은 가끔 유치하다. 우리는 모두 성인답지 못한 행동을 할 때가 있다. 예를 들면, 스스로 결정을 내리기 힘들어 해서 다른 사람의 인정이나 확인이 필요한 사람이 있다. 그러한 사람의 경우 감옥에 갇혀 있는 것처럼 감정적으로 자유를 누리기 어렵다. 어떤 사람에게 이러한 연약함은 그들의 현재 삶 속에서 관계된 사람들 때문인 경우가 있다. 그러나 많은 경우는 부모와 관련이 있다. 부모가 살아 계실 수도 있고 돌아가셨을 수도 있는데, 그것은 별 차이가 없다. 부모가 돌아가셨든, 수백 킬로미터 떨어진 곳에 살아 계시든, 혹은 한 지붕 밑에 함께 살든, 부모에게 받은 태도와 그들의 훈계는 우리 안에 계속 남아 있기 때문이다. 어린아이일 때 우리는 부모가 말해 주는 것을 모두 믿었기 때문에 아직도 그 영향에서 벗어나지 못한다. 결과적으로 기회가 있을 때마다 과거의 행동 양식이 우리 안에서 솟아나는 것을 발견한다.

중요한 사실은 과거에 부모와 가졌던 갈등을 현재의 관계 속에서 해결하려 한다면, 오히려 자신의 성장을 방해하는 결과를 낳는다는 것이다.

'애착'이라는 짐 보따리

우리는 어린 시절부터 부모에게 애착을 느끼며 자란다. 부모는 우리에게 안정감을 주고, 우리가 원하는 것과 필요로 하는 것들을 공급해 준다. 우리는 부모를 의뢰하는 어린 시절의 고정된 생활 양식에 의존하며, 그 양식은 어른이 된 후에도 존재한다. 우리는 이 점을 매우 잘 인식하고 있으며, 그것을 바꿔 보려 할 때는 요지부동함을 느끼거나 마치 그것이 아직도 우리의 행동 반응을 조정하는 유령이나 환각적인 애착처럼 느껴질 수 있다. 어린 시절의 고정된 생활 양식은 건전한 것이든 아픈 것이든 친밀하게 다가오며, 그 친밀감은 안정감과 위로를 가져다준다.

예를 들어, 어른이 되어 특정한 사람들에게 끌리거나 밀착될 때 그것은 과거의 관계를 재현하는 것일 수 있다. 우리의 부모가 사랑이 많았다면 그 관계의 구체적인 면을 기억할 수 없을지라도 그들은 우리 삶에 흔적을 남겨 놓게 된다. 어떤 사람들은 성인이 된 후에 그들의 부모와 비슷한 사람에게 끌린다. 또 어떤 사람들은 그 반대되는 사람에게 끌리기도 한다.

메리는 그런 종류의 애착을 설명해 주는 좋은 예다. 메리는 데이트를 할 때마다 자신이 어떤 면에서 약점을 가지고 있는 남자에게 끌리는 것을 알아차렸다. 메리의 아버지는 매우 잘생긴 사람이었으나 수동적이고 활발하지 못했다. 어린 시절부터 메리는 아버지를 굉장히 존경했으며 그의 약점을 애써 보지 않으려 했다. 그러나 오랜 세월에 걸쳐 아버지에게 실망하면서 그 감정은 배신감으로 변해 갔다. 그럼에도 그는 자기 아버지와 비슷한 남자만 만났다. 그러면서 메리는 그들이 변화되기를 바랐고, 자신이 그것을 도울 수 있으리라 믿었다.

존의 경험도 마찬가지다. 그를 키운 어머니는 냉담하고 다른 사람에게 거리를 두며 감정을 잘 나타내지 않았고 매우 깔끔했다. 또한 가정에서 가족을 돌보는 것보다 다른 사람에게 자기 집을 자랑하는 데 더 관심이 많았다. 어머니는 옷을 잘 차려 입고서 옷매무새나 머리가 헝클어질까 봐 아들이 가까이 오는 것도 원하지 않았다. 존은 어머니가 목적을 위해 자기를 이용한다고 느꼈다. 어머니는 특히 손님을 치를 때면 항상 무엇을 어떻게 하라거나 어떤 옷을 입으라고 그에게 지시했다. 존은 따뜻함과 사랑과 보살핌이 부족한 가정에서 자랐는데도 헌신적인 면과는 거리가 먼, 인형과 다를 바 없는 무정한 여자들과만 데이트를 했다. 왜 그랬을까? 존은 어머니와 같은 여자들을 만나 그들을 재조정해서 자신이 원하는 것을 얻어 내려고 계속 노력한 것이다. 자신의 필요를 채워 주기에는 매우 부족한 여자들을 만나 그들을 개조해 보려고 시도했고, 때로 그로 인해 좌절을 느끼기도 했다.

이성 교제에서 이러한 애착은 종종 배우자 선택까지 연결된다. 어떤 사람들은 자신이 원래 태어난 가정과 같은 모형을 재창조하려 한다. 예를 들면 또래 아이들과 관계를 맺어 본 경험이 많지 않은 외아들이나 외동딸은 부모와 같은 사람을 배우자로 선택하기 쉽다. 어떤 사람들은 자신의 과거를 재현할 수 있는 부류의 사람을 배우자로 선택한다. 말하자면 배우자를 선택할 때 과거의 삶에서 밀접한 관계를 맺고 접해 온 부모나 형제, 혹은 다른 의미 있는 사람과 흡사한 인물을 배우자로 선택하는 것이다. 우리 모두가 어느 정도는 이러한 태도를 취한다. 그러나 과거에 의미 있던 사람 사이에 아직 해결되지 않은 감정적인 문제들이 있다면, 그것은 현재 두 사람의 관계에서도 문제가 될 수 있다. 예를 들면 당신은 과거에 잘 지내지 못한 사람과 비슷한 사람을 배우자로 선택할 수도 있다. 그렇다면 당신은 현재 상황에서도 그 배우자와 잘 지낼 수 없다. 어쨌든 당신은 은연중에 과거의 고정된 생활양식을 재현하고 있는 것이다.

결혼할 때 모든 사람이 자신이 태어난 가정을 재창조하려 하지는 않는다. 많은 사람은 정반대를 원하고, 배우자도 전혀 다른 사람을 찾는다. 그들은 자신이 태어난 가정에서 벗어나 새로운 가정을 이루려고 노력한다. 또한 새로운 사람과 더 편안한 관계를 가질 수 있다고 믿는다. 그러나 종종 자기도 모르게 자신이 경험한 것들 가운데 비슷한 면이 내재한 사람을 택하기 때문에 후에 그것이 드러나는 경우가 있다. 배우자에게 이러한 면이 발견될 때 매우 당황하는데, 자신이 과거에 겪은 문제가 반복되는 것처럼 보이기 때문이다. 이때 과거의 가정 환경에서 해결되지 않은 문제가 클수록 더 곤혹스럽게 느낀다.

아마 당신은 이렇게 질문할 것이다. "왜 사람들은 과거에 자기와 의미 있는 관계를 맺은 사람들의 영향에 지배받는가?" 이 점에 있어서 우리에게 결코 선택권이 없다는 것을 믿을 수 있는가? 그렇다면 그 이유는 무엇인가? 그것은 스스로 어찌할 바를 알지 못하는 상태에서 우리 부모와 서로 긴밀한 관계를 맺었기 때문이다. 우리는 일찍이 우리의 존재 자체가 부모에게 의존되어 있다는 것을 인식한다. 우리는 부모와 행복한 상태를 유지하기 위해 어떻게 그들을 대해야 하는지를 익힌다. 부모가 모두 좋은 성품을 지녔다면 자녀가 받는 관심은 긍정적일 것이다. 자녀들은 여러 해를 지나면서 부모와 좋은 관계를 유지할 수 있는 꽤 많은 행동 양식을 배운다.

자녀가 성장하면서 신체적 필요에 관한 의존도는 점점 줄어든다. 반면 행복을 얻기 위한 의존도는 훨씬 천천히 감소된다. 게다가 어떤 것은 전혀 줄지 않는다. 하워드 하펀(Howard Halpern) 박사는 이 점을 다음과 같이 잘 묘사했다. "감정적 영향력은 절단되지 않은 탯줄처럼 그대로 남아 있을 뿐 아니라 부모가 우리에게 끼친 영향에 따라 때로는 쉽게 절단할 수 없는 꼬인 매듭이 되고 만다."[2]

강력한 내적 어린아이

어떤 부모는 자녀들이 자율성을 가진 독립적인 한 인격체로 성장하는 것을 도와주어야 한다고 믿고 그것을 위해 최선으로 노력한다. 또 어떤 부모는 그들 자신이 지닌 욕구와, 자녀가 성장하는 데 방해가 되는 요소를 포기하지 못한다. 그러나 두 경우 모두 부모가 자신의 감정적 미숙함(내적 어린아이)에 영향받은 것을 볼 수 있다. 자신이 경험한 어린 시절의 성장 과정이 부모가 된 후 자녀를 양육하는 데 영향을 끼치는 것이다. 부모에게 있는 감정적 미숙함(내적 어린아이)은 자녀들이 독립적으로 자신감 있게 성장하려는 욕구를 방해한다. 자녀가 성인으로 성장하는 과정에서 부모의 감정적 미숙함(내적 어린아이)이 작용하여 올바른 성장을 방해하는 것이다.

이렇게 말하면 우리의 모든 문제와 어려움을 부모에게 전가하는 것으로 여겨질지도 모르겠다. 결코 그런 의미는 아니다. 우리의 부모는 어떤 사람들인가? 그들도 당신이나 나처럼 불완전하다. 그들만의 문제가 있고 어린 시절의 경험 때문에 어려움을 겪는다. 그들은 그들이 살던 시대의 사회적, 문화적 요인들에 영향을 받았고, 결혼 관계에서도 영향을 받았다. 그들 자신의 어려운 문제와 삶에 대한 나름의 주관적 생각 때문에 자녀에 대해 올바른 견해를 가지지 못했고 부모로서 늘 최선의 방법으로 대하지 못했다. 그리고 우리 역시 자녀들에게 늘 최선의 태도로 대하지는 못한다. 어린아이일 때 당신이 부모에게 상처를 받았다면 그것은 대부분 부모가 모르고 그런 것이지 상처를 주기 위해 의도적으로 한 것은 아니다.

'내적 어린아이'라는 심리적 문제의 원인이 온전치 못한 어린 시절의 양육 방식에만 있다고 강조한다면, 우리의 현재 사고도 건전치 못한 것이 된다. 우리는 우리의 행동과 반응에 과민해질 수도 있고, 지나치게 무관심할 수도 있으며, 지나치게 분석하고 따질 수도 있다. 휴 미실다인은 다음과 같이 말한다.

> 우리는 그러한 감정과 반응을 좋아하지 않는다. 우리가 왜 그러한 면을 소유하고 있는지 이해하지 못하며, 그것에 수치심을 느끼고 그런 성격을 갖게 된 자신을 몹시 꾸짖기도 한다. 그런 성격을 소유한 것 때문에 자신을 다른 사람과 달리 취급하며, 어떤 경우는 자신을 신경증 환자로 본다. 혹은 몹시 실망한 나머지 가족이나 친구, 운명,

심지어는 날씨에 문제의 원인을 전가시키려 한다. 우리는 그러한 문제가 거듭될 때 마음의 안정을 잃어버리며 고독을 느끼고 다른 사람들과 분리된 것처럼 느낄 수도 있다.³

우리의 문제를 부모나 다른 사람에게 전가하거나 운명에 맡겨 버리는 것은 우리의 책임을 회피할 수 있는 가장 좋은 방법이다. 그러나 그 방법으로는 문제를 해결할 수 없다. 우리 스스로 우리를 속박하고 있는 어린 시절의 감정적 얽매임에서 벗어나야 한다. 성인인 우리는 우리가 추구하는 이상이나 방향을 선택할 수 있다. 선택의 주체는 우리 자신이며 책임도 우리의 몫이다. 우리가 해야 할 일은 우리 생애에 영향을 준 부모나 형제, 다른 사람을 비난할 이유를 찾는 것이 아니다. 현재의 자신을 이해하고 예수 그리스도의 도움을 힘입어 과거에 받은 상처에서 자유로워지는 것이다. 과거를 돌이켜 보며 닫혀 있던 문들을 열 때, 우리를 방해하며 불안하게 하는 유령들이 이리저리 왔다 갔다 하는 것을 발견할 수 있다. 그러나 이 유령들은 우리를 해칠 수 없다. 그들은 우리의 적이 아니다. 다음 장에서 그러한 유령들을 어떻게 처리할 수 있는지를 다루려고 한다. 이렇게 할 때 우리는 포고(Pogo. 월트 켈리의 미국 풍자만화 주인공_ 편집자)가 말한 "우리가 대면한 적은 다름 아닌 우리 자신이다"라는 내용을 이해할 수 있을 것이다.

2장
마음의 짐은 어떻게 형성되었는가

내 상담실을 찾아왔을 때 짐은 매우 혼란스러운 상태였다. 그의 아내는 가정 문제에 관한 모든 결정을 자신이 내려야 하는 것에 많은 부담을 느꼈고 그 때문에 그들의 결혼 생활은 흔들리고 있었다. 아내는 남편이 배우자라기보다는 아직도 부모의 도움을 받아야 하는 아이처럼 느껴진다고 했다. 짐은 자신이 내리는 결정을 신뢰할 수 없다고 말했다. 그가 어릴 때, 부모와 형들, 누나가 언제나 그의 일에 간섭했고 그의 생애에서 중요한 사건마다 그가 내려야 할 결정을 대신 내려 주었기 때문이다.

짐은 미실다인 박사가 '지나친 강압형'이라 부르는 부류의 희생자라 할 수 있다. '지나친 강압형'은 우리가 성숙한 성인으로 성장하는 것을 방해하는 부모의 부정적인 양육 방식 중 하나다. 다음에 열거하는 몇 가지 유형 가운데 한두 가지 사항이 해당되지 않는지 살펴보라.[1] 해당된다면, 성인이 된 지금 당신이 겪고 있는 어려움의 원인을 이해하는

데 도움이 될 뿐 아니라 당신이 받은 과거의 상처에서 자유로워지는 데도 도움이 될 것이다.

부모의 부정적인 양육 방식들

지나친 강압형은 부모의 부정적 양육 방식에서 흔히 찾아볼 수 있다. 여기에 속하는 부모는 자녀들에게 항상 지시하고, 감독하고, 훈계하며, 자녀의 기억을 늘 상기시킨다. 이것은 자녀의 일을 쉽게 해주고 시간과 노력을 절약하는 방법일지 몰라도, 그렇게 함으로 자녀가 스스로 관심을 가지고 독립적으로 발전할 수 있는 기회를 빼앗는다.

이러한 환경에서 자란 자녀는 자신에게 끼치는 내적, 외적 영향을 거부하거나, 아니면 다른 사람의 지시에 순응하고 그 명령에 복종한다. 부모의 지나친 강압을 거부하는 자녀는 자신이 해야 할 것을 망각하거나, 미루거나, 공상으로 회피하거나, 빈둥거리며 거부감을 나타내기도 한다. 지나친 강압에 복종하는 것을 어린 시절에 배운 사람은 어른이 되어서도 외부 압력에 의한 지시를 쉽게 따르거나, 부모가 한 것같이 스스로에게 명령과 훈계를 내리며 자신을 비판적인 태도로 바라볼 수 있다.

지나친 강압형의 부모에게 양육된 자녀가 성인이 되면 자신이 자신에게 내린 명령을 거부하기도 한다. 장성한 어른이 부모의 명령을 거부하는 어린아이처럼 되는 것이다. 강요당하고 거부하는 미성숙한 형태의 주기가 그의 삶에 계속 작용하는 것이다.

과보호형은 강압형의 반대다. 과보호형 부모는 자녀의 요구나 떼 쓰기, 충동적인 행동 등을 그대로 받아 주어 자녀를 다스릴 힘을 잃게 되고, 자녀는 규칙을 무시하고 오히려 자기가 원하는 대로 부모를 조종하려 한다. 이러한 부모는 자녀를 사랑한다는 이유로 허용하나, 이것은 자녀를 위하는 길이 아니라 망치는 길이다. 이렇게 길들여진 자녀는 자신의 욕구만 채우려 하며 다른 사람의 권리를 존중하지 않는 사람이 된다. '안 된다'는 말이 그에게는 생소하게 들린다. 그러한 자녀는 어린 시절에 부모에게 받아야 할 제재를 받지 못했기 때문에 어른이 되어서도 '안 된다'는 말의 의미를 여전히 이해하지 못한다.

이렇게 자라서 성인이 된 사람의 미성숙한 태도는 종종 충동적인 행동에 의해서 파괴적으로 위장된다. 즉 음식을 절제하지 못하고 마구 먹어댄다든지, 술과 담배를 과하게 한다든지, 정신없이 거리를 헤맨다든지, 쉽게 화를 낸다든지, 다른 사람의 권리를 존중하지 않는 행동 등으로 나타난다.

완전주의형은 보통 성공한 사람 가운데서 찾아볼 수 있다. 그러나 그는 자신의 성취 수준에 만족하지 못한다. 이 사람에게는 어느 것도 결코 충분치 못하다. 완전주의자는 어디서 이런 것을 배우는가? 대부분 조건적으로 자녀를 용납한 가정을 통해서다. 이러한 가정의 부모는 자녀가 자신의 수준 이상으로 성취하기를 기대하고, 그러한 기대가 충족될 때만 가치를 인정해 준다. 자녀는 보조를 맞추기 위해 죽도록 노력하고 성취욕에 지나치게 몰두한다. 그는 부모가 기대하는 수준에 도달하지 못한다는 느낌 때문에 늘 자신을 가치 있는 존재로 느끼지 못한다.

자신의 존재 가치를 저하시키는 태도는 어린 시절부터 어른이 되기까지 몸에 배게 된다. 완전주의자는 자신이 성취한 것에 실망하고 생에 대한 기쁨을 거의 느끼지 못한다. 다른 사람은 그 완전주의자가 성취한 것을 칭찬하며 꽤 만족하는데, 이런 것이 그에게는 전혀 상관이 없다.

무절제형은 자녀에게 필요한 것이면 무엇이든 넘치도록 채워 주는 가정에서 생긴다. 여기서 문제가 되는 것은 자녀가 정말 원하는 것이 무엇인지를 고려하지 않은 채 자녀에게 부족한 것과 필요한 것을 부모가 무절제하게 일방적으로 채워 주는 것이다. 수년을 이렇게 과도하게 공급해 주다 보면 아이는 사물에 싫증을 느끼고 독창성과 자발적인 능력을 잃어 무감각해진다. 열심히 일한 대가라는 것을 경험해 본 적이 없기 때문에 어떤 일에 꾸준히 지속적으로 인내하지 못한다.

그러한 어린아이는 커서 무절제한 어른이 된다. 자신의 비위를 맞춰 주는 사람이 없으면 삶을 비관하거나 주위에 있는 사람들을 비난하기도 한다. 그는 자신의 욕구를 채워 주고 비위를 맞춰 줄 사람을 계속 찾는다. 그러나 그런 사람이 나타나면 어떤 태도를 취하는가? 즉시 싫증내며 무관심하게 대하기 쉽다. 어린 시절에 익힌 유형이 재현되는 것이다.

체벌형의 양육 방식은 부모가 자녀에게 드러내는 표면적인 분노와 공격을 포함한 여러 방법으로 나타난다. 이것은 종종 강압형과 완전주의형을 합친 형태다. 부모는 자녀에게 벌을 줄 때 스스로 정당하다고 느끼지만, 대부분은 자녀의 행동과 태도 때문이 아니라 자신의 분노, 좌절, 인내심 부족 때문에 화를 내고 만다. 이렇게 부모에게 혹독한 대우를 받은 자녀는 벌을 정당화하거나 벌을 자초하는 행동에 익숙해진다.

부모의 관심을 받지 못하고 혹독한 대우를 받은 아이는 성인이 된 후 보복하는 것을 배울 수 있다. 다른 사람과 즐거운 관계를 경험해 본 적이 없기 때문에 많은 경우 복수심을 갖기 쉽다. 반면에 부모가 자녀에게 애정을 표시하면서 지나친 체벌을 함께 수반한 경우에는 자녀가 성인이 되고 나서 자기 스스로를 비판하거나 죄책감을 갖기도 한다. 이렇게 해서 그는 벌을 받을 수 있는 상황을 스스로 만드는 것이다.

방치형은 부모가 자녀에게서 떠나 있거나 다른 일에 몰두해 있어서 자녀의 성장 발달 단계에 관심을 가져 주지 못할 때 생긴다. 방치형 부모는 사회 어느 계층에서나 찾아볼 수 있다. 어린 시절에 부모에게 방치된 경험이 있는 자녀는 다른 사람들과 친밀한 교제를 나누며 의미 있는 관계를 맺는 능력이 부족하다. 또한 어린아이일 때 누구도 필요한 규칙의 한계를 정해 주지 않았기 때문에 자신의 행동이나 능력에 대한 한계를 스스로 규정하는 것이 어렵다. 대인 관계에 필요한 자아 정체감을 확립해 나가는 면에서도 어려움을 느낀다.

거부형은 일반적으로 그리 흔한 유형은 아니다. 단어의 의미만 생각해 봐도 부모가 자녀를 거부하는 것은 흔한 일이 아니기 때문이다. 이것은 대체로 부모가 보여 준 다른 행동과 혼합되어 있거나, 자녀가 부모의 특정 행동을 자신을 거부하는 것으로 받아들이는 경우다. 거듭 거부감을 경험한 자녀는 부정적인 자아 개념을 갖게 된다. 성장하면서 마음속에는 쓴 뿌리가 생기고 근심과 외로움과 무력감을 느끼며 자신의 가치를 인정하지 못한다.

　부모가 자녀에게 지나치게 많은 책임을 지우는 것에서도 거부감이 형성될 수 있다. 아직 준비되지 않은 아이에게 어른이 져야 할 책임을 부과하는 경우가 있다. 그 결과, 아이는 어린아이로서 누릴 수 있는 경험을 누리지 못한다. 그래서 마땅히 누려야 하지만 상실된 경험, 즉 부모가 베풀지 못한 용납과 사랑과 칭찬을 그리워한다. 성인이 되어서도 많은 책임을 떠맡으려고만 하고, 여유를 가지고 쉬든지, 놀이를 하든지, 생을 즐기는 것은 결코 배울 수 없다. 자신의 생활을 제한할 뿐 아니라 주변 사람들의 삶까지도 구속하려 든다.

　지금까지 말한 것들이 우리가 흔히 찾아볼 수 있는, 부모의 잘못된 양육 방식과 가정의 환경 요소다. 당신은 과연 어떤 부류에 속하는가? 과거의 어떤 경험이 오늘날 당신의 인격 형성에 영향을 끼쳤는가?

　이 장 끝에 여러 질문을 마련했다. 그 질문들을 통해 거추장스러운 마음의 짐을 지금도 얼마만큼이나 갖고 다니는지 알 수 있을 것이다. 질문들은 그 짐들을 어떻게 긍정적이고 건설적인 방법으로 내어 버릴 수 있는지를 발견하도록 도울 것이다.

　그러나 먼저는 자라 온 환경을 좀 더 깊게 관찰해 보고 그것이 현재의 가정생활에 파괴적인 영향을 끼치고 있지 않은지 살펴보기 바란다.

우울한 가정 환경

어떤 가정 환경은 자녀로 하여금 우울증과 낮은 자존감을 갖게 한다. 그런 우울한 가정 환경을 만드는 것은 그리스도인에게 합당치 않다.

그런데도 많은 그리스도인이 안타깝게도 잘한 것을 칭찬하고 격려하는 대신 '무엇을 하면 안 된다'는 금기를 강조한 나머지 우울한 분위기를 만들기 쉽다. 우울한 환경에서는 가족에게 필요한 긍정적인 요소가 채워지지 못한다. 이러한 분위기에서는 어른이든 아이든 자존감을 세워 주는 격려가 절대로 부족하다. 그리고 개인의 자존감이 손상되거나 스스로 조절할 수 없는 감정이나 갈등을 불러일으키기 쉽다. 그 결과 우울증이 생기는 것이 보통이다. 사랑하고 존경하는 사람에게 계속 공격받는 분위기 속에서 산다면, 우리의 감정은 상한 마음과 죄의식, 무기력함으로 가득 찰 것이다. 이로 인해 공격받기 쉬워지며, 그런 연약한 상태에서는 말이나 행동에 더 많은 상처를 받는다. 다음에 열거한 내용은 우울한 환경을 만드는 전형적인 태도와 행동이다.

1. 다른 사람들이 나를 스스로 독립할 수 없도록 조종한다. 이러한 조종 행위는 미묘하게 혹은 아주 공공연하게 나타난다. 내 삶은 다른 사람에 의해 조종되고, 어느 정도 시간이 지나면 다른 사람에게 지시받지 않고는 스스로 존재할 수 없다고 믿게 된다.
2. 다른 사람의 도움과 감정적인 지원 없이는 생존할 수 없다고 생각하는데, 이는 자의가 아닌 타의에 의해 주어진 것이다.
3. "너는 칠칠하지만 우리는 너를 사랑한다" 혹은 "너 같은 문제아를 데리고 있는 것은 우리가 마땅히 져야 할 짐이라고 생각해. 하지만 우리가 너를 사랑한다는 것을 기억해라"처럼 자존감에 해를 끼치는 모호한 메시지를 받는다.

4. 어떤 상황이나 조건에 대한 책임이 나에게 있다는 죄책감을 갖도록 타의에 의해 유도된다. 스스로 비참하게 느낀다. 이것은 침묵 가운데 이루어질 수도 있다. 부모가 자녀 방에 들어와서 방이 깨끗한지 점검해 본 뒤 머리를 가로저으며 불쾌한 표정을 짓는다면 자녀 마음에 어떤 감정이 일어나겠는가?

5. 나에게 중요한 어떤 사람(부모, 교사 등)이 내 의도와 동기를 오해한다면 스스로 내 생각이 그른지를 의심할 가능성이 있다. 다른 사람이 계속 다음과 같은 질문을 한다면 자신의 생각에 회의를 품게 된다. "네가 한 말, 확실한 거야?" "네 행동에 대해 확신하니?" "나는 다른 사람들이 네 말을 들었다고 믿지 않아." "네 말이 정말 그런 뜻은 아니지?"

6. 가정에서 의사소통이 원활하지 않다면 거부감과 무관심한 태도가 생긴다. 마음속 깊은 데서 우러나오는 의미 있는 감정을 표현하지 못했기 때문에 서로의 관계가 발전하지 못한다.

7. 가족 관계에서 경쟁적인 태도는 우울증을 가져올 수 있고 자존감이 낮아지기도 한다. 시기심이나 질투심으로 행하는 모든 것은 매우 해로운 영향을 끼칠 수 있다. 다른 형제와 비교되거나 다른 형제가 나보다 많은 관심을 받는다면, 우리는 그러한 부모의 행동에 영향을 받는다.

8. 가정이 늘 기쁨과 유머가 없고 단조로운 분위기일 때 스스로 이러한 질문을 한다. "이렇게 질력 나는 삶의 원인이 나 자신인 건 아닐까? 지루함을 극복하기 위한 새로운 행동이나 변화에 대한

내 노력이 왜 받아들여지지 않는 걸까?" 이와 같은 노력으로 긍정적인 반응을 얻지 못한다면 다음부터는 내 생각을 다른 사람과 나누기를 두려워할 것이다.

9. 성장하면서 마음에 품은 분노를 밖으로 드러내지 못했다면 그 분노와 함께 다른 감정도 표현하지 못하고 마음에 가두게 된다. 마음속에 쌓인 분노가 우울증으로 몰아넣고 말 것이다.[2]

거추장스러운 마음의 짐을 어떻게 처리할 것인가

앞서 말한 것과 같은 우울한 환경의 영향으로 미성숙한 내적 어린아이는 많은 거추장스러운 짐을 갖게 된다. 그것은 원하지 않는 때에 우리를 불편하게 한다. 이러한 문제를 인식하고 그 짐들을 침대 밑으로 숨기려 해도 그것은 그대로 남아 긴장을 풀고 쉬려 할 때에 여전히 우리를 불편하게 한다. 이와 같이 강한 힘을 지닌 내적 어린아이는 깨어 있을 때나 쉴 때나 상관없이 아픔과 고통의 근원이 된다.

어떤 사람은 이런 거추장스러운 짐을 인정하지만 벽장 속에 숨기려 한다. 그러나 언젠가 다시 그 짐을 대면하게 될 것이다. 우리가 문제를 정리하려 해도 일상생활에 끼치는 영향은 여전히 사라지지 않는다.

미성숙한 어린아이에 의한 거추장스러운 짐을 창밖으로 내던져 버려 어려움을 없앨 수 있는가? 정말로 어린 시절의 경험과 그 영향을 모두 없앨 수 있는가? 자신의 존재를 없애고 새로 시작하는 것이 가능한가? 물론 그렇지 않다. 마음속에 존재하는 강력한 내적 어린아이는 없애 버릴 수 없다. 다만 그 존재를 인식하고 그에 대한 우리의 부정적인 태도를 고쳐 나가면 된다. 하나님이 우리를 대하시는 것처럼 우리 자신을 대해야 한다. 우리에게 영향을 끼친, 과거의 의미 있는 타인에게 품고 있는 모든 원망과 적개심을 포기하고, 이제는 성장하여 어른이 될 수 있음을 알아야 한다. 우리에게 있는 과거 기억은 항상 따라다니겠지만 그 영향력은 점점 약해질 것이다. 그리스도인은 자신에게 긍정적인 부모 역할을 할 수 있기 때문이다.

과거를 재구성하라

과거를 이해하는 열쇠로 기억에 남아 있는 것과, 내적 어린아이가 성인이 된 당신의 감정과 태도에 끼친 영향을 사용하라. 어린 시절을 좀 더 잘 이해하고 알기 위해 자신에게 다음과 같은 질문을 해보라. "어린아이일 때 나는 정말로 어떠한 존재였는가? 나에 대한 부모의 반응은 어떠했나? 부모가 내게 보인 반응에 나는 어떻게 반응했는가?"

과거를 회상하는 데 도움이 되도록 메모할 수 있는 도구를 가지고 편안한 자리를 찾아 앉으라. 기억할 수 있는 한 아주 어릴 때부터 당신의 어린 시절을 되살려 보라. 어떤 사람은 어린 시절의 사진첩을 들춰 보는 것이 도움이 될 것이다. 사진을 보면서 잊었던 과거 기억을 되살릴 수 있을 것이다. 메모 도구를 계속 가지고 다니라. 어떤 기억은 전혀 기대하지 않은 때에 불쑥 튀어나올 것이다. 기억을 많이 할수록 도움이 된다. 우리는 누구나 외로웠던 때나 무서웠던 때, 화가 났을 때, 다른 사람에게 거부당했을 때 등 고립된 순간을 기억할 수 있다. 그러나 당신이 찾아내야 할 기억은 계속해서 자주 일어난 습관화된 경험이다. 매일의 일상생활에서 다른 사람들이 당신을 대하던 지속적인 태도를 찾아내려고 노력하라.

기억을 더듬어 가며 과거의 경험을 재구성하는 동안 떠오르는 여러 감정에 주의하라. 어떤 기억은 강한 고통 때문에 그 감정이 드러나지 못하도록 눌러 놓은 상태일 수도 있다. 그러나 고통이 남아 있다면 그 기억은 아직도 생생한 실재로 당신에게 영향을 끼치고 있는 것이다. 그 감정이 드러나는 것을 허용하라. 그러나 한 가지 기억에만 매달리는 것은 피하라. 아픈 감정이 밖으로 한 번 터져 나오면 아픔 때문에 그 기억에 계속 집착할지도 모른다. 당신은 지나칠 정도로 그 경험을 분석하고 그때 상황을 이해하려고 노력할 것이다. 아마 오랜 시간 동안 그때 무슨 일이 벌어졌는지를 회상하고, 그 일에 대한 책임이 자신에게 있지 않음을 증명하려 할 것이다.

한두 가지의 고립된 경험에서 고통이 오는 경우는 어린 시절의 전체적인 경험을 폭넓고 명확하게 보지 못할 가능성이 크다. 당신이 찾아야 할 것은 삶에서 꽤 지속적으로 나타난 핵심적인 문제와 삶의 고정된 형태다. 또한 당신이 처한 환경에서 지속적으로 어떤 반응을 보였는지다.

당신의 목표는 과거와 현재가 어떻게 연관되었는지 발견하는 것이다. 직장 동료에 대한 태도나 배우자에 대한 태도, 친구들에 대한 태도는 모두 어린 시절에 배운 태도와 행동 양식이 기초가 된다. 현재의 행동 양식을 통해 과거의 영향력을 분간할 수도 있고, 어린 시절로 더듬어 올라가 그때 경험에 비추어 현재의 모습을 이해하는 힘을 얻을 수도 있다.

다음에 열거한 제안과 질문은 당신의 과거를 재구성하는 작업에 도움이 될 것이다.

1. 어린아이일 때, 기분은 대체로 어떠했는가?
2. 언제 행복하다고 느꼈는가?
3. 무엇을 강하게 요구한 때를 생각해 보라. 그때 비참함을 느꼈는가, 혹은 외로움을 느꼈는가?
4. 부모에게 인정받기 위해 의도적으로 노력한 때를 기억해 보라. 그때 부모의 반응은 어떠했고, 나는 그 반응이 어떻게 느껴졌는가?
5. 무엇을 두려워했으며, 그 두려움을 누가 알고 있었는가?
6. 두려워하는 것을 다른 사람에게 말했을 때 그들은 어떠한 반응을 보였는가?
7. 형제들이 평소 당신을 어떠한 태도로 대했는가?
8. 당신에 대한 아버지의 평상시 태도는 어떠했는가?
9. 어머니의 태도와 반응은 항상 어떠했는가?
10. 부모는 엄했는가, 자유분방했는가, 도덕적이었는가, 요구가 많았는가?
11. 부모는 당신에게 완전한 것을 요구했는가?
12. 당신의 욕구는 어떤 방식으로든 다 채워졌는가?
13. 나를 대하는 다른 사람들의 태도에 내가 어떻게 반응했는지를

기억하는 것은 중요하다. 다른 사람이 나에게 한 말을 다 받아들이고 수긍했는가?
14. 어떤 요구든 순응하려고 애썼는가?
15. 다른 사람의 기대와 요구에 순응했는가?
16. 당신의 태도는 어떠했는가?
17. 다른 사람들에게 무례했는가?
18. 화나 심술을 잘 냈는가?
19. 화나 심술을 낼 때 다른 사람이 어떤 반응을 보였는가?
20. 부모를 자신의 편으로 만들거나 이용하는 것을 배웠는가?
21. 가정 분위기는 어떠했는가? 즐겁고 사랑스러운 분위기였는가, 긴장되고 싸우는 분위기였는가, 조용하고 우울한 분위기였는가?
22. 과거의 기억을 더듬어 보며 부모에 대해 질문해 보라. 아버지나 어머니가 당신에게 시간을 내주었는가?
23. 아버지, 어머니가 집에 머무는 시간이 많았는가?
24. 어려움이나 문제를 아버지, 어머니께 말씀드리고 의논할 수 있었는가?
25. 부모는 당신에게 어떠한 반응을 보였는가?
26. 부모가 보인 반응을 당신은 어떻게 처리했는가?
27. 아버지, 어머니가 가진 긍정적인 성품은 무엇인가?
28. 아버지, 어머니의 부정적인 성품은 무엇인가?
29. 아버지, 어머니에 대한 느낌이 어떠한가?
30. 아버지, 어머니는 어떤 감정을 나타냈는가?

31. 당신은 부모와 각각 어떤 식으로 대화를 나누었는가?
32. 부모와 함께한 가장 즐거운 경험과 슬픈 경험은 무엇인가?
33. 어린 시절과 사춘기에 아버지, 어머니가 어떤 메시지를 주었는가?
34. 요즘은 어떤 메시지를 주는가?
35. 그 메시지에 당신은 어떻게 반응하는가?
36. 아버지, 어머니가 어떻게 벌을 주었는가?
37. 아버지, 어머니는 당신을 비난할 때 어떻게 감정을 표현했는가?
38. 그러한 부모의 태도를 당신은 어떻게 느꼈는가?
39. 당신은 아버지와 어떤 면에서 비슷한가?
40. 아버지와 다른 면은 무엇인가?
41. 어머니와 비슷한 면은 무엇인가?
42. 어머니와 다른 면은 무엇인가?
43. 어린 시절에 어머니와 친밀했는가, 거리감이 있었는가?
44. 지난 10년 동안의 관계는 어떠했는가?
45. 어린 시절에 아버지와 친밀했는가, 거리감이 있었는가?
46. 지난 10년 동안은 어떠했는가?
47. 형제가 있는가?
48. 그렇다면 그들과의 관계는 어떠했으며, 지금은 어떠한가? (형제들과의 관계가 중요하기는 하지만 부모만큼 중요하지는 않다. 그러나 형제들이 당신에 대한 부모의 태도에 영향을 주었다면, 그 관계는 매우 중요하다. 형제들 간에 다툴 때마다 잘못이 당신에게 돌려졌다면 그것은 당신에게 어떤

영향을 주었을 것이다.)

49. 현재 당신의 삶을 살펴보고 그것을 과거와 연관시켜 보라.
50. 현재의 경험과 과거의 경험에 비슷한 점이 있는가?
51. 어떤 상황에서 화를 절제하지 못하는가?
52. 이런 상황은 과거에 일어난 어떤 상황을 떠올리게 하지 않는가?
53. 어린아이일 때 이러한 방식으로 반응을 보였는가?
54. 언제 두려움이나 근심이 생기는가?
55. 두려움이나 근심이 생겼을 때 누구를 기억하는가?
56. 이럴 때 과거의 경험이 어떻게 기억나는가?
57. 곤혹감을 느끼는 때가 있는가?
58. 어린아이일 때 언제 곤혹감을 느꼈는가?
59. 누가 당신을 가장 곤혹스럽게 했는가?
60. 어떤 상황에서 가장 자신을 의식하는가? 그 이유는 무엇인가?
61. 과거의 어느 때에 이와 똑같은 상황이 벌어졌는가?
62. 언제 외로움을 느끼는가?
63. 이 외로움은 새로운 것인가, 아니면 과거부터 계속 따라다니는 감정인가?
64. 현재 관계를 맺는 데 가장 어려운 사람은 누구인가?
65. 그들은 과거에 의미 있던 사람들과 비슷한 유형인가, 다른 유형인가?
66. 다른 사람에게 성인으로서 반응을 보이는가, 혹은 어린 시절의 태도가 계속 튀어나와 그것이 삶을 지배하고 있는가?

67. 과거에 배운 태도에 의존해서 사는가, 혹은 자유를 누리는 사람으로 건전한 태도를 만들어 나가고 있는가?

과거를 되살리는 작업을 위한 마지막 두 가지 질문이 있다.
"삶에서 예수 그리스도의 임재가 어떻게 과거와 현재를 분리하는 역할을 하는가?"
"과거의 경험에 무겁게 짓눌리지 않고 현재의 삶을 사는 자유로운 존재가 되었는가?"
아마도 아직 당신의 문제를 해결하지 않았을 가능성이 있다. 마음에 막혀 있는 것들을 뚫어 자유하게 해달라고 예수 그리스도께 기도할 수 있으며, 그렇게 해서 과거에 대한 더 큰 깨달음과 이해를 얻을 수 있다. 그러한 과거의 기억을 정확하게 떠올릴 수 있도록 도와달라고 주님께 기도할 수 있다. 어린 시절에 다른 사람에게 받은 영향 가운데 당신 속에 계속 남아 있는 부분이 무엇인지 알 수 있도록 주님께 기도하라.
예수 그리스도께서는 우리를 자유하게 하려고 오셨다. 죄의 결과와 사망에서, 그리고 과거에 가진 온전치 못한 절름발이 삶의 형태와 경험에서 우리를 자유하게 하려고 오셨다.
이제까지 과거를 재구성하는 작업을 했으므로 다음 장에서는 우리의 태도를 어떻게 변화시킬 수 있는지, 그리고 그로 인하여 어떻게 온전한 성인이 될 수 있는지를 배울 것이다.

3장
과연 나도 변화될 수 있을까

마음속 문제를 하나씩 끄집어내어 상담할 때, 사람들은 거의 판에 박은 듯 같은 질문을 한다. "내가 정말 변할 수 있다고 생각하세요? 나의 어린 시절과 부모의 잘못을 기억해 내는 것이 무슨 유익이 있을까요?"

이러한 질문의 진정한 의미는 종종 이렇게 해석할 수 있다. "내가 변화되는 것을 원하는지 확신이 없어요. 문제가 있기는 하지만 나름대로 처리해 나가고 있으니까요. 내 감정과 과거의 기억을 들추어내는 것은 문제를 더 어렵게 만들 것 같아요."

나는 사람들이 이렇게 생각하는 것을 충분히 이해할 수 있다. 문제를 드러낼 때는 속에 있는 불안이 노출되며 심지어 공포를 느끼기도 한다. 그러나 그러한 상황에 처한 많은 사람을 상담하면서 알게 된 사실이 있다. 과거에 속한 내적 어린아이의 문제를 다루는 일은 그런 대가를 치를 가치가 충분하다는 것이다.

어느 회사 간부인 40세의 폴은 나에게 이렇게 말했다. "수년 동안 나는 절름발이 삶을 살았습니다. 다른 사람들은 내가 행복하고 성공적이며 만족한 삶을 산다고 생각합니다. 하지만 얼마나 말도 안 되는 생각인지요! 내 삶은 고통의 연속이었으니까요. 내적인 고통이었지요. 교묘하게도 주위 사람들에게 그 고통을 감추고 살았습니다. 겉으로는 웃었지만 속으로는 계속 고민하며 살았어요. 내적인 삶의 변화를 생각할 때마다 절망을 느꼈습니다. 수년 동안 변화되지 않았으니까요. 그러나 지금은 말씀드릴 수 있습니다. 사람은 자신을 지배하는 과거의 기억과, 절름발이로 만드는 마음의 상처를 가지고 살 필요가 없습니다. 내게 서서히 변화가 찾아왔습니다. 처음에는 아주 미미했지만 지금은 하나님이 원하시는 삶을 살기 위해 자유의 몸이 되었습니다."

폴은 과거의 상처로 인한 감정적 절름발이 상태에서 스스로 자유롭게 되는 길을 발견했다. 당신도 처음에는 폴처럼 자신의 상태가 꼼짝달싹할 수 없고 희망이 전혀 없는 것처럼 느껴질지 모른다. 그러나 이 책을 계속 읽으라. 희망은 반드시 있다.

그리스도 안에 있는 신자가 변화할 수 있는 것은, 믿음이란 단순한 외적 기준을 따르는 것이 아니라 내적인 상태가 완전히 바뀌는 것을 의미하기 때문이다. 그런데도 많은 사람은 외적 변화를 전부로 여긴다. 우리 삶에 대한 하나님의 계획은 내적인 변화를 창조해 내는 것이며, 이러한 내적 변화가 외적으로도 나타나는 것이다. 사도 바울이 "나의 자녀들아 너희 속에 그리스도의 형상을 이루기까지 다시 너희를 위하여 해산하는 수고를 하노니"(갈 4:19)라고 말한 것은 예수 그리스도를 우리 안에, 우리를 통해 사시게 해야 함을 강조한 것이다.

에베소서 4장 23, 24절은 "오직 너희의 심령이 새롭게 되어 하나님을 따라 의와 진리의 거룩함으로 지으심을 받은 새 사람을 입으라"고 말했다. 우리의 속사람이 새 사람을 입는 것이다. 하나님이 예수 그리스도로 우리 안에 살게 하셨기 때문에 새 사람을 입을 수 있다. 예수 그리스도께서 우리 안에서 역사하실 수 있도록 자신을 맡겨야 한다. 이것은 폐기 처분해야 할 기억과 과거의 경험을 그분이 간섭하셔서 처리하실 수 있도록 자신을 내어 드린다는 뜻이다.

"변화를 원합니다. 그렇지만……"

"네, 저도 삶이 변화하길 원합니다. 하지만 두렵습니다"라고 사람들은 말한다. 사람들은 왜 변화를 두려워할까?

무엇보다 먼저 우리는 지금 상태에서 안정감을 누린다. 그런데 변화를 경험할 때 이 안정감은 흐트러지고 만다. 그러나 변화는 삶의 일부분이며 반드시 일어날 수밖에 없다. 그렇다면 변화에 대한 계획을 세우고 그에 대한 내 관점을 올바로 하는 것이 더 낫지 않은가? 왜 변화를 억지로 피하려 하는가? 변화에 대해 적개심을 가질 것이 아니라 성장과 성숙을 위한 좋은 기회로 생각해야 한다.

어떤 사람은 변덕스러워 보이기 싫다는 이유로 변화를 두려워한다. 그들은 다른 사람들이 자신에 대해서 생각하고 말하는 것을 지나치게 염려한다.

또 어떤 이들은 변화가 실패를 시인하는 것이라고 믿는다. 그들은 자신과 다른 사람 앞에서 "내가 살아온 방식은 옳지 않았습니다"라고 인정하는 것을 매우 싫어한다. 그러나 삶에서 변화를 원하고 허용하는 것은 실제로 성숙하다는 표시다. 변화는 미래를 위해 준비하는 것이며 새로운 상황에 적응하고 성장하길 원한다는 것이다. 우리가 살고 있는 세계는 변하고 있으며, 우리는 그 변화에 보조를 맞추기 원하고 또 어떤 부분에서는 영향력을 행사하기 원한다.

어떤 사람은 계획에 따르는 것을 원하지 않으므로 변화를 거부한다. 그들은 변화가 자연스럽게 일어나야 한다고 믿는다. 변화는 단지 내면에서 우러나야 하며 의도적으로 계획해서는 안 된다고 생각한다. 그러나 인식하든 못하든 우리는 하루를 지내는 동안 크고 작은 결단을 내린다. 우리는 원하는 만큼 자유롭지 못하기 때문이다.

어떤 사람은 모험이 따르는 행동을 두려워한다. 변화에는 반드시 모험이 따르며 결과를 확실하게 보장할 수 없다. 어떤 변화는 상태를 악화시킬 수도 있다. 그것이 모험의 일부이므로 어쩔 수 없다. 그러나 이 책에서 제시하는 방안을 잘 따른다면 긍정적인 변화가 일어날 가능성이 크다. 변화가 일어난다면 여유를 가지고 모험을 해보려는 자세를 가져야만 한다. 앉아서 과거의 방식을 그대로 따라하는 것은 훨씬 위험하다. 현재의 삶에 완전히 만족한다면 변화하지 않아도 될 것이다. 그러나 지금보다 나은 삶을 살 수도 있다는 확신이 들지 않는가? 적어도 새로운 것을 시도해 볼 수 있지 않은가? 당신이 그리스도를 믿는 신자라면 이미 변화는 시작된 것이다.

그리스도를 영접했을 때 당신은 예수 그리스도 안에서 새로운 피조물이 되었다. 이제 예수 그리스도와 함께, 예수 그리스도와 같은 신분을 가진 사람으로 인정된다. 바울은 고린도후서 5장 17절에서 이렇게 말한다. "그런즉 누구든지 그리스도 안에 있으면 새로운 피조물이라 이전 것은 지나갔으니 보라 새것이 되었도다." 로마서 6장 6절에서는 또 이렇게 말한다. "우리의 옛 사람이 예수와 함께 십자가에 못 박힌 것은 …… 다시는 우리가 죄에게 종노릇하지 아니하려 함이니."

예수 그리스도를 믿음으로 우리는 그분과 함께 죽고 그분과 함께 새로운 피조물로 다시 태어났다. 모든 것이 새로워졌다. 당신은 오늘 어떤 면에서 새로워졌는가? 과거의 경험에서 영향을 받은 생각이 현재의 삶 속에서 새롭게 되었는가? 고린도전서 2장 16절은 "우리가 그리스도의 마음을 가졌느니라"라고 말한다. 고린도전서 1장 30절에서는 이런 말씀을 찾아볼 수 있다. "너희는 하나님으로부터 나서 그리스도 예수 안에 있고 예수는 하나님으로부터 나와서 우리에게 지혜와 의로움과 거룩함과 구원함이 되셨으니." 당신과 나는 하나님의 지혜를 가졌다. 이렇게 하나님의 지혜를 가졌다는 생각과 그리스도의 마음을 가졌다는 사실을 한데 묶어 보라. "나는 그리스도의 마음을 가졌을 뿐 아니라 그리스도의 마음을 삶에 적용시킬 수 있는 하나님의 지혜도 가졌다."

이 사실은 매우 중요하다. 우리 모두가 고민하고 있는 것이 과거의 망령을 어떻게 처리할지이기 때문이다. 성경은 이것을 "옛 사람"(롬 6:6)이라고 말한다. 옛 사람에 속한 마음은 어린 시절의 경험에서 형성되었다. 그리고 우리는 이 세상에 태어날 때부터 아담의 타락으로 말미암아 죄의 성품을 갖고 있다. 그리하여 우리의 마음은 부정적인 생각과 근심, 두려움과 죄의식을 갖는 쪽으로 기울어지고, 잊어버려야 할 경험을 기억하는 것이다. 심지어는 믿음을 가진 후에도 과거의 찌꺼기가 가시지 않은 채 남아 있어서 우리의 의지, 감정, 생각, 그리고 행동에까지 영향을 끼친다.

과거의 상처 부위에 피가 멎고 딱지가 앉았지만 아직도 완전히 아물지 않은 것과 같다. 때때로 앉았던 딱지가 떨어져 나가면 아물지 않은 채 남아 있던 상처에서 다시 피가 흐르는 것을 발견한다.

많은 사람이 아물지 않은 감정의 상처를 가지고 살아간다. 그들의 기억 속에는 여전히 상처가 남아 있다. 과거에 받은 영향은 실제로 나이가 들면서 심화된다. 나이가 들수록 자주 기억하기 때문이다. 삶은 어떤 면에서 우리의 기억이 반영되어 나타나는 것이라 볼 수 있다. 현재 느끼는 기쁨, 분노, 슬픔, 만족 등의 감정은 그것을 불러일으킨 직접적인 사건보다는 우리가 그 사건을 어떻게 기억하느냐에 좌우된다. 그러므로 한 사건이 일어난 때와 현재 사이에 공백이 클수록 사건의 진상이 왜곡될 가능성도 커진다. 오늘날 우리의 존재는 과거의 사건들을 어떻게 기억하느냐에 따라 결정된다. 로이드 오길비(Lloyd Ogilvie) 박사가 어느 주일 아침 설교에서 이러한 상태에 대해 다음과 같이 말했다.

> 우리는 과거에 일어난 일들을 토대로 미래를 예측한다. 과거에 경험한 긍정적인 기억은 다시 반복되지 않을 것이라고 생각하는 한편 부정적인 기억은 또다시 반복될 것이라고 생각한다.
> 많은 경우 우리는 미래에 대해 우리가 바라는 모습으로 이미지를 형성하지 않고, 우리가 기억하는 과거에 의존하여 미래를 예측한다.

고통스러운 기억의 치유

감정과 그 영향은 기억과 연관된다. 헨리 나우웬(Henri Nouwen)은 이렇게 말했다. "후회는 쓰라린 추억이며, 죄책감은 절망적인 추억이고, 감사는 즐거움으로 가득 찬 추억이다. 과거의 경험을 삶에 어떻게 융화시키느냐에 따라서 우리의 감정은 깊은 영향을 받는다. 사실상 우리는 추억과 함께 현재의 세계를 알고 깨닫는다."[1]

한 사람이 살면서 겪는 고통의 대부분이 과거의 기억에서 나올 수 있다고 생각해 보았는가? 이 기억은 어떻게 드러나는가? 외로움, 불안, 두려움, 근심, 의심과 같은 감정으로 나타난다. 그 감정이 상처를 주는 것은 대부분 마음속에 숨겨져 있다가 어떤 순간에 튀어나오기 때문이다. 아픈 기억일수록 더 깊숙이 감추어지고 억눌려 있다. 그 감정은 잠재의식 한구석에 깊이 숨겨진다. 숨겨져 있기 때문에 치유되지 못한 채 남아 있는 것이다.

고통스러운 경험에 어떻게 반응하는가? 그 경험을 잊어버리려 하거나 없었던 것처럼 생각하고 행동할지도 모른다. 그러나 과거의 아픔을 잊어버리려는 노력 때문에 그 기억은 더 왕성하게 살아나 삶을 다스리고, 당신은 그 힘에 이끌려 살게 되어 결국 감정적 불구자가 된다. 과거 역사를 수정하고 선별해서 기억하려 하지만, 이것은 이중으로 손해를 가져올 뿐이다. 즉 감정적인 절름발이 상태에서 벗어나지 못하고 계속 성숙과 성장의 기회를 놓치게 되는 것이다.

그러나 꼭 그렇게 되는 것은 아니다. 고통스러운 기억이 오히려 치유받은 선물로 남을 수 있다. 치유는 어떻게 이루어지는가? 그것은 아픈 기억을 회피하지 않고 오히려 구석에서 끄집어낼 때 가능하다. 헨리 나우웬은 "잊어버린 기억은 치유될 기회를 놓친 것이고, 기회가 주어지지 않으면 치유할 수 없다"고 말했다.[2]

고통스런 기억에 대한 치유가 어려운 것은 기억을 회피하려고 만들어 놓은 방어 기제 때문이다. 그것은 망령처럼 남아 있는 고통스러운 기억에서 자신을 보호하려는 수단이다. 우리의 잠재의식은 적이 들어오지 못하도록 출입구를 차단한다. 그러나 이것은 다른 것도 함께 들어오지 못하게 막는 결과를 초래한다. 깊은 친밀감을 느끼거나 다른 사람을 사랑하고 신뢰하지 못하게 한다. 방어 기제를 움직이는 것으로는 우리가 쌓아 놓은 성을 안전하게 지킬 수 없다. 오히려 그것은 우리의 가장 깊은 곳을 감옥으로 만들고 만다. 상처를 치유하려면 스스로 만들어 놓은 방어 기제를 치워 버리고 아픈 기억을 직접 만나야 한다.

우리는 삶 속에 임재하시는 그리스도 때문에 방어 기제의 빗장을 풀어 놓을 수 있다. 그분은 성장과 행복의 두 가지 가능성을 주실 수 있다. 첫째, 해로운 기억에서 받은 영향을 없애 주셔서 과거의 생활 양식에서 벗어나게 하신다. 둘째, 생각과 감정과 의지를 사용하여 적극적으로 살 수 있게 도우신다. 그리스도께서는 앞으로 나아가지 못하도록 우리의 힘을 약화시키는 거칠고 모난 부분과 틈새를 없애 버리신다. 그리스도는 그분의 형상을 따라 우리를 새롭게 하시는 조각가이시다(골 3:10).

어떤 미치광이가 미켈란젤로의 조각상 〈피에타〉를 난타하여 손상시켰을 때 세상은 경악을 금치 못했다. 당연하게도 세계 최고의 예술가들이 손상된 걸작을 수선하기 위해 모였다.

이탈리아에 도착한 조각가들은 곧바로 손상된 얼굴을 수리하는 작업에 들어가지 않았다. 그보다 먼저 여러 달 동안 〈피에타〉를 쳐다보며 시간을 보냈다. 조각의 선을 손으로 만져 보며, 각 부분이 고통스러움을 나타내면서도 어떻게 무아의 경지에 이를 수 있는지를 생각하며 감상했다. 몇몇 조각가는 〈피에타〉의 한 부분 한 부분을 몇 달씩 연구하여 점차 미켈란젤로의 시선으로 보게 되었다. 그리고 미켈란젤로가 그 작품을 만지며 느꼈으리라고 생각되는 것처럼 만져 보고 느꼈다. 마침내 얼굴을 수리하기 시작했을 때 조각가들이 발휘한 솜씨는 거의 미켈란젤로의 솜씨에 가까웠다.

미켈란젤로의 작품만이 아니다. 하나님이 그분의 손으로 흙을 빚어 만든 우리는 〈피에타〉를 훨씬 능가하는 걸작이다(창 2:7). 하나님이 계속해서 우리를 새롭게 빚어 가시는 것은 놀라운 일이 아니다. 그분은 상처를 입는 즉시 우리를 고치기 시작하시고, 부서진 조각을 제자리에 맞추는 작업을 이미 하고 계신다.

우리에게 치유가 필요할 때 급하게 서둘러서는 안 된다. 오히려 우리를 빚으신 조각가가 우리를 아시는 것처럼 자신을 알아 가야 한다. 자신의 영원한 가치를 깨닫기 전에는 우리에게 얼마만큼이나 치유가 필요한지를 알지 못한다. 자기중심적인 생각에서 나온 아주 미미한 타격이 〈피에타〉에 가해진 어떤 타격보다 파괴적일 수 있다.

"우리는 그가 만드신 바라 그리스도 예수 안에서 선한 일을 위하여 지으심을 받은 자니 이 일은 하나님이 전에 예비하사 우리로 그 가운데서 행하게 하려 하심이니라"(엡 2:10). 하나님이 주신 선물에 감사하기 시작할 때 우리는 우리의 눈이 아닌 그분의 눈으로 우리 자신을 볼 수 있다. 하나님께 받은 선물의 가치를 안다면, 우리가 어떻게 치유되어야 하는지 알게 되며 이로써 우리의 대 조각가가 계획하신 손길을 맛볼 수 있다.[3]

대 조각가이신 하나님이 우리를 위해 작업하실 수 있도록 어떤 것들이 지금의 우리를 형성하였는지 살펴보아야 한다. 자신의 이미지는 유아기에서 형성되기 시작한다. 부모와 다른 이들에게 받은 모든 것, 즉 그들이 우리에게 매를 댄 것이나 귀엽다고 쓰다듬은 것, 존재 가치를 확인해 준 칭찬이나 비웃은 것 모두가 감정의 기억 장치에 저장되어 있다. 이러한 기억 장치는 믿음과 느낌과 인상적인 생각을 남겨 두는 곳이 되며, 우리 삶은 그곳에서 필요한 것을 공급받는다. 기억 장치에 저장된 것 중 어떤 것은 우리에게 해로우며, 다른 것으로 바꾸는 확실한 단계를 밟지 않는 한 없어지지 않고 그대로 남는다. 어떤 사람의 기억 저장소는 많은 이로운 것을 밖으로 드러내어 행복한 삶으로 인도한다. 반면에 어떤 사람은 이롭지 않은 것이 드러나 갈등의 삶이 이어진다.

우리는 어린 시절에 다른 사람의 말과 행동으로 만들어진 이미지에 따라 자신을 본다. 즉 존경과 사랑을 받을 가치가 있는가 없는가, 유능한가 쓸모없는가, 호감이 가는가 아닌가, 성공적인 사람인가 실패자인가 등 그들이 내린 평가에 따라 자신을 생각한다. 우리는 기억 장치에 저장된 것에 따라 반응을 보이는 경향이 있다. 어떤 아버지는 집에 손님이 찾아올 때마다 자녀들에게 조급한 태도로 대했음을 알았다. 상담을 하는 가운데 그 아버지는 자녀들에게 조급하게 대한 이면에 손님이 자신을 거부할지도 모른다는 두려움의 문제가 있었다고 말했다. 이 두려움 때문에 자녀들이 손님 앞에서 바른 태도를 보이지 못할까 봐 마음을 졸인 것이다. 이 두려움은 어디에서 오는가? 과거에 거부당한 기억에서 온 것이다.

자넷은 남편에게 칭찬받았을 때 보인 거부 반응에 대해 털어 놓았다. 자넷은 남편의 칭찬을 수용할 수 없었다. 그러한 문제로 남편과 갈등이 있던 어느 날, 과거에 부모가 자기에게 한 말이 떠올랐다. 그의 부모는 다른 사람이 하는 칭찬을 그대로 믿으면 안 된다고 말했다. 칭찬을 하는 사람들은 어떤 방법으로든 그를 이용하려 하기 때문이라는 것이다. 또한 실제로 자넷이 그들에게 제공해 줄 수 있는 것이 없기 때문에 그 칭찬은 진실이 아니라고 했다. 이러한 뼈아픈 기억은 자넷이 남편의 사랑과 보호를 받아들이는 데 장애가 되었다.

존은 아내에게 말하는 동안 아내가 고개를 돌리거나 다른 곳을 쳐다보면 몹시 화를 냈다. 아내가 주의를 집중하지 않는 것이 왜 그렇게 신경에 거슬리는지 그 이유를 이해할 수가 없었다. 어느 날 그는 기도하던 중, 과거에 어머니가 그의 말을 잘 듣지 않았고 말을 다 마치기도 전에 방에서 나가 버리기 일쑤였다는 것이 떠올랐다. 아내가 귀를 기울이지 않을까 봐 두려워하는 것은 어머니와의 관계 속에서 온 것이었다. 그 문제로 아내와 함께 이야기하고 기도하면서 과거의 경험과 현재 상황을 올바른 관점에서 볼 수 있는 힘이 생겼다.

우리는 이미 과거에 경험한 특별한 기억과, 그것이 우리에게 끼치는 영향을 어느 정도 인식하고 있을지 모른다. 그러나 때로는 그것을 파헤쳐서 자세히 살펴보아야 할 경우도 있다. 이때 심리학자나 상담자가 아픈 기억을 드러내도록 도와줄 수 있다. 그런데 그리스도인에게는 또 다른 조력자가 있다. 성령께 치유되어야 할 아픈 기억을 생각나게 해달라고 요청하는 것이다. 조용히 주님과 교제하고 기도하면서 그 기억이 처음 생겨난 상황을 그대로 드러내 달라고 성령께 간구하라. 성령은 그 일이 일어난 첫 사건을 보여 주실 것이다.

기도로 구한 다음, 생각이 떠오르도록 조용히 앉아 있는 시간이 필요하다. 기억해 내려고 억지로 노력하지 말고, 긴장을 풀고 성령께서 일하시도록 맡기라. 현재의 행동에 영향을 끼치는 과거의 상황을 발견하려면 어린 시절에 당신과 연관된 사람들을 한 사람씩 만나서 이렇게 물어보라. "이 일이 정말 어머니(혹은 아버지, 언니, 오빠 등)와 관련되어 일어났나요?" 성령은 당신이 많은 사람과 관계하면서 갖게 된 행동 양식을 드러내실지도 모른다. 그리고 그 행동 양식을 찾으면서 계기를 발견할 수 있다. 이러한 근거를 찾아내려는 것은 자신이나 다른 사람을 비난하기 위해서가 아니다. 미켈란젤로의 〈피에타〉 이야기를 생각해 보라. 기억을 살피는 것은 성령께서 솜씨를 발휘하여 흠이 난 곳을 수정하시도록 하기 위해서다.

기억이 드러났을 때 주님께 먼저 할 일은 은혜를 구하고 기억나게 하신 것을 감사하는 것이다. 뼈아픈 기억일지 몰라도 그 발견은 꼭 필요하다. 그것은 속박에서 해방되는 놀라운 경험이다! 자유를 누리는 첫걸음을 경험한 것이다. 과거의 속박에서 벗어나는 자유를 누릴 좋은 기회를 맞이한 것이다.

그러나 그 경험은 꽤 두려운 것이 될 수 있다. 다행히 우리는 하나님이 함께하시기 때문에 그 경험을 홀로 통과하지 않는다. 과거의 상처를 비극적인 것이나 감정적인 절름발이 노릇을 하게 만든 것으로 간주할 수 있다. 우리는 그것의 노예가 되거나 아니면 자유로워지는 것을 선택할 수 있다. 사도 바울은 이렇게 말했다. "그러므로 형제들아 우리가 빚진 자로되 육신에게 져서 육신대로 살 것이 아니니라"(롬 8:12). "그리스도께서 우리로 자유롭게 하려고 자유를 주셨으니 그러므로 굳건하게 서서 다시는 종의 멍에를 메지 말라"(갈 5:1).

성령 안에는 자유가 있다. 그것은 죄와 감정, 그리고 과거의 기억을 위해서 십자가를 지신 예수 그리스도로부터 온다. "그런즉 어찌하리요 우리가 법 아래에 있지 아니하고 은혜 아래에 있으니 죄를 지으리요 그럴 수 없느니라"(롬 6:15). 그리스도를 향하여 사는 것은 온전히 살고 아픈 기억에 대해서는 죽는 것을 의미한다.

천천히 조급하지 않게

곧바로 치유될 수도 있지만 대부분은 서서히 치유된다. 몇 달, 심지어는 몇 년이 걸릴 수 있다. 속에 묻어 놓은 것이 많을수록 오랜 시간이 필요하다. 그것이 건전한 치유다. 우리는 문제를 한 번에 다 해결할 능력이 없다. 모든 상처가 한 번에 치유되는 경험은 견딜 수 없을 것이다. 아픈 상처를 한 번에 하나씩만 처리해 나갈 수 있다. 하나가 치유된 후에야 다음으로 넘어갈 수 있다. 한 번에 하나씩 기억을 처리해야 하는 또 다른 이유는 그때마다 새로운 방법으로 반응하고 행동해야 해서다.

자신이 말할 때 아내가 시선을 집중하지 않는 것 때문에 화를 내는 존은 아내가 자신의 말에 진정으로 관심을 가지고 있다는 것을 이해해야 한다. 그런 다음에 적절하게 반응할 수 있다. 남편의 칭찬을 받아들이지 못하는 자넷은 남편의 말을 아내에 대한 사랑으로 받아들여야 한다. 당신이 취하는 첫 단계는 마치 어린아이처럼 멈칫거리며 주저하는 것이 될 수 있다. 한 번에 지나치게 많은 것을 시도하여 실망할 수 있다. 그러나 새로운 생각과 행동을 발전시키면 다른 분야에도 치유를 시도할 용기를 얻게 된다. 품고 있던 아픈 기억의 모습을 온전히 깨달을 때, 아픔의 강도는 날마다 조금씩 줄어들 것이다. 그리고 얼마 안 가서 그 일은 과거에 일어난 한 사건으로만 기억될 것이다. 감사하는 마음과 용서하는 마음을 표현하려 할수록 상처는 더 빨리 아물 것이다.

찬양은 치유를 돕는다

변화를 경험할 수 있는 또 다른 요소가 있다. 어쩌면 생소할 수도 있는데, 바로 찬양이다. 하나님이 해놓으신 일이나 그분의 어떠함, 그분이 미래에 하실 일을 찬양할 때, 우리는 삶에서 꽉 붙들고 있던 것을 주님께 맡기게 된다.

하나님이 하신 일을 찬양하는 것은 어렵지 않다. 과거를 돌이켜 보며 실제로 이루어진 결과를 셈해 볼 수 있기 때문이다. 우리가 손으로 만져 볼 수 있는 무엇이 있으며, 거기에 모험의 여지는 없다.

그러나 미래는 어떠한가? 그분이 하시고자 하는 것으로 하나님을 찬양하는 것은 얼마나 어려운가? 찬양은 전혀 생각지 못한 삶의 가능성을 제공한다. 하나님을 찬양함으로 모험하는 사람이 될 뿐만 아니라 하나님이 나에게 원하시는 것이 무엇인지 알게 될 것이다. 이것이 당신을 불안하게 만들지도 모른다. 그것은 직장에서 겪는 불쾌한 상황이나 경제적으로 처한 어려움 속에서 하나님을 찬양하는 것을 의미할 수도 있다. 당신이 겪고 있는 어려운 결혼 생활이나 가정생활 가운데서 하나님을 찬양하는 것을 의미할지도 모른다. 아마도 바로 지금 그러한 상황에 부딪혀 마음이 무겁고 어찌할 바를 모를 수도 있다. 바로 그때 하나님은 당신이 찬양하기를 원하신다. 해답이 없는 것 같고, 문제가 풀리지 않으며, 움직이지 않는 높은 산이 앞을 가로막고 있는 것처럼 보일 때, 그분을 찬양하라. 그런다고 해서 당신이 손해 볼 것은 전혀 없다. 이미 당신은 스스로 문제를 해결할 수 없음을 알고 있지 않은가? 해결할 수 없음을 시인하고 용납하는 자세로 해결책을 다른 곳에서 찾아야 하지 않겠는가? 이렇게 쓰고 있는 동안 내 속에 이러한 생각이 스쳐 갔다. '이 순간에 바로 내가 찬양을 드려야 하지 않는가?' 나는 지금 사역하는 기관에서 위기에 봉착해 있고, 어려운 결단을 해야 하는 처지다. 그래서 지금 내가 제시한 것을 스스로 적용하였다. 나는 이러한 어려운 상황과 결단해야 하는 갈림길에서 하나님을 찬양한다. 지금 나는 잘못된 결정을 내릴까 봐 두렵지만 하나님을 바라보며 마음에 잔잔한 평안을 누리고 있다. 로이드 오길비는 이와 연관된 흥미로운 생각을 이렇게 표현했다. "오랜 시간에 걸친 지속적인 찬양은 주께서 인내하며 기다리셔서 우리에게 계시하고자 하시는 것이나 해결해 주고자 하시는 것을 우리가 받도록 도와준다."[4]

감사할 만한 사실이 눈앞에 보이거나 곤경에서 벗어나 도움을 받을 수 있다는 보장이 있을 때 우리는 기꺼이 감사를 표한다. 그러나 보이지 않는 어떤 분의 손에 우리의 미래를 맡기며 "이 문제에 관하여 어떤 것을 주시든 나는 당신을 찬양합니다"라고 말하는 것은 쉬운 일이 아니다. 우리는 보장받는 일에 익숙하고 모험을 꺼린다. 우리는 어떠한 상황에서든 하나님을 찬양한다는 생각을 거부하며 반항하고 못마땅해한다.

그러나 이 충고를 거절하기 전에 "범사에 감사하라"(살전 5:18)는 말씀을 잠시 묵상해 보라. 당신은 이 구절을 여러 번 읽고 들었지만 무시해 왔을지도 모른다. 그러나 이 말씀은 없어지지 않는 사실로 여전히 남아 있다. 곤경 가운데서 이 말씀을 붙들 때가 있다. 그러나 날마다 밥을 먹는 것처럼 이러한 찬양의 원리를 규칙적으로 적용한다면 어떻게 되겠는가? 우리에게 어떤 일이 일어나겠는가? 시도해 볼 만하다.

그러나 무엇보다 먼저 찬양을 드리는 대상이 누구인지를 생각해 보라. 하나님은 당신에게 어떤 분인가? 어떤 사람에게는 하나님의 존재가 사람이 꾸며 낸 허상에 지나지 않는다. 또 어떤 사람에게는 돌로 만들어진 죽은 존재일 뿐이다. 당신의 하나님은 어떤 하나님인가? 당신이 지닌 하나님의 개념은 무엇인가? 하나님에 관한 올바른 생각은 당신의 존재 가치와 그리스도인의 실제적인 삶에 기본적인 틀을 형성한다.

하나님에 관한 가장 적절한 정의는 수십 년에 걸쳐 내려온 웨스트민스터 신앙고백에서 찾아볼 수 있다. "하나님은 누구신가?"라는 질문에 웨스트민스터 신앙고백은 이렇게 답변한다. "하나님은 영이시고 무한하시고 영원하시며, 그의 존재와 지혜와 능력과 거룩함과 공의와 선하심과 진리되심은 불변하다." 당신이 창조된 이유는 무엇인가? 하나님을 알기 위해서다. 다른 어떤 것보다 더 큰 만족과 기쁨과 행복과 평안을 줄 수 있는 것이 무엇인가? 바로 하나님을 아는 지식이다.

> 여호와께서 이와 같이 말씀하시되 지혜로운 자는 그의 지혜를 자랑하지 말라 용사는 그의 용맹을 자랑하지 말라 부자는 그의 부함을 자랑하지 말라 자랑하는 자는 이것으로 자랑할지니 곧 명철하여 나를 아는 것과 나 여호와는 사랑과 정의와 공의를 땅에 행하는 자인 줄 깨닫는 것이라 나는 이 일을 기뻐하노라 여호와의 말씀이니라(렘 9:23, 24).

하나님을 아는 것이 무엇인지 이해하는가? 제임스 패커(James Packer)는 다음과 같이 말했다.

첫째, 하나님의 말씀을 듣고 성령께서 깨닫게 해주시는 대로 그 말씀을 받아 자신에게 적용하는 것이다. 둘째, 하나님의 말씀과 그분의 역사를 통한 계시에 따라 하나님의 속성과 성품을 인식하는 것이다. 셋째, 하나님의 초대에 응하며 그분의 명령을 준행하는 것이다. 넷째, 하나님이 보여 주신 사랑을 즐거워하며 그 사랑으로 사람을 사랑하고 거룩한 하나님 안의 교제 속으로 그 사람을 이끄는 것이다.[5]

우리는 그분을 인식하며 그 안에서 즐거워하게끔 만들어진 존재다. 그러므로 하나님께 찬양을 드리는 것은 그분의 사랑과 선하심과 신실하심, 그리고 우리 각 사람에게 보이시는 엄청난 관심에 대한 반응이다. 하나님을 찬양할 때 우리는 그분의 주권과 능력을 인식한다. 하나님을 찬양하면서, 자신의 노력과 능력 대신 그분을 믿고 의지하는 데로 우리 마음을 옮길 수 있다. 어떤 사람이 당신에게 스무 번씩이나 기뻐하라고 하고 그중 네 번은 항상 기뻐하라고 권면하는 편지를 보내왔다고 상상해 보라. 바로 그 편지를 사도 바울이 데살로니가에 있는 교회에 써 보냈다. 우리가 항상 기쁨을 느끼기 때문에 주 안에서 기뻐하는 것이 아니다. 그것은 우리의 의지적 결단이며 헌신을 통한 행위다. 주 안에서 기뻐할 때 우리는 인생의 의미를 새로운 관점에서 보기 시작한다. 찬양은 지친 우리 삶에 새로운 관점을 제시해 주며, 올바른 방향으로 우리를 안내하는 도구가 된다. 하루 일과가 몹시 바빠서 하나님을 찬양할 여유가 없다고 생각할지도 모른다. 당신이 매우 바쁘다고 생각할 때나 곤고할 때, 감당하기 어려운 상황 가운데 있을 때, 그때가 바로 찬양할 시간이다. 잠시 멈추고 마음을 깨끗이 한 다음 하나님을 찬양하라. 다시 한 번 새로워지는 것을 느낄 것이다.

문제가 해결되기 전에 미리 하나님을 찬양하는 것은 믿음의 행위다. 이것은 '결과가 어찌되든 하나님을 의뢰한다'는 의미를 내포한다.

주님을 찬양하는 것은 상상력을 발휘하게 만든다. 하나님은 이루고자 하시는 것에 관한 모습을 상상력을 사용하여 그려 주신다. 자원하는 심령을 갖지 않는다면 우리는 창조력을 잃어버리며, 모험이 따르는 비전에서 우리가 발휘할 수 있는 상상력을 다 사용하지 못한다. 하나님은 우리의 미래를 위해 그림을 그려 나가실 때 우리의 상상력이 사용되기를 원하신다. 하나님은 우리가 소망하고 기대하는 방향으로 우리를 인도하신다. 우리는 '성령의 인도하심' 아래 우리의 꿈을 이루게 된다. 그렇기 때문에 스스로가 품은 자기 자신에 대한 생각이나 다른 사람에 대한 생각, 우리의 목표나 계획하는 일 모두는 우리의 상상력에서 나오는 영감(靈感)이 필요하다. 그러나 성령께서 그분이 하고자 하시는 일들을 시작하기 전까지 우리의 의지에서 나오는 상상력은 충분히 발휘될 수 없다.[6]

찬양은 자신의 권리를 포기하는 행동이므로 찬양하지 않는 것과는 많이 다르다. 그러므로 찬양할 때 하나님은 우리가 다음 단계로 발을 내디딜 수 있게 도와주신다. 지금 나는 위기에 처했을 때 드리는 기도를 이야기하는 것이 아니라 지속적으로 찬양을 발전시키는 것을 말하는 것이다. 찬양은 우리에게 주어질 응답에 대해 하나님께 감사하며 기다리는 것이다. 우리 삶을 하나님의 관점에서 보며 그 관점에서 해결책을 찾아야 한다. 이러한 관점은 찬양을 통해 발견할 수 있다.

찬양은 고통스러운 기억을 치유하는 역할을 한다. 우리는 변화할 수 있다. 특히 그리스도 안에서 새로운 피조물이 된 우리는 변화할 수 있다.

다음 장에서는 우리의 숨은 감정을 치유하는 데 도움이 되는 또 다른 방법인 '상상하는 것'을 다루어 보자.

4장
상상을 통해 감춰진 상처를 치유하라

'상상'은 큰 발견을 가져오는 동기가 된다. 토머스 에디슨은 전구를 발명할 때 그저 가만히 앉아 있었던 것이 아니다. 그의 머릿속은 여러 상상으로 가득 차 있었다. 드뷔시는 강에 비친 해를 보고 곡을 창작해 냈다. '상상'은 정체된 일상의 우울함에서 벗어나게 하거나, 기계를 발명하도록 인도했다. 전자는 변화에 이르렀고, 후자는 성취하는 데까지 나아간 것이다. 또한 상상은 해로운 과거의 기억을 치유하는 데 사용되며 자기 정죄에서 자유하게 한다.

예를 들면, 내가 상담한 많은 그리스도인은 하나님께 자신의 죄를 자백하며 용서를 구했고, 심지어 잘못에 대한 손해도 배상했다. 그들은 하나님이 용서했음을 지적으로 알지만 용서받았음을 감정적으로는 느끼지 못한다. 그들은 자신의 가치를 깨닫지 못하며 여전히 죄의식을 느낀다. 그러한 사람들, 즉 죄에서 자유로워짐을 추구하는 사람들에게 도움을 주기 위해 상상력을 사용한 다음 연습을 제안한다.

먼저 의자에 기대앉아서 두 눈을 감는다. 글자가 가득 적힌 커다란 칠판을 눈앞에 떠올리라. 칠판을 좀 더 가까이 들여다보면, 용서받지 못했다고 느끼는 행동이나 일이 적혀 있는 것이 보인다. 그것들이 다른 많은 글자들 사이에서 점점 명확하게 두드러진다.

이제 상상을 통해 예수 그리스도가 칠판 옆에 서 계신 것을 바라보라. 그분이 칠판에 적힌 글자들을 지우개로 깨끗이 지워 버리시고 그 위에 의미 있고 새로운 것을 쓸 수 있게 하신다. 당신이 새로 시작할 수 있도록 하나님이 과거의 죄와 실패를 지워 버리셨다.

이제 상상을 통해 예수께서 칠판 앞으로 오라고 손짓해 부르시는 것을 바라보라. 그분은 당신의 손을 그분께 대라고 말씀하신다. "나는 네가 정말로 깨끗이 닦인 칠판을 보기 원한다. 깨끗케 한 내 손을 만져 보고 그것이 깨끗해지고 새롭게 된 것을 믿으라." 당신은 칠판을 깨끗케 한 그분의 손을 만져 보고 느낄 수 있다. 그리고 마음에 깨달음이 오기 시작한다. 실제로 예수께서는 당신을 위해 이와 같은 일을 하고 계신다.

그 다음에는 상상을 통해 예수께서 당신을 향하여 돌아서시는 모습을 바라보라. 그분은 당신의 어깨 위에 손을 얹고 말씀하신다. "너는 용서받았다. 나의 용서를 네 삶에 받아들여라. 너는 용서받은 사람으로 살아라." 그리고 그분은 당신에게 이제는 칠판에 적힌 잘못에 대해 염려하지 않아도 되므로 스스로 용서하라고 말씀하신다. 잘못된 것들은 더 이상 존재하지 않는다. 이것은 마치 계산기에서 삭제 단추를 누른 것과 같다.

아마도 자신에 대한 용납과 용서가 온전히 자기 것이 될 때까지 상상을 통해 이러한 영상들을 거듭 떠올려야 할 것이다.

상상력의 힘

상상은 인간에게만 주어진 특성이다. 상상하는 능력은 우리를 동물과 구분해 준다. 고양이나 개, 새는 실제가 아닌 다른 상황을 상상하지 않는다.

환상이나 상상은 우리가 맡은 책임이나 우리가 겪는 고통과 환멸에서 벗어날 수 있는 한 가지 형태다. 그리고 그것은 문제를 해결하며 발전을 막는 장벽을 허무는 힘을 가져올 수도 있다.

상상력은 우리 안에서 창조적으로 움직이는 기능이다. 그리고 삶에 없어서는 안 될 부분이다. 상상력을 얼마만큼 사용하며 어떤 방법으로 사용하는지는 사람마다 다르다. 그러나 우리는 모두 어느 정도 상상력을 사용하고 있다.

머릿속에서 그려 내는 영상들은 매우 실제적이어서 우리가 선택하는 방향에 따라 옮겨진다. 행동과 감정이 거기서 시작되기 때문이다. 우리가 만드는 이미지는 삶에서 추구하는 긍정적인 변화를 가져오는 데 사용될 수 있다.

내가 읽은 책 중에서 상상에 관해 가장 정교하게 표현한 것을 소개한다.

마음속에 영상이나 그림을 그려 보는 상상이란, 자신에 대해서 상상하고 이미지를 갖는 것은 결국 그대로 이루어지는 경향이 있다는 인간의 속성에 기초를 둔다. 이미 형성된 영상이나 의식적으로 집요하게 간직된 영상은 마음에서 만들어지는 과정을 거쳐 무의식으로 이동한다. 그리고 무의식에서 확고부동하게 수용될 때 그 사람은 그대로 행동하게 될 경향이 매우 커진다. 그 이유는 영상이 자신을 사로잡아 버리기 때문이다. 생각과 행동에 끼치는 상상의 힘은 매우 강력해서 어떤 사물이나 목표에 대한 영상을 오랫동안 상상할 때 그것은 분명히 실현될 수 있다.[1]

오늘날 많은 사람은 삶의 도전 앞에서 가장 처음 이렇게 반응한다. "나는 못해." "내 머리로는 하기 힘들어." "내가 한다면 결국 실패하고 말 거야." 그들의 열등감은 그들의 노력을 제한하고 그들을 새장 속에 가두며 속박한다. 그러나 하나님은 열등감을 느끼지 않는 사람과 마찬가지로 열등감을 느끼는 각 사람의 삶 가운데에도 존재하신다. 당신 안에 계신 하나님의 능력을 어떻게 누릴 수 있는가? 이 모험을 시작하는 데는 어떤 도움이 필요한가? 바로 행동이 뒤따르는 상상과 기도가 열쇠다. 당신이 감당하기 어려운 어떤 상황에서 바로 옆에 예수께서 함께 계심을 마음속에 그려 보라. 그분이 첫발을 내디디신다. 예수와 동행하기 위해 당신도 한 발을 내딛는 모습을 그려 보라. 그분이 또 한 걸음을 내디디시고 당신도 그 옆으로 다시 발을 옮겨 놓는다. 마음으로 하나님의 임재를 상상하며 실패의 두려움에서 해방되라. 이것은 성경이 우리에게 말하듯이 시간과 열심과 노력이 요구된다. "너희 마음의 허리를 동이고"(벧전 1:13). '동이라'(gird)라는 단어는 문자 그대로 '의지적인 노력'을 의미한다.

상상은 한 걸음을 더 내딛게 하는 적극적인 사고다. 상상 가운데서 단순히 희망하는 목표만 생각하지 않고, 그것을 매우 강하게 '직시'하거나 영상화하고 기도로 강화시킨다. 상상하는 것은 상상력의 레이저 광선을 쏘는 것과 같다. 정신력에서 터져 나오는 빛줄기와 같아서 자신이 원하는 목표나 결과를 의식적으로 뚜렷하게 그려 봄으로 무의식에 수용한 다음, 무의식에 의해서 그것을 실제화하는 것이다. 그것은 상상하는 사람의 삶 가운데 놀랄 만한 변화를 초래하는 강한 내적 힘이 될 수 있다.[2]

치유에 이용되는 상상력

우리의 생각과 믿음은 신체에 직접적인 영향을 끼친다. 의도적으로 생각을 바꾼다면 우리의 신체도 의도적으로 변화시킬 수 있을지 모른다. 이러한 예들은 화를 참는 사람에게 대장염이 생기고, 우는 것이 힘든 사람이나 성취욕이 높은 사람에게 호흡기 천식이 생기기 쉽다는 조사 결과에서 나타난다. 우리의 믿음 체계가 건강에 직접적인 영향을 끼칠 수 있다.

상상력은 병을 고치기 위한 의학 기술 분야에 사용된다. 어떤 사람들은 이 능력을 사용해서 신체에 놀랄 만한 효과와 변화를 가져오기도 한다. 부종에 관해 연구하는 어떤 의사들은 암 환자에게 상상력을 사용해 왔다. 이것을 다른 질병에도 적용시켜 건강을 회복할 수 있는 동기 부여의 도구로 사용하고 있다. 이 치료 방법의 몇 가지 단계를 소개한다.

환자에게 다음 지시 사항이 주어진다.
1. 방해받지 않고 조용히 있을 수 있는 곳을 찾으라. 발을 바닥에 대고 편안하게 앉으라.
2. 숨을 쉬는 리듬에 초점을 맞추라. 숨 쉬는 것에만 몰두하라.
3. 조용한 장소에 있다는 것을 인식하고 편안하게 긴장을 풀라. 긴장을 마치 꼬인 매듭이나 지혈대와 같은 것으로 상상하고 그것이 풀어지는 것을 보라.
4. 몸 전체에 돌아가면서 규칙적으로 근육을 긴장시키고 이완시키라.
5. 긴장을 풀기에 가장 이상적인 곳에 있는 자신의 모습을 그려 보라. 경치를 보고 소리를 들으며 은은히 풍겨 오는 향기를 맡으라(이 과정을 몇 분 동안 지속한다).
6. 당신을 괴롭히는 병이나 고통에 대해 마음속에 느껴지는 영상을 그려 보라.
7. 당신이 치료받는 모습을 그려 보고 치료로 병이 나아 몸이 치유되는 모습을 보라.
8. 몸을 낫게 하는 치유의 능력이 작용하여 병을 이기는 모습을 보라.
9. 건강을 회복하고 고통에서 자유케 된 자신의 모습을 보라.

10. 상상을 통해 당신이 삶의 목표를 향해서 움직이는 모습을 바라보라.
11. 이러한 경험을 하루에 세 번씩 반복하여 당신이 힘을 얻는 데까지 이르는 모습을 보라.
12. 천천히 눈을 뜨고 정상적인 일상생활로 돌아가라.³

한 관절염 환자에게 관절 표면에 생긴 염증과 좁쌀같이 돋은 것을 마음속에 떠올리게 한다. 그는 백혈구가 작은 좁쌀들을 먹어 치우고 거친 부분을 매끄럽게 하면서 조직 안으로 들어오는 것을 본다. 한 위궤양 환자에게 위장 속 벽이 헐어서 상처 난 것을 떠올리게 한다. 그는 마음속으로 약과 식이요법을 통해 통증이 부드럽게 가라앉는 모습을 본다. 그 다음에 건강한 세포들이 증가되는 것과 흰 세포들이 조직을 깨끗이 하는 작업을 상상한다. 그는 통증에서 벗어난 삶을 마음속에 그려 본다.

고혈압 환자에게도 이러한 기술이 사용된다. 그들은 상상력 훈련과 아울러 긴장 완화 훈련을 연습한다. 상상력을 통해 혈관을 본다. 근육이 축소되고 혈관이 좁아져서 피가 흐르기 어려워지는 것을 본다. 그 다음에는 약을 투여하여 근육이 이완되는 것과, 그렇기 때문에 심장이 피를 퍼내어 혈관에 공급하는 작업을 좀 더 쉽게 하는 것을 본다.

상상력은 통증을 조절하는 목적으로 많이 사용된다. 상상력은 고통을 잘 견딜 수 있게 해주고 환자의 신경 조직 체계를 풀어 주어 치유를 극대화시키는, 안전하고 효과적인 방법으로 증명되었다.

스포츠에 이용되는 상상력

믿음으로 어떤 상황을 그려 보는 방법은 스포츠에도 사용된다. 호주의 심리학자 앨런 리처드슨(Alan Richardson)은 〈리서치 쿼털리〉(Research Quarterly)라는 잡지에 농구 선수들이 자유투를 성공하기 위해 득점하는 장면을 마음으로 그려 보아서 힘을 얻는다는 것을 보고했다. 우선 학생들을 구별 없이 세 집단으로 나눈다. 그중 누구도 마음으로 어떤 모습을 상상하는 훈련을 받아 본 적이 없다. 첫째 집단은 20일 동안 매일 연습하고, 둘째 집단은 첫째 날과 마지막 날에만 연습한다. 셋째 집단도 첫째 날과 마지막 날에만 연습하지만 매일 20분간 공이 골 안으로 들어가는 것을 마음으로 그리는 시간을 가진다. 그들 마음속에서 공이 들어가지 않으면 다시 시도해서 성공하게 한다.

20일간 매일 자유투를 연습한 집단은 자유투 성공률이 24퍼센트 증가하였다. 첫째 날과 마지막 날에만 연습한 둘째 집단은 아무런 진전이 없었다. 그러나 자유투 넣기를 마음속으로 그려 본 셋째 집단은 성공률이 23퍼센트 증가하였다. 투창이나 다른 종목의 운동 경기를 포함한 여러 연구 조사에서도 이러한 결과가 나타났다.[4]

이 연구 조사를 통해 다음과 같은 결론을 얻었다. 정신력 훈련에서 단지 마음속으로 '그려 보는 것' 외에 '느껴 보는 것'까지 훈련하면 목표를 더 잘 성취할 수 있다. 자유투를 쏘는 사람이 자기 손에 쥔 공을 '느끼고', 공이 바구니 안으로 들어가는 것을 '보고', 튀는 소리를 마음속으로 '들을' 때, 더 좋은 결과를 얻을 것이다. 모든 감각을 사용하면, 하고자 하는 것을 더 뚜렷이 느끼고 더 나은 결과를 얻을 수 있다.

테니스 선수들은 중요한 시합을 앞두고 그들이 친 공이 목표한 곳에 꽂히는 것을 마음으로 그려 보는 연습을 한다. 효과적으로 하려면 마음속으로 그려 보는 것이 매우 구체적이어야 한다. W. 티모시 갤웨이(Timothy Gallwey)는 「테니스의 내적 경기」(The Inner Game of Tennis)에서 테니스 선수들에게 다음과 같이 말한다.

자기편 코트 서브선에 서서 몇 분간 숨을 깊이 들이마시고 긴장을 풀라. 상대방의 공이 담긴 깡통을 주시하라(그 깡통은 상대편 코트 왼쪽 구석에 놓여 있다). 그런 다음 자신의 라켓에서 깡통 쪽으로 공이 날아가는 것을 마음속으로 그려 보라. 공이 깡통에 붙어 있는 상표를 정통으로 맞춰 넘어뜨리는 것을 상상하라. 원한다면 두 눈을 감고 서브를 넣는 자신의 공이 깡통을 맞추어 넘어뜨리는 것을 상상하라. 이렇게 여러 번 하라. 상상 가운데 공이 깡통을 맞추지 못해도 괜찮다. 다만 공이 목표물을 칠 때까지 여러 번 반복하라. 지금은 공을 어떻게 치느냐를 생각하지 말라. 목표물을 맞히려고 노력하지도 말라. 당신이 깡통을 쳐 넘어뜨리는 데 어떤 동작이 필요한지를 몸이 스스로 알아서 하게끔 하라. 상상하는 것 외에 몸을 조절하려 하지 말고, 나쁜 습관이 있으면 고치라. 공이 원하는 방향으로 날아갈 것을 계획한 이상 이제는 단순히 그 동작을 몸이 알아서 해줄 것으로 믿으라. 공을 위로 향하여 칠 때 초점을 코트의 경계선 끝에 맞추고 서브하는 동작에는 신경을 쓰지 않아도 된다.[5]

상상력을 사용하여 근심에서 벗어나다

우리는 모두 날마다 어느 정도씩 상상력을 사용한다. 때로는 그것이 부정적이기도 하다. 배우자의 행동이나 말 때문에 화가 난 상태로 하루를 시작한 경험이 있는가? 하루 종일 그 감정이 떠나지 않은 상태에서 당신은 다시 배우자를 만나면 무슨 말을 하고 어떻게 행동할지를 상상하게 된다. 배우자가 나타났을 때 잘 연습된 공격적인 말과 불쾌한 감정을 쏟아 놓을 준비가 얼마나 잘 되어 있는가! 배우자는 아마도 당신이 그렇게 잘 다듬어진 말과 행동을 하는 것에 놀라움을 금치 못하리라! 이것은 사실상 전혀 놀라운 일이 아니다. 당신은 그것을 위해 잘 준비했기 때문이다. 그와 같은 노력과 힘이 건설적이고 긍정적인 방향으로 사용된다면 어떠하겠는가?

상상하는 것이 실생활에 어떤 도움을 주는지 살펴보자. 연설하는 것을 걱정한다고 가정해 보자. 다음 훈련은 '역할 연습'이라 불리는데, 염려를 물리치고 부정적인 생각을 긍정적으로 바꿀 수 있도록 만든 것이다.

앉아도 되고 누워도 괜찮다. 편안한 자세를 하라. 눈을 감고 숨을 크게 천천히 들이마시라. 긴장을 풀라. 어떤 기술을 사용하든지 어떤 방법을 쓰든지 긴장을 푸는 일에 깊이 빠지라. 자유롭게 상상할 수 있는 장소로 가라. 그리고 연설할 장소를 머릿속에 떠올리라. 그 장소에 당신이 나와 있는 모습을 그려 보라. 그 방을 가로질러 쳐다보라. 자세히 주시해 보라. 벽이 무슨 색깔인지, 문이 어디에 있으며 무슨 재료로 만들어졌는지 살펴보라. 사람들을 쳐다보라. 어떤 옷을 입고 있는지, 친구나 동료가 사람들 속에 있는지 살펴보라. 이제는 연설하기 위해 강단으로 걸어가는 것을 상상하라. 탁자가 무엇으로 만들어졌는지 살펴보고, 그 위에 손을 얹고 촉감을 느껴 보라. 마음에 평정을 느끼며 맑은 정신으로 긴장을 푼 자세를 취할 수 있을 때까지 숨을 몇 번 크게 들이마시고 내쉬라. 모인 청중이 조용해지는 것을 잘 들으라. 고요한 분위기에 젖어 들면서 당신 자신도 평정을 유지하라. 친절하고 흥미 있는 태도로 당신을 바라보는 사람들을 직시하라. 이제 자신이 강의를 시작하는 것을 스스로 들으라. 목소리는 모든 사람이 다 들을 수 있을 만큼 크고 명확하다. 연설을 계속해 나가는 동안 점점 자신감과 안정을 얻는다. 연설은 짜임새 있게 준비되었고, 흥미로우며, 하고자 하는 말의 의미를 정확하게 전달한다. 당신은 청중의 표정을 보고 그 사실을 알 수 있다. 그들의 표정으로 보아 그들은 당신이 말한 것을 이해했으며 그 내용을 통해 새로운 힘을 얻게 되었다. 강의를 끝낼 때 당신은 청중 가운데서 활발하게 대화가 오가는 것을 듣는다. 여러 사람이 고무적인 질문을 가지고 앞으로 나오고, 당신은 즉석에서 질문에 대답한다.[6]

이 훈련의 목표는 당신이 연설하는 동안 안정감을 누리고 청중이 그 연설을 즐기게 하는 것이다. 이런 형태의 역할 연습은 두려움을 느끼는 상황에 적용할 수 있다. 손님을 위한 저녁 식사 준비나 의사를 찾아가는 것 등이다. 처한 상황에 잘 맞게 구체적인 부분을 바꿀 수 있다. 당신이 처할 상황을 거듭 '연습해 보는 것'이 중요하다. 반복을 통해 말이나 행동을 변화시킬 수 있고 정교하게 다듬을 수 있다. 성공적으로 해내는 자신의 모습을 볼수록 성공할 수 있는 여지가 더 생긴다.

계속되는 어려운 상황에 대한 근심에서 벗어나는 또 다른 방법은 그 일이 성공하는 모습을 마음속에 그려 보는 것뿐 아니라, 그 일이 끝난 후에도 며칠, 몇 주 혹은 몇 달씩 그와 같은 당신의 모습을 머릿속에 그리는 것이다. 이렇게 할 때, 근심과 걱정에서 벗어나 있는 자신을 볼 수 있다.

상상력을 사용하여 숨겨진 상처에서 자유로워지다

상상력을 사용하는 것은 하나님이 우리에게 주신 선물이다. 상상력을 사용하는 것은 우리의 창조적 능력에 속한다. 춤이 음악과 관계되듯이 감정은 상상력과 연관되어 있다. 우리의 외적 눈이 사물을 보듯이 내적 눈으로도 분명하고 사실적인 그림을 그릴 수 있다. 우리는 과거를 다시 영상화하고 미래를 미리 영상화하는 데 상상력을 사용한다. 우리의 생각 속에는 이런 영화 필름이 돌아간다.

이러한 영화들을 감독하고 제작한 사람이 누구라고 생각하는가? 그는 과거부터 지금까지 당신 안에 있는 사람인가? 혹은 당신과 주님이 협동적으로 이루어낸 산물인가? 상상력은 타락 이후에 손상되었기 때문에 주님의 도움이 필요하다. 처음 '상상력'이라는 단어가 성경에 사용되었을 때는 나쁜 것으로 묘사되었다. "여호와께서 사람의 죄악이 세상에 가득함과 그의 마음으로 생각하는 모든 계획이 항상 악할 뿐임을 보시고"(창 6:5). 인간의 타락으로 인하여 우리의 상상력(마음의 생각)은 왜곡되고 잘못 사용되었다.

　우리는 마음속에 떠올릴 것을 스스로 선택할 수 있다. 그러나 어떤 영상은 우리의 과거나 잠재의식에서 조절할 수 없는 상태로 튀어나온다. 나쁘고 부도덕한 영상들은 우리에게 죄의식과 불안을 느끼게 한다. '그런 건 생각하면 안 돼'라고 하거나 '그것은 매우 나빠. 그리스도인으로서 그런 생각을 하면 안 돼'라고 스스로에게 말한다. 종종 우리는 이러한 영상을 직접 대면하여 처리하는 대신 마음속에 눌러 덮어 둔다. 그러나 그것들은 후에 겉으로 드러난다. 영상의 강도에 따라 그것은 계속 영향을 끼칠 수 있다.

　성경은 어떻게 말하는가? 나쁜 생각을 잠재의식 속으로 밀어 넣으라고 하는가, 아니면 완전히 없애 버리라고 하는가?

　과거에 어떤 사람에게 불쾌한 인상을 느꼈다면, 혹 그것이 유년기에 겪은 일이라 할지라도 "너희는 모든 악독과 노함과 분 냄과 떠드는 것과 비방하는 것을 모든 악의와 함께 버리고 서로 친절하게 하며 불쌍히 여기며 서로 용서하기를 하나님이 그리스도 안에서 너희를 용서하심과 같이 하라"(엡 4:31, 32)고 사도 바울은 권한다. 당신이 정결하지 못한 생각 때문에 괴롭다면 "땅에 있는 지체를 죽이라 곧 음란과 부정과 사욕과 악한 정욕과 탐심이니 탐심은 우상숭배니라 이것들을 말미암아 하나님의 진노가 임하느니라 너희도 전에 그 가운데 살 때에는 그 가운데서 행하였으나 이제는 너희가 이 모든 것을 벗어 버리라 곧 분함과 노여움과 악의와 비방과 너희 입의 부끄러운 말이라"(골 3:5-8)라는 말씀을 기억하라. 가끔 우리는 마음의 영상이나 생각을 하나님 앞에서 숨기려 애쓰지만, 헛된 노력일 뿐이다. 우리는 종종 자신의 온전한 자아를 내어 놓지 못하고 주님 앞에 이중적인 가면으로 나아간다. 하나님은 정직을 원하시며 우리의 진실만 듣기 원하신다. 그분은 우리의 생각을 다 아시지만 우리가 투명하고 정직하게 내딛는 발을 보기 위해 기다리신다. 그것은 우리가 하나님을 믿고 의지하는 것이 필요함을 말해 준다. 돕는 것이 하나님의 속성이기 때문에 하나님은 우리에게 필요한 것을 주기 원하신다.

어떻게 하면 나쁜 생각과 마음의 나쁜 영상을 제거할 수 있는가? 우리 힘으로는 불가능하다. 아무 도움 없이 마음속에 그려진 영상을 없앨 능력이 우리에게는 없다. 골로새서 3장 15절은 이렇게 말한다. "그리스도의 평강이 너희 마음을 주장하게 하라." 예수 그리스도, 그분이 해답이시다. 예수께서는 생각과 마음속 영상에 대해 정직한 태도와 열린 마음을 갖길 원하신다. 생각을 속에 묻어 두고 그로 인해 자신을 정죄하는 대신, 그리스도께 가지고 나아가야 한다. 정직하게 그분께 나누고, 우리 마음을 사로잡고 있을지 모르는 마음속 영상들을 그분이 깨끗케 하실 수 있도록 기회를 드리는 것이다.

또한 우리는 이러한 영상에서 벗어나고자 하는 마음을 가져야 한다. 변화를 체험하기 위한 핵심은 간절한 소망이나 동기를 갖는 것이다. 우리는 하나님께 이렇게 말씀드릴 수 있는 자리까지 나아가야 한다. "나는 이러한 영상과 생각을 원하지 않습니다. 그것이 나와 다른 사람들 사이를 가로막고, 나와 당신 사이를 가로막습니다. 나는 하나님이 나를 위해 가지고 계신 생각과 영상을 갖기 원합니다. 나의 상상력과 사고력의 세계가 영적 성장을 가져오고, 다른 사람을 돕고, 하나님께 영광을 돌리게 사용되도록 도와주십시오."

이러한 생각에서 벗어나기를 간절히 원하는 마음이 생기도록 기도하라. 예수 그리스도를 당신의 사고 영역에 영접하라. 상상력의 세계 깊은 곳까지 성령을 보내 주셔서 아직도 나쁜 영향력을 행사하는, 묻혀 있는 생각을 뒤집어 주시길 부탁하라. 예수 그리스도의 임재와 능력, 위로 가운데 이렇게 할 수 있다. 그리스도께 드리고자 하는 영상이나 생각이 드러나면 실제 당신의 손으로 그것을 가지고 그분께 가져다 드리는 자신의 모습을 마음속으로 그려 보라.

어떤 사람들은 기도할 때 한 손을 머리 위로 들고서 그 손으로 생각을 잡고 예수께 나아가 그분 손에 갖다 놓는 상상이 유익함을 발견한다. 기도와 더불어 행하는 신체 동작이 그 사실을 더 생생히 체험하게 하며 동기를 강화한다. 이러한 유형의 기도는 시간이 필요하며 영상과 생각이 떠오를 때마다 반복해야 한다. 기도를 통해 한 번 처리된 생각은 되돌아오지 않는다고 장담할 수 없지만, 이제는 그것을 긍정적으로 처리하고자 마음먹길 바란다. 옛 속담이 말해 주듯이 머리 위에 새들이 날아다니는 것을 금할 수는 없지만 새가 머리에 둥지를 트는 것은 막을 수 있다. 이사야 선지자는 이렇게 확언한다. "주께서 심지가 견고한 자(그의 마음과 마음속 생각을 주께 심어 놓는 자)를 평강하고 평강하도록 지키시리니"(사 26:3, 괄호 안은 옮긴이 사역).

기계 문명 시대에 살고 있는 우리는 더욱 전자 기기와 컴퓨터에 매혹되어 마음의 상상력 사용을 잃어 가고 있다. 어린아이가 뒤뜰 잔디에 누워 구름이 만들어 내는 성(城)을 보면서 어떤 감정을 느끼겠는가? 자신이 만들어 낸 놀이들을 기억하는가? 상상에서 나온 인물과 자동차가 진짜처럼 느껴지지 않았는가? 상상력은 하나님의 선물을 꿈꾸고 마음속에 그려 보며 창조해 내는 데 사용된다. 우리는 하나님께 우리의 생각과 방향을 명확하게 해달라고 부탁해야 한다. 그래야만 삶에 변화를 가져올 수 있는, 하나님이 우리에게 부여한 이 능력을 소홀히 하지 않게 된다.

상상력을 사용하여 평안해지다

상상력을 통해서 삶 속에 커다란 평안과 고요함을 불러일으킬 수 있다. 당신의 몸부터 시작하라. 우선 휴대 전화를 꺼 놓으라. 집이나 사무실에서 가장 편안한 의자나 소파를 찾아서 뒤로 기대앉은 다음 두 눈을 감으라. 지금은 몸을 축 늘어뜨리는 시간이다. 발가락부터 온몸의 근육을 이완시키라. 두 다리를 쭉 뻗으라. 그런 다음 발을 앞으로 쭉 밀어내듯 펴면서 발목을 굽히라. 그리고 편안하게 쉬라. 머리를 천천히 돌리라. 목의 근육이 풀어지게 앞뒤로 둥글게 돌리라. 양손은 무릎 위에 툭 떨어뜨려 놓으라. 부드러운 깃털처럼 편안하게 그곳에 앉아 쉬고 있다고 느끼라. 눈을 뜨려 하지만, 보이지 않는 힘이 천천히 눈꺼풀을 잡아당겨 다시 감기게 한다고 상상하라. 이제 부드러운 예수의 손이 당신의 얼굴을 가볍게 쓰다듬으며 긴장을 풀어 부드럽게 해주는 것을 상상하라. 얼굴에 찡그려서 잡힌 주름이 있다면 풀어서 없애

라. 긴장이 얼굴에서, 팔에서, 몸통에서, 다리에서, 몸 전체에서 떠나는 것을 눈에 그려 보라.

몸의 긴장을 푼 다음에는 마음의 긴장을 풀기 시작하라. 이렇게 해야 집중해서 상상력을 사용할 수 있다. 소나무와 포플러 나무가 우거진 울창한 숲속, 아름다운 호숫가에 홀로 서 있는 당신의 모습을 보라. 구름 한 점 없는 맑은 아침에 해가 산 너머에서 살며시 떠오르고 있다. 당신을 둘러싼 것은 온통 울창한 숲과 꽃과 들풀이다. 부드러운 땅 위, 나무에 등을 기대어 앉아 있다. 셔츠 뒤로 나무껍질의 감촉을 느낄 수 있고, 후각은 공기의 신선한 향기를 만끽한다. 당신은 자연의 소리와 나무 사이에서 나는 바람 소리를 귀 기울여 듣는다.

후각이 살아나서 주위에 은은히 퍼지는 모든 향내를 음미한다. 나무 사이로 각종 꽃이 만발하다. 나무 꼭대기에는 부드러운 미풍이 하늘거린다. 다람쥐 한 마리가 나무 사이에서 이리저리로 달음질하고, 다른 한 마리는 한곳에 머물러 움직이지 않고 당신을 빤히 쳐다보고 있다. 아침 햇살이 천천히 산등성이 쪽으로 내려앉아 울창한 숲속으로 비껴가서는 호수의 매끄러운 표면에 찬란하게 비친다. 호수는 파란 하늘의 거울이 되고, 물속의 송어가 벌레를 잡으러 물 위로 펄쩍 뛰어오를 때에만 잔잔한 모습을 흐트러뜨린다. 물 위에 퍼진 물결이 처음에는 가지런히 주름 잡힌 상태에서 천천히 외곽으로 퍼져 나가서 마침내는 완전히 멈추어 호수 표면은 다시 고요한 모습을 되찾는다.

당신의 얼굴 위로 비치는 햇살의 따스함이 기분 좋게 느껴진다. 이것은 마치 하나님의 온전하고 선하신 창조가 당신을 위한 것이라고 말하며 축복송을 불러 주는 것 같은 느낌이다. 새들은 서로를 부르며 노래하고, 당신은 그 가운데서 긴장이 풀리는 것을 느끼며 자신과 화평하고 하나님과도 화평을 누린다. 몸에 있던 긴장은 사그라져서 마침내 사라진다. 하나님께서 당신이 누리기를 원하신 기쁨의 일부를 경험하고 있는 것이다. 삶의 요동 가운데서도 잔잔함을 누리는 것은 마치 몰아치는 폭풍의 눈 속에서 화평과 잔잔함을 경험하는 것과 같다. 이것이 그분의 약속이다. 다음 말씀을 기억하고 묵상하면서 지금 이러한 잔잔함을 경험하라. "내가 사망의 음침한 골짜기로 다닐지라도 해를 두려워하지 않을 것은 주께서 나와 함께하심이라 주의 지팡이와 막대기가 나를 안위하시나이다"(시 23:4). "너희는 마음에 근심하지 말라 하나님을 믿으니 또 나를 믿으라 내 아버지 집에 거할 곳이 많도다"(요 14:1, 2). "주께서 심지가 견고한 자를 평강하고 평강하도록 지키시리니"(사 26:3). 하나님이 당신에게 직접 이러한 말씀을 하셨다면 어떤 음성이었을까? 어떤 표정을 지으셨을까? 당신에게 이러한 약속을 주신 분에게서 오는 사랑과 관심을 직접 느껴 보라.

우리를 창조하신 하나님은 걸작을 만드셨다. 우리는 하나님의 형상대로 천사들보다 조금 낮게 지음받았다. 하나님의 온전하신 창조의 과업이 타락 사건으로 흠이 났고 죄가 우리 가운데 스며들었다. 그러나 하나님이 죄의 문제를 해결해 주시고 우리가 그분과 새로운 관계를 맺을 수 있도록 자신의 아들을 우리에게 주셨다. 그분의 임재가 죄로 마비된 우리를 자유롭게 풀어 주고, 그분의 영광을 위해 우리의 상상력을 자유롭게 사용할 수 있게 했다.

선한 목적을 위하여 상상력을 올바로 사용한다면 하나님께 더 큰 영광을 돌릴 수 있으며, 이것은 우리 삶을 새롭게 빚어 가는 강력한 도구가 될 수 있다. 상상력을 통해 우리는 마음의 근심을 쌓아 갈 수도 있고 모든 상처와 원한을 거부할 수도 있다. 전자보다 후자를 택하는 것이 우리에게 얼마나 유익하겠는가!

MAKING
PEACE
WITH
YOUR PAST

5장
마음속에 품은 원통함을 포기하라

숨은 감정을 치유하는 데 가장 큰 방해 요소는 마음속에 떠나지 않고 남아 있는 원통함이다. 원통함이란 과거에 실제로 겪은 일이나 지금까지 계속되는 과거의 경험이 마음에 상한 감정 또는 분한 감정을 일으키는 것이다.

27세의 주부 샐리는 다음과 같이 말하면서 마음속에 남아 있는 원통함을 토로했다. "내 삶에서 그런 큰 모욕은 처음이었어요. 부모님은 나를 사정없이 짓밟았어요. 오늘 부모님께 전화를 드렸을 때, 내가 돌려받은 것은 비난과 분노뿐이었죠. 단 한 번이라도 유쾌한 대화를 나누고 싶었는데……. 이제는 부모님과 말하고 나서 상처 받고 피 흘리는 것이 지긋지긋해요. 내가 느끼는 것과 같은 감정을 부모님도 느끼게 할 수 있다면 좋겠어요."

항공기 회사 엔지니어인 빌은 자신의 심정을 이렇게 토로했다. "정말 화가 납니다. 내 직장 상사는 칭찬이라는 것이 무엇인지 몰라요. 그는 내가 무엇을 하는지 전혀 알지도 못할 뿐더러 지난주에는 내 제안을 슬쩍 자기 아이디어로 만들어 버렸거든요. 누구에게 그 업적이 돌아갈지는 뻔한 일 아니겠어요."

결혼한 지 일 년 된 캐시는 눈물을 흘리며 말했다. "제 남편은 정말 이기적인 사람이에요. 도대체 결혼이 뭔지 잘 모르는 것 같아요. 자신이 원하는 것만 요구하고, 무자비한 말을 쏟아 놓는 것이 그의 장기지요! 그가 언제쯤 편안한 마음을 갖게 될지 두고 봐야겠어요!"

이 사람들은 다른 사람들에게 피해를 입었다. 그들은 전에도 그런 일을 겪었고, 아마 또다시 그런 경험을 할 것이다. 언쟁이나 의견 대립, 서로에 대한 공격은 개인이나 가정, 집단, 나아가서는 국가 간에도 자주 발생한다. 사과를 한다든지, 문제의 핵심을 명확히 규명한다든지, 휴전 협정이나 평화 조약을 맺는다든지 하는 것은 우리로 하여금 사람과 사람 간에, 국가와 국가 간에 서로 침해하거나 방해받지 않고 살 수 있게 한다. 그러나 진정으로 평화가 이루어지는가? 의견 대립의 해결책이 진정으로 마련되는가? 평화와 조화가 존재하는가? 혹은 분노가 원한으로 남아 있지는 않은가?

종종 국가 사이에서는 악한 마음을 품고 죽이는 것을 중단하기로 합의하고 평화 조약에 서명한다. 그러나 그런다고 해서 서로 싸우려는 태도를 중단했다고는 말할 수 없다. 1차 세계 대전의 휴전 협정을 맺은 지 몇 년 뒤, 분노의 원한이 다시 솟아올랐고 마침내 2차 세계 대전의 불씨를 부채질했다.

대통령이 죄수에게 사면을 베풀면서 그 죄수가 참으로 회개하고 복역하여 사회에 지은 빚을 갚았다고 말하며, 더는 죄의 대가를 치르지 않아도 되고 죄의 증서가 도말되었다고 해도 죄수의 마음속에는 원한의 감정이 남아 있을지 모른다.

당신의 배우자나 부모가 잘못을 사과하고 좋은 의도로 선물을 주었다고 하자. 당신은 그것에 대해서 "좋아요. 그 일은 그냥 잊어버립시다"라고 말한다. 그러나 내적으로는 여전히 냉담하고 용서하지 못하는 감정을 느낀다.

해결되지 않은 원통한 감정을 품고 있는 것은 당신 안에 내적 아이가 존재한다는 증거다. 당신의 과거를 돌이켜 볼 때 거기에는 당신을 무시하거나 깔보거나 거들떠보지 않거나 어떤 식으로든 당신을 공격해 온, 당신에게 중요한 개인이나 집단이 있다. 그들을 항상 머릿속에 간직하는 것은 당신을 얽매이게 하고 원통함을 불러일으킨다. 그러나 과거의 어떤 기억들은 잠재의식 속에 묻혀 있다. 어느 날 당신이 과거에 경험한 것과 비슷한 상황이나 인물을 대면할 때 그중 하나가 예기치 않게 튀어나오는 것을 발견한다.

상한 감정과 해결되지 않은 갈등을 잠재의식 속에 가두어 놓는 것은 흔한 일이지만, 그것은 거기에서 없어지지 않고 살아남아 있다. 당신의 내적 감정 가운데 원통한 감정이 기억 밑바닥에 남아 있다는 것을 어떻게 알 수 있는가?

1. 권위를 행사하는 인물에게 역공격하거나 말대답을 하고 싶은 느낌이 든다.

2. 그다지 큰 문제가 아닌 일에 감정을 폭발시킨다.
3. 배우자를 지배하고 복종시키고자 하며, 남편이나 아내를 자기의 적수로 여긴다.
4. 부모와 맺는 어떤 종류의 접촉이든 두려워하며 피한다.
5. 자신을 다른 가족 구성원과 비교한다. 그들에게 열등감을 느끼거나 그들과 경쟁한다.
6. 자신이 사랑하는 사람에 대해 사납고 악의에 찬 논평을 한다.
7. 직장이나 가정에서 쓸모없고 소외된 존재처럼 느낀다.
8. 위통, 두통 등 통증이 있는 신체적 고통을 경험한다.
9. 인생에 대한 견해가 기본적으로 비관적이며 부정적이다.
10. 다른 사람, 심지어는 가까운 사람들에게도 감정을 자유롭게 표현하는 것이 불편하다.
11. 가족이 자기를 진정으로 돌보아 준 적이 없거나 그들이 어떤 식으로든 자기를 잘못 취급했다고 느낀다.

여기에 열거한 사항 중 한두 가지 이상의 증상이 있다고 해서 당신이 아직도 원한의 감정을 지니고 있다는 의미는 아니다. 그것을 이미 해결했고 그 감정이 처리되었을지도 모른다. 그러나 너무나 많은 사람이 그렇지 못한 상태에 머물러 있다.

원통한 감정을 포기하고 싶은가

마음속에 남아 있는 원한을 제거하기 위한 첫 번째 단계는 그것이 있다는 것을 인식하고 정체를 밝혀내는 것이다. 이것이 언제나 하기 쉬운 일은 아니다. 두 번째 단계는 현재 자신이 어떤 상태에 있든 자기 자신을 용서하고, 과거에 중요한 존재였던 사람들이 당신에게 한 행동과 그 사람들을 용서하는 것이다. "나도 알고 있어요. 내가 용서해야 한다는 것과 그것이 내게 최선의 길이라는 것을요. 그런데 도대체 이제 어떻게 해야 하나요? 솔직히 말해서 어떤 때는 그들을 용서하고 싶지 않아요. 어찌해야 할지 모르겠어요. 내가 무엇을 해야 하나요?" 몇 년 동안 삶에서 자유를 누리지 못하고 지낸 한 내담자의 부르짖음이다. 다른 많은 사람도 이 내담자와 비슷한 고민으로 갈등하고 있다.

스스로에게 해야 할 질문이 있다. "나는 나의 원통함을 없애 버리기 원하는가, 아니면 그것에 대해 보복하기 원하는가?" 이 질문에 대한 솔직한 대답은 무엇인가? 당신이 아직 조금이라도 보복하려고 노력하고 있다면 원통한 감정은 제거될 수 없다.

루이스 스미디즈(Lewis Smedes)는 이것을 다음과 같은 말로 잘 표현했다. "용서하는 능력을 충분히 가지고 태어난 사람은 아무도 없는 것 같다. 우리는 모두 그것을 조금씩 배워야 하며, 온전히 배우기까지는 많은 갈등이 따르게 마련이다."[1]

많은 사람은 용서하기 원하는 마음과 보복하고자 하는 마음, 이 두 갈림길에서 한 발은 이쪽에, 다른 한 발은 저쪽에 놓고 산다. 우리는 그렇게 고정된 채 꼼짝 못하고 묶여 버리고 만다. 이쪽이든 저쪽이든 한쪽을 선택해야 하지 않겠는가? 왜 힘을 이쪽저쪽으로 쏟아 낭비하는가? 왜 어중간한 상태에 머물러 있는가?

당신의 마음이 용서하기보다는 보복하려는 쪽으로 강하게 움직인다면 어떻게 보복하려고 하는가? 당신이 원통함을 품고 있는 대상이 그 사실을 알고 있는가? 당신이 복수심에 불타는 것을 그가 인식하고 있는가? 복수하려는 구체적인 계획을 글로 써서 보낸 적이 있는가? 그에게 앙갚음하겠다는 당신의 감정과 계획을 그에게 불쾌한 어조로 말한 적이 있는가? 그러지 못했다면, 왜 그러지 않았는가? 보복하는 것을 원한다면, 왜 그렇게 해서 일을 끝내 버리고 복수심에서 벗어나 자신의 삶을 자유롭게 하지 않는가?

당신은 아마 이렇게 반응할 것이다. "굉장히 우스꽝스러운 생각 아닌가요? 어떻게 그런 비성경적이고 과격한 것을 제안할 수 있죠? 그러고 싶은 마음이 있어도 절대 그렇게 해서는 안 되고 그렇게 할 수도 없어요." 정말 그런가? 그것이 진실이라면 당신이 품은 원통함을 완전히 포기해 버리고 그 감정을 깨끗이 씻어 버리지 않겠는가?

과거에 상처를 준, 의미 있는 사람을 용서한다는 것은 그 사람에 대한 불신과 원통한 마음을 버리고 사랑하는 마음을 갖는 것이다. 사랑은 당신으로 하여금 마음에 자유를 누리게 해서 다른 사람의 말이나 행동이 마음에 맞지 않아도 화가 나지 않도록 한다. 사랑은 심지어 당신이 그 사람의 생애에 얼마나 관여하는 것이 옳은지를 결정하는 데에도 얽매이지 않고 자유롭게 의지를 사용하게 한다. 당신은 정직한 태도로 대화하고 옛 습관에 얽매이지 않아도 되는 방법을 배울 수 있다. 당신의 변화된 태도가 다른 사람을 변화시키는 데 도움이 된다. 그리고 상대방이 변화되지 않는다 해도, 당신이 더는 그 사람의 영향으로 조정되거나 떠밀리지 않는 것을 발견할 때 그는 당신과의 관계에서 후퇴하는 길을 택할지도 모른다.

당신의 원통한 감정을 포기하려면 다음과 같은 것을 포기해야 한다.

1. 처한 상황이나 어려움에 대해 다른 사람에게 책임을 돌리는 것
2. 자신을 비참하게 여기는 감정
3. 자신의 과거나 다른 사람에 대해 많은 말을 하는 것

원통함을 품는다는 것은 자신의 감정 상태를 다른 사람이 조정하도록 내버려 두는 것을 의미한다. 자신이 발휘할 수 있는 능력의 원천을 봉쇄하고, 그것을 다른 사람의 권한에 맡겨 버리는 것이다. 그 권한을 왜 다른 사람에게 주는가? 권한을 사람에게 맡기는 대신에 예수 그리스도께 맡겨 드리고, 그분이 삶 가운데 역사하시도록 허용하라.

"저항하는 것은 끝까지 계속된다"는 격언이 있다. 과거의 것을 풀지 않으려 한다면, 특히 원통함을 풀지 않으면 그것이 다른 방법으로 힘을 발휘한다. 자신의 감정적 뒤틀림이 다른 형태로 나타날 것이다. 예를 들어, 원통함을 품은 대상이 부모라면 다음과 같은 현상이 나타나게 된다.

1. 자신이 선택하는 배우자는 이상하게도 자신이 원통함을 품는 대상인 부모를 닮은 사람일 수 있다.
2. 얼마 동안은 의도적으로 부모가 자신을 대한 것과 전혀 다르게

행동한다. 그러나 그 기간이 지나면 자신의 행동은 부모의 행동과 비슷해져서 부모가 자신을 대하던 방식과 비슷하게 다른 사람을 대하기 시작한다.
3. 심지어 부모가 경험한 감정적 문제나 그들이 앓았던 병과 비슷한 질병을 경험하는 자신을 발견하게 될지도 모른다.

지금까지 나는 이 모든 특성이 내가 상담한 다양한 사람들 안에서 일어나는 것을 보아 왔다. 아픈 기억과 쓴 마음을 품고 그것과 싸우는 것은 많은 에너지가 소모된다. 이렇게 에너지가 고갈되면, 사람들은 다음 두 가지 중 하나로 다른 사람에게 반응하게 된다. 두려움을 가지고 있기 때문에 열린 상태로 다른 사람과 친밀함을 누리며 대하기가 어렵거나, 사랑과 애정과 용납에 몹시 굶주린 나머지 다른 사람을 지나치게 개방적으로 대하는 것이다. 그들은 사랑과 인정을 받기 위해 필사적으로 노력하면서 스스로를 큰 어려움에 몰아넣었다는 것을 곧 발견한다.

원통함을 해결하는 방법

원통함을 극복하고 풀어버리는 데는 여러 방법이 있다. 나는 내담자들을 상담할 때, 최근 전문 치료자들이 사용하는 더 나은 상담 기법들과 지금까지 내가 사용해 온 상담 기법들을 함께 사용한다.[2] 이러한 방법들은 당신이 원통함을 품고 있는 대상이 아직 살아 있든, 이 세상에 없든 상관없이 효력을 발휘할 수 있다. 다음 단계들을 하나씩 통과하며 그것을 글로 써 보라.

첫째, 당신의 삶을 계속 구속하고 있는 특정한 사람에게 품고 있는 모든 원통함의 목록을 열거해 보라. 기억해 낼 수 있는 상처나 아픔을 될 수 있는 대로 상세히 열거해 보라. 그때 어떤 일이 일어났는지를 자세하게 적어 보고, 그때 느낀 감정이 어떠했으며 지금은 어떠한지를 살펴서 적어 보라.

한 내담자가 자신의 원통함에 대한 목록을 다음과 같이 고백했다.

"당신이 다른 사람들 앞에서 나에 대해 비꼬는 듯한 말을 할 때 상처를 받는다."

"당신이 결코 나를 인정해 주지 않는다는 것을 발견하고 분노를 느낀다."

"당신이 내 말에 귀를 기울이지 않는 것에 분노한다."

또 다른 내담자는 이렇게 표현했다.

"당신이 나를 쓰레기라고 부르고 그렇게 취급한 사실을 증오한다."

"당신이 우리 아버지와 불륜 관계를 가졌고, 나도 그 비밀을 가슴에 지니고 살게 한 사실에 분노한다."

"당신이 자신의 이익을 위해서 나를 이용하려 한 것에 혐오감을 느낀다."

"내 삶이 오늘날까지도 조종당하는 것을 참을 수 없다."

"당신이 내 존재 가치를 인정하지 않고 사랑하지 않은 것에 분노한다."

"당신이 나를 나쁜 놈이라고 부른 대로 내가 형편없이 살아 이 모양이 된 것이 나는 분하다."

"나는 당신을 포함한 모든 여자에게 분개한다."

목록을 작성할 때 감정이 상당히 고조될 수도 있다는 것을 인식하기 바란다. 이때, 오랫동안 숨겨진 감정이 드러나고 얼마간 화가 치밀어 오를지도 모른다. 이 목록을 쓰기 전이나 쓰는 동안 하나님이 숨겨진 깊은 기억의 창고를 열어 주셔서 내적인 마음의 그릇이 깨끗이 비워질 수 있게 기도하라. 그러한 과정을 통과하면서 그때의 감정을 내쫓아 버릴 수 있다는 사실을 하나님께 감사하라. 예수 그리스도께서 당신과 함께 그 방에 계셔서 당신이 하고 있는 일이 옳다고 인정해 주시며 미소 짓고 계신 것을 보라. 그분은 당신에게 이렇게 말씀하고 계신다. "나는 네가 정결케 되며 자유로워지길 원한다. 너는 더 이상 너에게 있던 일 때문에 절름발이와 소경과 벙어리 노릇을 하지 않아도 된다."

그렇게 글을 쓴 목록을 다른 사람에게 보여 주지 말라.

둘째, 원통함의 목록을 되도록 많이 작성한 후에 하던 일을 멈추고 잠시 동안 휴식을 취하라. 이렇게 할 때 생각지 못한 다른 사람들이 기억 가운데 떠오를 수 있다. 모든 사람을 다 기억할 수 없을지도 모르며 그렇게 할 필요도 없다.

셋째, 목록을 작성한 후에 의자 두 개를 가지고 방으로 들어가라. 의자에 앉은 다음, 다른 의자에 어떤 사람이 앉아서 당신이 말하는 것을 듣고 있다고 상상하라. 서두르지 말고 천천히 그 사람이 그곳에 있는 것처럼 의자를 쳐다보며 당신이 적은 목록을 읽기 시작하라. 처음에는 자연스럽지 못한 느낌이 들고 심지어는 당혹스럽게 느껴질지도 모른다. 그러나 이러한 느낌은 지나가 버릴 것이다. 당신이 쓴 내용을 그에게 표현하면서 당신이 쓴 것보다 훨씬 고조된 감정을 스스로 느낄지도 모른다.

다음에는, 고통스러운 내용의 목록을 읽고 난 후에 의자 뒤에 기대어 긴장을 풀고 상대방이 당신에게 긍정적으로 반응하는 것을 상상해 보라. 마음속으로 그가 당신에게 이렇게 말하는 것을 보라. "나는 당신이 하는 이야기를 듣고 싶고 그것을 받아들이겠어요. 지체하지 말고 어서 이야기하세요. 나는 당신의 말을 들어야 해요."

원통함을 품고 있는 대상이 당신의 말을 실제로 들으면서 수긍하는 자세로 고개를 끄덕이며 당신의 감정을 이해하는 모습을 상상해 보라. 당신은 자신이 매우 강렬한 분노와 우울과 근심 등의 감정에 휘말려 있는 것을 발견할지도 모른다. 당신이 느끼는 감정을 상상 속의 그 사람과 함께 나누라. 그리고 기억하라. 상상 속 그 사람만이 현재와 과거의 감정을 모두 나눌 수 있게 허락하는 것이 아니라 예수께서도 그곳에 계셔서 허락하신다. 원통함을 이야기할 때, 당신은 한 번에 한 사건씩 다루는 것으로 충분하다고 여길지도 모른다. 감정적으로 고갈된 것처럼 느껴지면 일단 멈춰서 휴식을 취하고 긴장을 푸는 것이 중요하다. 이렇게 해야 하루의 정상적인 일과를 다시 수행할 수 있다. 또 다른 날을 정해서 당신의 원통한 감정의 목록 나누는 일을 계속해 나가면 될 것이다.

마지막으로 나눔의 시간을 끝맺기 전에 눈을 감고 당신과 상대방과 예수께서 두 손을 서로의 어깨 위에 얹어 놓고 함께 서 있는 모습을 상상해 보라. 이 장면을 상상하며 몇 분간 잠잠히 있으라. 당신은 원통한 감정을 품은 대상에게 말한 것을 그가 듣고 말로 시인하는 장면을 상상하고 싶을지도 모른다.

이 모든 단계를 한 번 거친 뒤에도 몇 주에 걸쳐 여러 번 반복해야 한다. 그래야만 비로소 과거의 사건들이 순수하게 역사적 사건으로만 기억에 남게 된다. 한 사람 이상이 관여된 사건이라면 이 단계를 거칠 때 각 사람을 대상으로 개별적으로 그 과정을 밟아야 한다.

도움이 되는 또 다른 방법은 원통함을 품은 대상에게 편지를 쓰는 것이다. 그 사람에게 실제로 이 편지를 주는 것은 절대 아니다. 어떤 이에게는 글로 쓰는 것이 말로 하는 것보다 도움이 된다.

보통 편지를 쓸 때처럼 "친애하는 OO에게"라고 시작하라. 이때 편지 형식을 취하기는 하지만 깔끔하게 쓰는 것이나 적절한 문장 부호를 잘 찍는 것에 신경 쓸 필요는 없다. 단순히 자신의 감정을 확인하고 표현하여 그것을 터뜨려서 없애 버리면 된다. 처음에는 어렵게 생각될지 몰라도 한 번 시작하면 자신의 말과 감정이 자연스럽게 흘러나오는 것을 느낄 것이다. 뒤로 물러서지 말라! 마음속에 파도처럼 휘몰아쳐 오는 모든 감정을 밖으로 토해 내라. 감정의 좋고 나쁨과 옳고 그름을 평가하는 시간이 아니다. 감정을 있는 그대로 인정하고 그것을 터뜨려서 없애 버리는 것이 중요하다. 편지 쓰기를 마친 후에는 어느 정도 휴식이 필요할 것이다.

내가 상담하는 내담자에게 치료 요법을 사용할 때 이러한 편지를 쓰게 하고 그들에게 다음 번 만나는 시간에 가져오게 한다. 그들은 종종 상담실로 들어오면서 편지를 내게 내민다. 그러면 나는 "아니에요, 편지는 가지고 계세요. 잠시 후에 사용할 테니까요"라고 말한다. 적절한 시간을 택해서 그 편지를 크게 읽도록 요청한다. 그 방에는 빈 의자가 있기 때문에 원통한 감정을 품은 대상이 그 의자에 앉아서 편지 읽는 소리를 듣는 모습을 상상해 보라고 내담자에게 요청한다.

꽤 많은 분량의 편지를 쓴 한 내담자를 기억한다. 그는 내 앞에서 그 편지를 읽으라고 했을 때 무척 놀랐다. 어머니를 대상으로 편지를 읽던 처음 15분 동안 그의 눈에는 눈물이 가득 고였고 울음을 참지 못했다. 그러나 마지막 5분간 그 편지를 다 읽어 가면서 눈물을 거두고 긍정적이고 밝은 목소리로 바뀌었다. 이 경험을 통해 그는 과거 문제들이 전적으로 변화되는 것을 체험했다.

나는 이러한 편지를 신뢰하는 사람과 함께 나누는 것이 중요함을 발견했다. 그 사람은 친구도 될 수 있고 배우자나 친척이 될 수도 있다. 그 사람은 상대방을 잘 경청하며 지원하되 자신감을 잃게 만들거나, 가치에 대한 판단을 함부로 내리지 않아야 한다. 친구를 마주 앉혀 놓고 자신이 쓴 편지를 함께 나누라. 원통한 감정의 목록으로도 이와 같은 방법을 사용할 수 있는데, 앞에서 기술한 방법대로 시도한 다음에 그렇게 하라.

함께 나눈 대상이 자신의 생각이나 느낌을 말로 표현할 수 있기는 하지만 그 말들은 당신을 지원해 주고 당신이 좀 더 깊이 나눌 수 있게 격려해 주는 것이어야 한다. 그 사람은 거기에서 당신을 위로하거나 동정적으로 대하기 위해서가 아니라 당신을 위해서 그 자리에 있는 것이다. 자신을 깊이 돌보아 주는 사람 앞에서 이것을 나누는 경험은 상처를 치유하는 데 매우 효과가 있다. 자신의 나눔을 잘 경청해 준 그 사람에게 꼭 감사하라.

긍정적으로 반응하라

이 과정에서 반드시 필요한 마지막 단계가 남았다. 원통함을 포기하는 것이 중요하지만 당신에게 잘못한 사람에게 긍정적으로 반응하는 것이 기본적으로 필요하다. 이러한 긍정적인 반응은 사랑과 용납, 친절 등이 될 수 있다. 긍정적이지도, 부정적이지도 않은 중간 상태에 머무는 것은 불가능하다. 내게 찾아오는 내담자들 중에는 자신이 아무런 감정도 느끼지 못한다고 말하는 사람이 꽤 많다. 그들의 감정 상태는 긍정적이지도 부정적이지도 않다. 그들은 지쳐서 감정이 메말라 있다. 그들은 실제로 다른 사람을 향해 자신의 감정을 차단하는 작업을 해왔을 뿐이다. 차단한다는 것은 어떤 것이 막혀 버린 상태를 의미한다.

이 마지막 단계는 긍정적으로 반응하지 못하게 만든 방해 요소들을 발견해 내는 방법이 될 수 있다. 이것은 끝까지 원통한 감정을 고집하는 요소를 없애기 위한 방법이다.

백지를 한 장 꺼내라. 종이 맨 위에 원통한 감정을 품은 대상의 이름을 적으라. 그 밑에 그의 이름을 다시 쓰되 이번에는 편지의 인사말 형식을 따라 "친애하는 OO에게"라고 쓰라. 인사말 아랫줄에 "나는 ……에 대해서 당신을 용서합니다"라는 형식으로 하되 '……' 부분에 지금까지 당신이 괴로워한 것이 무엇이든 그 내용을 담아서 문장을 완성하라. 예를 들면, 이렇게 쓸 수 있다. "사랑하는 어머니, 나는 당신이 항상 내 삶을 조종하려 한 잘못에 대해서 당신을 용서합니다."

그 다음, "나는 ……에 대해서 당신을 용서합니다"라는 문장을 쓰기 시작하면서 잠시 멈추어 머릿속에 바로 떠오르는 생각이 무엇인지 포착하라. 그 생각이 용서의 개념과 어긋나지는 않는가? 반박하거나 항의하고 싶은 마음이 들지 않는가? 분노나 의심, 또는 용서하고 싶은 마음과 반대되는 사나운 감정이 있지 않은가? 이처럼 용서와 반대되는 생각을 "나는 ……에 대해서 당신을 용서합니다"라고 쓴 밑에 즉시 적어 놓으라. 저항하고 싶은 마음이나 용서와 반대되는 감정이 몹시 확고하거나 격렬하여 전혀 용서하는 것 같지 않게 여겨지더라도 낙심하지 말라. 이 연습을 계속해 나가면서 같은 식으로 "나는 ……에 대해서 당신을 용서합니다"와 그 뒤에 따르는 생각을 적어 보라. 그 생각이 여전히 용서에 맞지 않아도 괜찮다.

감정의 주머니 속에서 원통함과 저항하는 요소들이 완전히 비워질 때까지 이 과정을 반복하라. "나는 당신을 용서합니다." 어느 순간, 그것에 반기를 드는 생각이나 원통한 반응을 더는 쓰지 않아도 괜찮은 데까지 왔다는 것을 스스로 알 수 있을 것이다.

어떤 사람들은 용서에 반기를 드는 반응을 그렇게 많이 써 넣지 않고 이 연습을 끝마친다. 반면 어떤 이들은 원통함의 양이 매우 많아 몇 장에 해당하는 편지를 쓴다. 다음에 소개하는 편지는 한 청년이 자신의 아버지에게 가진 원통함을 해결하기 위해 어떠한 과정을 거쳤는지를 보여 준다. 그는 어린 시절에 아버지의 분노와 거부로 인해 말할 수 없이 원통한 감정을 쌓아 가야 했다. 그의 불만과 반항적 태도가 어떻게 점차 줄어들었는지를 주시하라.

그의 원통한 감정은 점점 사라져서 "나는 아빠가 내게 화를 낸 것과 나를 거부한 것을 용서합니다"라는 말을 아무 저항감 없이 쓸 수 있게 되었다.

사랑하는 아빠,
나는 아빠가 내게 화를 낸 것과 나를 거부한 것을 용서합니다.
(아직 진정으로 용서한 것 같지 않아요.)
나는 아빠가 내게 화를 낸 것과 나를 거부한 것을 용서합니다.
(나는 아직도 아빠가 나를 사랑하고 용납한다고 느끼지 못해요.)
나는 아빠가 내게 화를 낸 것과 나를 거부한 것을 용서합니다.
(내가 아빠를 부를 때 아빠가 내게 친절하게 대답해 주기를 바라요.)
나는 아빠가 내게 화를 낸 것과 나를 거부한 것을 용서합니다.
(나도 아빠에게 친절하게 대하고 싶어요.)
나는 아빠가 내게 화를 낸 것과 나를 거부한 것을 용서합니다.
(나는 아빠가 변화될 수 있기를 원해요. 엄마가 아빠를 항상 어떻게 대해 왔지요?)

나는 아빠가 내게 화를 낸 것과 나를 거부한 것을 용서합니다.

(나는 아빠와 더 나은 관계를 유지하기 위해 노력하고 있다고 생각해요.)

나는 아빠가 내게 화를 낸 것과 나를 거부한 것을 용서합니다.

(나는 아빠를 향해 사랑하는 감정을 가지고 있어요. 그러나 아빠가 그것을 받아 주지 않을까 봐 말하고 싶지 않아요.)

나는 아빠가 내게 화를 낸 것과 나를 거부한 것을 용서합니다.

(내가 이렇게 말하는 동안 나의 원통한 감정은 조금 줄어들었어요.)

나는 아빠가 내게 화를 낸 것과 나를 거부한 것을 용서합니다.

(나는 아빠에게 상처를 받지 않으려고 스스로 보호하려 애쓰는 데 신물 나요.)

나는 아빠가 내게 화를 낸 것과 나를 거부한 것을 용서합니다.

(아빠가 지금의 모습을 갖기까지 아빠의 성장 과정에 특별한 사건이 있었는지도 몰라요. 그것을 말씀해 주시기를 바랐어요. 그러나 내 편에서도 직접 여쭈어 보지 않았지요. 제게 말씀해 주시겠어요?)

나는 아빠가 내게 화를 낸 것과 나를 거부한 것을 용서합니다.

(나도 계속 노력하고 있다고 생각합니다.)

나는 아빠가 내게 화를 낸 것과 나를 거부한 것을 용서합니다.

나름대로 이러한 글을 쓰는 작업을 마친 후에 앞서 말한 준비된 의자 두 개 중 한 의자에 앉는다. 당신이 원통함을 품고 있는 대상이 다른 한 의자에 앉아서 당신의 용서를 받아들이며 그것을 말로 표현하는 모습을 상상해 보라. 이것은 매우 중요한 단계이므로 필요한 만큼 충분한 시간을 마련하라. 후에 당신이 작성한 글을 없애 버리라. 그 글을 어느 누구에게도 보여 주지 않는 것이 중요하다. "이전 것은 지나갔으니 보라 새것이 되었도다"(고후 5:17)라는 말씀을 상징하는 표시로서 그것을 태워 버리든지 찢어 버리라.

어릴 때 부모에게 반응하던 방식을 버리라

때때로 자신의 솔직한 감정이 자신을 놀라게 할 때가 있다. 그 감정이 잘못된 것이라고 느끼며 그것을 대면할 때 스스로도 깜짝 놀란다. 그리고 그러한 감정에는 반드시 죄의식이 끼어 있다. 당신과 부모 사이에 고통과 갈등이 존재할 때 어떻게든 '과격한' 감정이 밖으로 터져 나온다. 이러한 극적인 사건을 경험하면서 어떤 때는 부모가 이 세상에 존재하지 않기를 소원할 수도 있다. 이러한 큰 고통을 원하는 사람이 어디 있겠는가? 그들이 부모가 아니라면 아무 상관이 없을 것이다. 당신은 그런 사람들을 친구로는 절대 선택하지 않았을 것이다. 심지어는 그런 사람들과 상종조차 하지 않았을지 모른다. 그들과 다시는 상관할 일이 없을 것처럼 느낄지도 모른다. 그래서 때로는 그러기로 결심하지만 그 결심을 지키지 못하고 깨뜨린다.

그러나 좀 더 나은 방법이 있을 것이다. 아마도 과거의 숨은 상처에서 헤쳐 나올 긍정적인 방법이 있을 것이다.

수년에 걸쳐 이루어 놓은 삶의 틀을 버리기란 어려운 일이다. "그러나 옛 형태가 사려 깊은 새로운 형태로 바뀔 때, 옛 것에서 벗어나는 자유를 누릴 수 있다."[3]

당신이 해야 할 중요한 작업은 부모를 대하는 데 있어 어릴 때 익힌 방법을 버리는 일이다. 부모도 당신을 향해 새로운 방법을 익힐 수 있다면 좋겠지만 그러지 않는다 해도 자신의 행동에 대한 책임은 스스로 져야 하며, 부모의 것은 부모에게 따로 그 책임을 물어야 한다. 어떻게 어린아이와 같은 방식으로 반응하는 것을 포기할 수 있는가? 당신이 부모를 대할 때 옛 방식대로 하는 것이 인식되면, 그 기억을 멈추라. 과거에 당신에게 반응한 것에 비추어 부모의 태도를 사악하고 나쁜 것으로 간주하지 말라. 당신이 지금 이루고자 하는 것은 누군가를 비난하는 것이 아니다!

다른 사람을 용서하는 것이 왜 그토록 어려운지를 종종 생각해 본다. 당신이 현재 모습을 갖추게 된 것은 어린 시절의 경험과 깊은 관계가 있다. 인격은 과거의 기억과 아울러 현재 당신이 경험하는 일에 영향을 받아 복합적으로 형성된다. 원통한 감정을 품게 된 원인은 주로 과거의 기억에서 찾아낼 수 있다. 그 기억의 어떤 부분은 잊어버렸을 것이고, 혹 어떤 부분은 아직 떠올릴 수 있다. 어린 시절의 많은 경험은 용서하는 일을 쉽게 만들 수도 있고 어렵게 할 수도 있다.

잠시 우리의 어린 시절을 더듬어 보자.

갓난아이는 생존을 위해 어머니에게 신체적, 감정적으로 완전히 의존한다. 어머니는 아이와의 피부 접촉이나 젖을 먹이는 것, 따뜻한 행동 등을 통해 사랑과 안정을 아이에게 전달한다. 이를 통해 아이는 신뢰하는 법을 배운다. 아이가 좌절을 느끼고, 화를 내고, 울고, 기분이 좋지 않을 때 어머니는 사랑스럽고 신실하게 아이를 다룬다. 이러한 것이 아이에게 다른 사람을 신뢰할 수 있는 감각을 길러 준다.

그러나 만약 아이가 울어도 돌보지 않고 어머니가 신경질적으로 반응한다면 아이는 어머니와 다른 사람을 불신하는 것을 배운다. 아이는 다른 사람이 자신을 감사함으로 즐겁게 받아들이지 않고 등한히 여기는 것을 경험하면서 혼란스러워하지만, 그런 일이 왜 자신에게 일어나는지를 이해하지 못한다. 아이는 이 세상이 따뜻하지 않으며 자신을 환영하지 않는다고 배운다. 이러한 방식으로 인생을 시작하게 될 때, 아이는 다른 사람을 믿을 수 없는 존재로 받아들인다.

다른 사람에게 사랑받지 못하고 등한시된다고 느낀 아이는 좌절감을 이겨 낼 수 있는 힘이 매우 약하다. 또한 필요가 채워지지 않으면 쉽게 화를 내거나 좌절한다. 이것은 심한 원통함과 적개심을 싹틔우는 모판이 되며, 다른 사람을 용서하는 것을 가로막는 발판이 된다. 어린 아이는 왜 그런 감정이 생기는지도 이해하지 못한 채 '나는 사랑받지 못하는 존재야'라고 느끼기 시작한다. 좌절감과 원통함 때문에 자신이 처한 곤경에 대해 다른 사람들을 용서할 수가 없다. 당신은 부모와 격리되어 있는 것이 얼마나 큰 대가를 요구하는지 생각해 보았는가? 관계가 불완전하고 긴장될 때 그 때문에 지불해야 하는 대가는 매우 크지만 그 손실을 계산해 보는 일은 별로 없지 않은가?

대신 우리는 자신을 보호하기 위해 갑옷 입는 법을 배운다. 그래서 다시 기억되는 상처와 거부감은 그대로 죽은 상태로 묻혀 버린다. 그럼에도 불구하고 우리의 방어망은 이러한 감정을 제거해 버릴 힘이 없다. 그 감정은 여전히 살아서 우리 안에서 내적인 전쟁을 일으킨다. 우리는 부모를 사랑하지만 그들을 대할 때 견디기가 힘들다.

당신은 부모와의 관계가 어떠한가? 그들에 대한 감정은 어떠한가?
다음 질문에 대한 당신의 대답은 무엇을 나타내는가?

1. 어린 시절부터 가지고 있던 원망이나 원통함이 있는가? 있다면 무엇인가?
2. 부모와 함께 있을 때 긴장하는가, 편안한가?
3. 화가 날 때 그 이유가 과거부터 가지고 있던 원통함이나 해결되지 않은 상처에서 온 것은 아닌가?
4. 부모를 신뢰하는가?
5. 부모가 과거에 당신에게 행한 일들을 용서해야 할 것이 있는가? 만약 그렇다면 그것이 무엇인가? 부모를 변화시키려고 노력하지 않고서도 그들을 용서할 수 있는가?
6. 연세가 많은 부모를 돌보는 것을 편안하게 느끼는가?
7. 부모에게 느끼는 사랑과 용납의 형태를 기술해 보라. 부모가 당신을 사랑하고 용납한다는 것을 표현하기 위해 구체적으로 어떤 행동을 하는가? 당신이 사랑이 아닌 거부감을 느꼈다면 그 감정은 무엇 때문인가?
8. 부모가 돌아가셨다면 그들이 계시지 않은 지금까지도 그들에게 원통함이나 원망을 가지고 있지 않은가?

당신에게 어린 시절부터 몸에 밴 내적 메시지가 있다면 그중 어떤 것을 변화시키고 싶은가? 다음에 열거한 질문들에 대한 답을 종이에 적어 보라.

1. 나는 왜 이러한 내적 음성이나 강박감에 지배되는가?
2. 이러한 방식으로 반응하는 것이 알맞은 행동인가? 이것이 정말 논리적이고 건전한가? 아니면 전부터 해오던 반복적인 반응인가?
3. 이러한 방식으로 계속 반응한 결과는 무엇인가?
4. 이러한 방식으로 계속 반응하지 않은 결과는 무엇인가?
5. 내가 지금 변화된다면 상처 받을 사람이 있는가? 만약 그렇다면 이유는 무엇인가?
6. 변화하는 것이 내 삶을 더 낫게 할 것인가, 나쁘게 할 것인가?
7. 변화하기 위한 동기는 무엇인가? 복수심이나 반항심에서 나온 것인가, 아니면 가장 최선의 길이라고 느끼기 때문인가?
8. 이러한 변화를 승인해 주지 않을 사람이 있는가? 나는 그 반응을 소화할 수 있는가? 혹 나 자신이 승인하지 못하는 것은 아닌가? 이 변화를 수용하기 위해 내가 할 수 있는 일은 무엇인가?
9. 결단하고 변화하기 위해 하나님께 도움을 요청했는가? 이 변화를 실제화하기 위해 어떻게 하나님께 도움을 요청할 수 있는가?

과거와 연결되어 당신을 감정적으로 얽어매는 것은 어떤 인물일 수도 있고, 마음속에 깊이 묻혀 있는 내적 메시지일 수도 있다. 우리가 독립적으로 성장하는 것을 부모들이 격려해 주었다면 감정적으로 좀 더 쉽게 자유를 누릴 수 있을 것이다. 부모가 당신이 연약하고 의존적이며 어딘가 비효율적인 사람으로 남아 있기를 원했다면, 그것은 부모의 내적 어린아이가 자녀인 당신을 그러한 상태로 유도했을 것이다. 당신은 스스로 인식하는 정도보다 깊이 속박되어 있을지도 모른다. 그렇게 감정적으로 얽매여 있는 상태에서는 비록 치명적인 해를 입는다 해도 이미 익숙해졌기 때문에 나름대로 안정을 누릴 수 있다. 그리고 그 속박을 풀려고 애쓰는 것이 오히려 고통이 될 수 있다. 실제로 당신이 새로운 안정감의 근원을 발견하지 못했다면 속박을 푸는 것은 모험이 될 수도 있다. 그러나 속박을 푸는 것은 성장의 일부분이다.

당신은 아직도 감정적으로 독립하지 못한 상태인가? 그것을 알아보기 위해 다음 질문에 답해 보라.

1. 아직 부모와 살고 있는가? 그렇다면 그 이유는?
2. 아직 부모와 가까이 살고 있는가? 그렇다면 그 이유는?
3. 부모와 자주 접촉하는가? 얼마나 자주 전화하는가? 편지는? 실제로 만나는 횟수는?
4. 부모와 접촉하는 횟수가 줄어든다면 어떤 느낌이 들겠는가?
5. 삶 가운데 그들을 얼마나 포함시키는가? 충분히 포함시키는가, 아니면 그렇지 않은가?
6. 당신은 어떤 방식으로 자식 역할을 했는가? 부모가 해온 대로 그들에게 하고 있지 않은가? 이러한 상황이 어떻게 발생했는가? 이것에 대한 당신의 감정은 어떠한가?
7. 당신은 지금까지 더 독립적이길 회피해 왔는가? 독립을 위한

모험 요소는 무엇인가?
8. 당신이 부모의 뜻을 거스른다면, 어떤 일이 생기겠는가?
9. 부모가 이 시점에서 당신에게 기대하는 것은 무엇인가? 어떻게 그것을 알 수 있는가?
10. 당신이 명절에 부모를 찾아뵙지 않기로 한다면 어떤 일이 생기겠는가? 부모는 어떻게 느끼고 말하겠는가? 당신은 어떻게 느끼겠는가?
11. 부모에게 인정받기 위해 당신은 무엇을 하는가? 당신이 그들의 인정을 받지 못할 때 어떠한 느낌이 드는가?[4]

화평을 위해 치러야 할 대가

부모를 향한 착잡한 감정은 당신의 건강과 직업, 특히 결혼 생활에 큰 영향을 끼칠 수 있다. 많은 결혼 관계가 두 사람 혹은 한 사람의 부모에 대한 해결되지 않은 상처나 거부감 때문에 점차 악화되고 마침내 파경까지 이른다.

그러나 화평하기 위해서는 역시 모험이 따른다. 숨겨진 상처에서 해방되기 위해 무엇을 포기해야 하는가? 치러야 할 대가 또는 얻을 수 있는 혜택이 무엇인지 곰곰이 생각해 본 적이 있는가? 당신은 분함과 원통함, 잘못에 대해 다른 사람을 비난하려는 태도를 포기해야 할지도 모른다.

당신은 사랑과 인정과 용납을 받았고, 앞으로도 그러할 것이라는 점을 받아들여야 할지도 모른다. 또 어쩌면 사랑과 인정과 용납을 받지 못했다는 사실을 받아들여야 할지도 모른다.

많은 사람이 삶의 여정을 통과하면서 부모에게 받아야 할 인정과 용납과 칭찬을 받지 못하고 지낸다. 그리고 그것은 미래에도 결코 받지 못할 것이다. 누구도 수년에 걸쳐 부족하게 느낀 것을 며칠 또는 몇 달 안에 만족하게 메꿀 수 없다. 부모의 기대에 어긋나지 않기 위해 계속 열심히 노력하는 것이나 부모가 주는 사랑의 결핍에 대해 불평하는 것은 헛된 일이다. 이렇게 말할 수 있을 때 진정한 해결책이 될 수 있다. "이런 일이 일어난 것은 내게 문제가 되지 않는다. 고통스러웠지만 이제 나는 과거의 영향에 좌우되지 않고 살 수 있다. 그들은 그들대로 용납하고 나는 나대로 내가 원하는 것을 모두 받아들일 수 있다."

조이스 랜도프(Joyce Landorf)가 쓴 「불규칙한 사람들」(Irregular People)은 그러한 주제를 다룬 책으로서 매우 통찰이 깊다. '불규칙한 사람들'은 우리에게 매우 의미 있는 사람, 즉 부모나 형제가 될 수 있는데, 이런 사람은 민감하지 못하여 우리의 감정적인 필요를 채워 주지 못한다. '불규칙한 사람들'은 우리의 삶 가운데 이미 자리 잡고 들어와 마음속에 새겨진 부정적 메시지들을 강화하여 우리에게 계속 상처를 입힌다. 그들은 우리가 원하는 긍정적인 메시지를 결코 주지 않을 것이다.

이 책에서 조이스는 자신에게 속한 불규칙한 사람들에 관해서 제임스 돕슨 박사에게 받은 편지 한 장을 소개하고 있다. 돕슨 박사는 이렇게 썼다.

조이스, 나는 날마다 이런 사실을 더욱 확신하게 됩니다. 즉 성인이 된 우리가 어린 시절에 받지 못한 것을 찾아 헤매며 그것을 받으려고 많은 노력과 시간을 투자한다는 것입니다.

어린 시절에 경험한 공허함이 아픈 상처로 남아 있을수록 우리는 후에 그것을 메꾸어 보려고 더욱 노력하게 됩니다. 당신에게 속한 불규칙한 사람은 당신의 어린 시절에 채워 주어야 할 필요를 결코 채워 주지 못했습니다. 그러나 당신은 그가 해주지 못한 것을 앞으로 기적적으로 해줄 수 있으리라고 아직도 바라고 있습니다. 그러므로 그는 계속 당신을 실망시킵니다. 당신에게 상처를 주고 당신을 거부합니다.

내 생각에는 당신이 마땅히 받았어야 할 사랑과 공감과 관심을 그가 앞으로도 결코 채워 주지 못하리라는 사실을 받아들일 때 상처와 고통을 덜 받을 것이라고 봅니다. 이러한 방식으로 당신을 보호하는 것이 쉽지는 않지만 헛된 것을 바라는 것보다 아무것도 기대하지 않는 편이 상처를 덜 받는 방법입니다.

추측컨대, 당신에게 속한 이런 불규칙한 사람은 자신의 어린 시절을 통해 정서적인 특성을 갖추게 되었고, 아마 스스로도 이것을 자신의 독특한 결점으로 인정할 것입니다. 그가 앞을 보지 못하는 시각 장애인이었다면, 그에게 보지 못하는 약점이 있음에도 그를 사랑했을 것입니다. 어떤 의미에서 그는 감정적으로 앞을 보지 못하는 장애인입니다. 그는 그 사건 너머에 있는 상처를, 당신이 성취한 일에 대해 그가 관심을 표하지 않은 것 때문에 당신이 받은 상처를 인식하지 못했습니다. 그 결점 때문에 그는 결코 당신의 감정과 기대를 인식

할 수 없습니다. 당신이 그를 영구적인 결점을 가진 사람으로 받아들인다면, 즉 그가 스스로 경험한 연약함 때문에 그러한 결점을 지니게 된 것을 이해한다면, 당신은 그의 차가운 거부의 사슬에서 자신을 보호할 수 있을 것입니다.[5]

이 글에는 다른 사람에게 불규칙한 사람이 되지 않도록 우리로 자신이 매인 속박에서 자유로워지게 하는 해답의 일부가 담겨 있다. 그 첫 번째 단계는 우리 속에 있는 불규칙한 사람을 있는 그대로 용납하고 그 사람이 변화될 것을 기대하지 않는 것이다.

두 번째 단계는 그 사람도 아마 생애의 어느 시점에서 부정적인 대우를 받은 경험이 있었음을 기억하는 것이다. 지금 당신에게는 되풀이되는 그 틀을 깰 수 있는 기회가 있다. 성경은 "너희는 이전 일을 기억하지 말며 옛날 일을 생각하지 말라 보라 내가 새 일을 행하리니 이제 나타낼 것이라 너희가 그것을 알지 못하겠느냐 반드시 내가 광야에 길을 사막에 강을 내리니"(사 43:18, 19)라고 말한다.

로이드 오길비는 다음과 같이 말한다.

우리가 하나님과 믿을 만한 관계를 맺는 확실한 증거는 과거보다 미래에 대한 믿음을 지니는 것이다. 우리는 과거의 일로 정죄하거나 교만해서는 안 된다. 하나님은 인생을 하루와 일 년 단위로 나누셔서 우리로 지나간 어제를 잊어버리고 내일을 기대할 수 있게 하셨다. 과거의 잘못은 용서하시고, 그것을 잊어버릴 수 있는 능력을 주셨다.

미래에 관해 하나님은 우리에게 기대와 열망을 선물로 주셨다.[6]

우리의 문제는 하나님보다 기억력이 좋은 것이다. 우리는 과거의 상처에 매달려 그것을 보살피고 키운다. 그리고 그것이 원인이 되어 다른 사람과의 관계에서 어려움을 겪는다. 우리가 다른 사람이나 자기 자신을 용서하지 못하는 것은 하나님을 우롱하는 것이다. 그것은 우리와 다른 사람의 관계를 파괴할 뿐만 아니라 우리와 하나님의 관계도 파괴한다.

고통스러운 과거에서 벗어나지 못하고 붙잡혀 있는 것이 옳은가? 동일한 옛 상처로 여러 번 반복하여 고통당하는 것이 옳은가? 복수심은 당신의 영혼에 끌 수 없는 비디오테이프를 설치해 놓는 것이다. 그 테이프는 마음속에서 고통스러운 장면을 여러 번 거듭 보여 주며 돌아간다. 그 테이프는 언제든지 다시 돌아가게끔 당신을 얽매고 있다. 그리고 그 장면이 재연될 때마다 다시금 고통을 느낀다. 이것이 옳은가?
용서는 고통을 경험한 기억의 비디오테이프를 돌아가지 못하도록 꺼 버리는 것이다. 용서는 당신을 자유롭게 한다. 용서는 기억 속에 부당하게 되풀이되는 고통을 중단하는 유일한 방법이다.[7]

부모를 있는 그대로 용납하고, 그들이 해온 행동과 당신에게 준 메시지도 있는 그대로 받아들일 수 있는가? 이것은 과거의 일들을 용서하여 과거에 일어난 일이 당신에게 끼치는 영향을 더 허용하지 않는 데까지 이르는 것을 말한다. 이렇게 해서 우리는 성장하며, 인생을 경험하며, 새롭게 의사소통을 할 수 있고, 자신과 배우자를 사랑할 수 있는 자유를 누린다.

로이드 오길비는 다음과 같은 질문을 던진다.

> 당신에게 부담이 되는 사람은 누구인가? 기억 속이나 마음속에 감정적으로 계속 원망하는 사람은 없는가? 당신에게 죄책감이나 두려움, 좌절감, 분노를 불러일으키는 사람은 누구인가? 그 역시 하나님께 속한 사람이다. 하나님은 그 사람도 보살피고 계신다는 사실을 알고 있지 않은가! 이제는 짐을 내려놓을 때가 되었다. 관계 가운데 해결되지 못한 어려움을 대면하여 그것을 용서하고 잊어버리지 않겠는가?[8]

'용서하다'라는 말은 '……을 기억하지 않다', '……을 주의하지 않고 무관심하게 다루다', '……을 의도적으로 무시하고 간과하며, 기억하거나 관심을 표명하는 것을 멈추다', '특정 시간에 어떤 것이 마음속에 떠오르지 않다'라는 뜻이다. 당신은 삶 가운데 원통함과 용서하지 못하는 것 때문에 감정적인 영양실조에 걸려 괴로워하고 있지 않은가?

용서하지 못할 때 우리는 자신에게 내적으로 고통을 입힌다. 부모에게 받은 부정적인 메시지들을 스스로 강화시킬 때, 그것은 우리 자신을 비참하고 무능하게 느끼도록 만든다. 용서는 이렇게 말한다. "이제 그것은 끝났고 아무 문제가 없습니다. 나는 이제 원통함을 느끼지 않고 당신을 원수로 여기지도 않습니다. 당신이 내 사랑에 반응하지 않는다 해도 나는 당신을 사랑합니다."

당신에게 상처를 입힌 사람을 용서하는 것은 자신의 영혼 깊숙이 영적 수술을 감행하는 것이다. 당신에게 행한 잘못을 베어 내버림으로, 당신의 영혼을 치유할 수 있는 새로운 눈으로 당신의 '대적'을 볼 수 있다. 상처에서 그 사람을 제거하고 그를 놓아 주라. 어린아이들이 손을 펴서 잡고 있던 나비를 날려 보내는 것처럼 말이다.
그리고 나서 당신 마음속에 그 사람을 다시 새롭게 맞아들이라. 당신의 삶에서 역사의 한 부분이 지워지고 당신의 기억을 지배하던 힘이 깨진 상태에서 다시 새롭게 말이다. 당신 안에서 방향을 돌이킬 수 없을 것처럼 보이는 고통의 물줄기를 거슬러 흐르게 하라.[9]

하나님이 우리를 용서해 주신 것 때문에 우리는 다른 사람을 용서할 수 있다. 그분은 우리에게 아름다운 용서의 본을 보여 주셨다. 하나님의 용서를 우리 삶 가운데 깊이 스며들게 하라. 자신을 새롭게 하는 것은 온전함을 향한 첫 걸음이다.

6장
거부감을 극복하라

과거와 화해하려면 다른 사람에게 사랑받지 못한다고 느끼거나 자신이 쓸모없다고 느끼게 만드는 '거부'의 감정을 극복해야 한다. 당신은 누군가와 단절되고, 고립되며, 종종 외롭게 느끼기도 한다. 마치 육지와 연결되는 길이 없는 섬처럼 느끼는 것이다.

당신이 자기 집에서 편안하다고 느낀 적이 한 번도 없다면, 세상에서 고향 같은 편안함을 느끼기란 매우 어렵다. 어린아이일 때 거부당한 적이 있다면 당신은 극도의 정서적 장애를 갖게 된다. 사실상 '고향이 없는' 사람인 것이다.

자신을 사회에서 버림받은 자요, 자신이나 다른 사람에게 용납될 수 없는 사람으로 볼지도 모른다. 당신의 자기 비하는 쓰라린 것이며, 다른 사람들을 향하여 거의 자동적으로 쓴 마음을 품게 되는데, 그것은 종종 다른 사람을 오해하게 만든다.[1]

당신은 때때로 자신을 수많은 사냥꾼을 피해 달아나는 사냥감처럼 느끼는가? 당신을 쫓는 사람은 누구인가? 다른 사람인가? 혹은 당신이 자신을 쫓는 것은 아닌가? 당신에게 등을 돌린 사람은 다른 사람들인가? 혹은 당신이 자학하는 것은 아닌가?

당신을 거부하는 사람이 당신에게 중요할수록 그 감정은 깊어진다. 거부당하는 일은 가끔 겪는 경험일 수도 있고 지속적인 경험일 수도 있다. 많은 사람이 어린 시절부터 용납과 사랑은 가격표를 달고 있다는 신념을 가지고 자란다. 용납과 사랑이란 거저 주어지는 선물이 아니라, 무언가를 성취하거나 어떤 목표를 달성하거나 어떤 일을 삼가므로 얻을 수 있다고 생각한다.

어떤 사람은 어린 시절에 한 번도 마음 놓고 떠들거나 방을 어지럽힌 적이 없었다. 시끄럽게 하는 것은 엄격하게 금지되었다. 친구들이 놀러 오면 친구들이 자기 부모 앞에서 큰 소리를 지르거나 시끄럽게 할까 봐 안절부절못했다. 어른이 된 뒤에도 그는 화목함이나 편안함을 느끼는 경우가 드물었다. 그는 계속 어찌할 바를 몰랐다. 소음에 대한 부모의 제한이 바로 부모가 자신을 좋아하지 않는 의미라고 해석한 것이다. 그는 또한 결코 충분히 '착한' 적이 없었다고 느꼈다. 심지어 부모에게 실제로 거부당한 적이 없었을지라도 그는 거부당했다고 느낀 것이다.

'거부'라는 말은 당신에게 관계를 가질 가치나 심지어 알 만한 가치가 없다는 사실을 시사한다. 진짜 거부는 드물다. 자신이 거부라고 인식하는 것은 단지 성냄과 분노와 같은 소극적이고 부정적인 반응에 지나지 않은 것일지도 모른다. 진정한 거부란 전혀 용납되지 못하며 부모나 다른 사람에게 목에 둘린 짐이나 연자 맷돌 취급을 당하는 것이다. 거부당한 아이는 자신을 거부한 사람에게 상처를 받거나 다른 사람에게 양육권이 넘겨지기도 한다. 물론 이런 일은 실제로 일어난다. 그러나 보통 거부란 더 미묘한 형태를 띤다.

약간이라도 거부를 당하면 우리는 상처에 아픔을 느끼고 심지어 쓴 마음을 품게 된다. 상처는 우리에게 계속 남아 있어서 실제적이고 분명한 좌절감에 매우 민감해지게 만든다. 그런 사람은 거부를 예상하고 다른 사람의 반응 속에서 거부를 읽어 낸다. 그는 처음부터 최악을 가정하며 매우 의심쩍어한다. 어떤 사람에게는 마음을 열기가 어렵다. 참된 감정을 보이는 것이 또 다른 고통스런 거부의 경험으로 이끌지 모르기 때문이다.

우리는 또한 좋아하는 사람에게 거부당했다고 느끼면 자기 자신을 거부하는 경향이 있다. 자신을 범죄자처럼 대하고, 끝내는 부모나 다른 사람들이 우리에게 행한 그 어떤 것보다 심한 비판과 비난을 자신에게 하고 만다. 당신은 살아가면서 자신을 격려하는가, 아니면 자신에게 불만스러운 거부의 말을 하는가? 자신에 대해 누구보다 고약한 비판가인가? 당신은 이렇게 말한 적이 있는가? "나는 너무 민감해." "나는 성공하지 못할 거야." "나는 사랑받을 가치가 없어." 당신이 자신을 거부한다면 그럴 수도 있다. 당신은 자신에게 어떤 부모 노릇을 하고 있는가?

그러나 내적 갈등의 일부는 몇 가지 의문에 초점을 맞추고 있을지도 모른다. 죄의식을 느끼거나 부모가 거부한 것에 대해 자신이 뭔가 책임이 있다고 느낄 수도 있다. 만약 그렇다면, 자신이 무가치하다고 느낄 것이며 그것은 지속적인 의구심을 불러일으킬 것이다. 그렇다면 다른 사람들은 당신에게서 무엇을 볼 수 있겠는가? 그들이 무엇 때문에 당신과 관계를 맺고 싶겠는가? 이것이 사실이라면 당신은 고슴도치처럼 다른 사람이 다가오지 못하도록 방어적인 무장을 해온 것인지도 모른다.

당신이 어린아이일 때 거부를 당했다면 사랑보다는 당혹스런 감정을 느낄지도 모른다. 당신은 다른 부모들이 그들의 자녀를 사랑하고 용납하는 것을 보았다. 왜 당신은 그처럼 사랑받지 못하였을까?

왜 부모가 자녀를 거부하는가

우리 사회에서 부모가 자녀를 거부하는 것은 결코 드문 일이 아니다. 그 이유가 무엇일까? 어머니와 아버지는 같은 이유로 자녀를 거부하는 것일까? 어쩌면 사회에 팽배한 의식에 영향을 받은 것인지도 모른다. 앨빈 토플러(Alvin Toffler)가 그의 책 「미래의 충격」(Future Shock)에서 관찰했듯이 우리는 시대와 문화의 소산이다. 우리는 한 번 쓰고 내던져 버리는 일회용품 사회에 살고 있다. 사람과 장소, 사물에 대한 우리의 관계는 일시적이며 깨지기 쉬운 경향이 있다. 우리는 결혼한 부부들이 어떤 사람이나 사물에 대해 평생을 두고 서약하기를 좋아하지 않는 것을 통해 이것을 본다.

왜 부모가 자녀를 거부할까? 어떤 사람들은 아이를 좋아하지 않는다. 자녀의 모습 때문인지, 그의 성격 때문인지는 몰라도 하여튼 그들은 자녀를 돌보지 않는다. 어떤 아이들은 명백한 결점 때문에, 예를 들어 지능지수가 낮거나 다른 자녀가 더 매력적이고 재주가 많기 때문에 거부당한다. 어떤 경우에는 부모가 자신에게 혐오감을 느낀 나머지 자신을 닮은 자녀에게 그 혐오감을 투사한다. 친가와 외가 중 어느 한쪽을 많이 닮은 자녀에게 쌓였던 적대감을 쏟아 내기도 한다. 이러한 분노는 배우자, 심지어 배우자의 부모를 향해서도 일어날 수 있다. 부적절한 시기에 임신된 아이라면 자녀를 거부할 수도 있다. 그 아이가 계속 방해거리로 보이는 것이다. 불행히도 어떤 부모들은 어떻게 임신을 피할 수 있는지 몰라서 그냥 아이를 갖는다. 어떤 부모들은 남자 아이를 갖기 원하기 때문에 여자 아이를 거부한다.

때때로 어떤 자녀는 부모에게 굉장한 애정을 받으며 자라다가 얼마 지난 후 거부감을 경험하기도 한다. 그는 점점 부모에게 받아 온 애정이 진정한 것이 아니었음을 깨달을지도 모른다. 이것은 처음에 자녀가 사실상 부모에게 다른 한편의 대역(代役)을 해왔기 때문이다. 예를 들어, 남편과 관계가 좋지 않은 아내는 자신의 애정을 어린 자녀에게 전이(轉移)한다. 아이는 엄마 자체나 엄마가 주는 관심을 거부할 수 없기 때문이다. 그리고 어린아이인 자녀는 약간의 용납과 애정을 되돌려 줄 수 있다. 그러나 아이가 자라면서 엄마는 더 이상 아이를 안전하게 사랑을 받아 줄 수 있는 대상으로 여기지 않는다. 이제 그 아이는 배우자의 대역 역할을 못하기 때문에, 엄마는 용납과 애정을 거두어 가기 시작한다. 이 경험은 자녀에게 결코 진정한 사랑을 받아 보지 못하였다는 생각을 갖게 한다.

어머니들은 다양한 이유로 자녀를 거부한다. 어떤 사람은 아이를 남편과 연관 짓는다. 아내가 보기에 그 아이는 남편이며, 그래서 아이의 아버지를 미워하는 만큼 아이를 미워한다. 남편에 대한 강한 부정적 감정 때문에 아이의 정체성을 부인(否認)하고 만다.

또 어떤 어머니는 아이를 잃어버릴지도 모른다는 정서적 불안을 느끼기보다는 아이를 거부해 버리는 것이 더 쉽다고 생각한다. 또 어떤 이는 자녀가 부부의 결혼 생활을 망치는 원인이라고 느낀다. 결혼 생활의 문제는 자녀에 대한 거부감에 영향을 끼친다. 아내가 원하는 만큼 남편이 매력적이지 않거나 아내가 남편에게 학대를 받는다면, 아내는 아이 때문에 결혼에 묶여 있다고 느끼기 때문에 거부감이 극도로 심해질 수 있다.

결혼 생활이 흔들리고 있을 때, 자녀가 결혼 관계를 유지시킬 수 있다고 아내가 믿는다면 아이는 조건적으로 용납받을 수도 있다. 결혼 생활을 유지하는 데 실패한다면 아이는 실패에 대한 비난을 받을지도 모른다. 아내는 이제 남편과 마찬가지로 아이 때문에 갇혀 버렸다고 느낄 수 있다.

어떤 어머니는 남편을 자녀와 공유한다고 느끼기 때문에 자녀에 대해 쓴 마음을 갖기도 한다. 자녀를 남편의 관심과 애정에 대한 경쟁자로 보는 것이다. 이에 대한 예화가 있다. 매일 저녁 아내는 남편의 귀가를 기다리는데, 아내가 인사하기도 전에 네 살 난 딸아이가 사이에 끼어들어 남편의 팔에 뛰어올라가 안긴다. 그는 1-2분간 딸에게 따뜻함과 애정을 표한 후에 아내에게는 몇 초간 인사한다. 아내의 쓴 마음은 매일 자라난다.

지난 10년 혹은 20년 동안 점점 많은 여성이 그러한 감정을 호소하고 있다. 그들은 자신이 한때 차지했거나 갖고자 원하는 것을 자녀가 빼앗아 갔다고 느낀다. 그들의 쓴 마음 중심에는 단순히 아이를 돌보기 위해 집에 머물러 있어야만 한다는 원망이 있다. 자녀는 그들을 제한하고 성취감을 느끼지 못하게 만드는 존재다. 가정에 처박혀 있다고 느끼는 다른 여성들과 이야기하거나 자기 직업을 즐기는 여성들과 이야기하면서 그들의 쓴 마음은 더욱 자라난다. 그들은 자신이 포로로 붙잡혀 있다고 느낀다.

아버지들은 어떤가? 아버지가 자녀를 거부하는 이유는 어떤 것일까? 그 동기 중 어떤 것은 어머니가 가지는 이유와 같다. 불행한 결혼, (무슨 이유에서든 간에) 매력이 없는 아이, 부적절한 시기의 임신 등이다.

그러나 아버지들이 자기 자녀를 거부하는 데는 몇 가지 부가적인 이유가 있다. 어떤 아버지는 자신이 개인적으로 아버지라는 역할에 부적합하다고 느낀다. 돈을 벌어야 하는 가장이 되고, 남편과 아버지가 된다는 것은 위협적이고 엄청난 일이다. 자녀는 하나의 짐으로 여겨지고, 그래서 사랑과 애정을 주지 못한다. 또한 자신이 결혼한 여성이 잘못 선택한 사람이라고 느끼는 아버지에게 자녀는 하나의 무거운 쇠사슬이 된다.

그러나 당신이 어린아이일 때에 거부를 당했다 해도 이러한 거부의 결과를 충분히 극복할 수 있다.

거부, 어떻게 다룰 것인가

당신이 어린아이일 때 거부를 당했다면 반드시 일생 동안 정서적 상처를 안고 살아야 하는가? 현재와 미래를 위한 희망의 말을 들어 보라.

부모에게 사랑을 받지 못하면 어쩔 수 없이 상처가 남겠지만, 그 상처는 치유될 수 있으며 건강한 성장이 새롭게 시작될 수 있다. 애정 없는 부모 밑에서 살아남기 위해 추던 춤은 포기해도 괜찮다. 기분 좋게 받아들일 수 있는 더 좋은 방법들이 있기 때문이다. 어설픈 노래와 춤을 더 진지한 움직임으로 바꾸게 만드는 것은, 부모가 당신을 사랑하지 않는다고 말한 것이 당신의 문제가 아니라 부모의 문제라는 사실을 받아들이는 데 있다. 다시 말해 그것은 당신의 사랑스럽지 못함보다는 부모에게 사랑하는 능력이 없음을 보여 주는 것이다. 당신 부모 속에 있는 아이를 보는 것이 특히 중요하다. 당신의 부모 속에 있는 내적 아이가 매우 큰 부분을 차지할 때, 그들은 당신을 사랑할 수 없기 때문이다. 당신의 부모가 당신으로 하여금 부모나 배우자, 이웃을 기쁘게 하길 강요한다면, 그것은 그 부모 속에 있는 내적 아이가 그렇게 하는 것이다. 그 내적 아이는 착하고 유순한 아이가 되려고 애쓰며, 인정을 얻거나 비난을 피하려고 애쓰고 있는 것이다. 당신은 부모라는 아이에 의해 이 세상에 오게 되었고, 그 아이들은 단지 사랑을 베푸는 부모가 되는 놀이를 할 수 있을 뿐이다.[2]

우리는 어떻게 거부를 극복하는가? 거부당한 사람은 자신을 보호하고, 자신이 거부당했다는 사실을 은폐하기 위한 방어 기제를 사용한다. 이것은 고통을 줄이기 위해 사용하는 심리적인 수법이다. 그러나 그것은 거부당한 것을 인정하기 어렵게 만들고, 그로 하여금 자신이 어딘가 열등하다고 느끼게 만든다. 이러한 방어 기제로는 어떤 것이 있는가? 보편적인 것 몇 가지를 살펴보기로 하자.

어떤 사람들은 **억압**이라는 방어 기제를 사용한다. 즉 거부라는 진실을 무의식에 몰아넣고서 가두어 버리는 것이다. 그러나 거부당한 감정이 여전히 행동에 많은 영향을 준다. 억압은 명백한 진실에서 자신을 보호하기 위한 '부인'(否認)의 교묘한 형태다. 그러나 감정은 여전히 살아 있기 때문에 언젠가 무덤에서 기어 나올 것이다.

합리화는 많은 사람이 사용하는 방어 기제다. 어떤 사람은 그것을 이렇게 표현했다. "부모님은 나를 거부한 게 아니었어. 단지 내가 그렇게 많이 필요하지는 않았던 거야." 우리는 거부에 대해 설명하려고 노력한다. 이렇게 말할 수도 있다. "말하자면, 아빠는 우리를 먹여 살리시느라 바빠서 우리 형제와 시간을 보내실 수 없었어. 아빠는 우리에게 필요한 것을 주는 것으로 사랑을 보이셨어. 우리는 먹을 게 넘쳤고, 아빠는 격주로 우리에게 장난감이나 모형 비행기를 사 주셨어. 알다시피 부모는 할 일이 굉장히 많으니까." 또 다른 사람들은 부모가 몹시 편찮으시거나 부모 노릇을 어떻게 하는지 배우지 못해서서 그렇다고, 혹은 그 사랑을 다른 방법으로 보여 주셨다고 합리화한다.

어떤 사람들은 거부의 고통에서 자신을 보호하기 위해 **퇴행**하기도 한다. 어른으로 행동하는 대신 실제로 어린 시절 삶의 모습으로 되돌아간다. 거부당한 성인 아이는 가정에서 벗어나 어느 정도 독립한다. 그러나 어떤 이유로든 집으로 돌아갔을 때, 한때 그를 거부한 부모가 이제는 사랑이 많고 잘 용납해 주는 것을 경험한다. 이제 그 성인 아이는 혼란에 빠진다. 그는 집을 떠나 있을 때 누린 자유와 독립을 귀하게 여긴다. 그러나 집으로 돌아왔을 때 발견한 사랑과 용납을 또한 귀히 여긴다. 그래서 집에 머물기로 결정한다. 자신의 자유와 부모의 사랑과 용납을 맞바꾼 것이 그렇게 큰 대가는 아니라고 느낀다. 그러나 실제로는 어른의 역할 수행을 미루고 있는 것이다.

어떤 사람들은 거부의 고통을 피하려고 자신을 격리시킨다. 충격과 상처를 피하기 위해 자기 주위에 벽을 쌓는다. 어떤 사람은 열두 살 때 부모에게서 정서적으로 돌아섰다고 말했다. 그는 부모가 무엇을 하든 무엇을 말하든 전혀 상관하지 않았다. 그는 감정적인 자극이나 반응에 아무 감각이 없었다. 또 어떤 사람들은 자신의 과거 생활을 도려내 버리고 미래에 대한 기대를 거부한다. 그들은 하루살이처럼 단지 눈앞에 놓인 현재만 살아갈 뿐이다. 중요한 것은 오늘이다. 그러는 것이 더 안전하다.

우리 가운데 또 어떤 사람들은 **반작용**을 한다. 거부의 고통에서 자신을 격리시키는 대신, 부모에게 나아가 사랑으로 그들을 질식시킨다. 부모가 우리에게 해준 모든 것에 은혜를 갚아야 한다고 느끼거나 자신을 거부한 부모에게 필요한 것을 공급하는 유일한 출처가 되기를 원하는데, 이는 놀라울 정도다. 어떤 사람은 심지어 부모의 행복을 자신의 가족보다 우선하기도 한다. 부모에게 우리가 할 수 있는 것 이상으로 지나치게 해주려는 것은 우리가 지닌 거부의 감정을 부인하는 것이며, 부모를 거부하고 싶은 무의식적인 욕구에 굴복하지 않도록 스스로를 지키려는 것이다.

거부에 대한 가장 보편적인 반응은 무슨 대가를 치르고서라도 인정을 받고자 하는 것이다.

거부는 결혼 생활에 어떤 영향을 끼치는가

당신이 거부당한 사람이라면 사랑과 용납에 굶주려 결혼했을 것이다. 즉, 당신이 거부당한 사람과 결혼했다면 굶주린 사람과 결혼한 것이다. 두 사람 모두 거부를 당한 사람이라면 조심하라! 서로를 향한 기대와 요구는 당신들을 좌절과 분노, 실망의 꼭대기로 이끌 것이다.

그러나 일단 결혼 관계에 들어서면 거부당한 사람은 지속적으로 용납과 관심, 애정을 갈구한다. 이것은 배우자에게 커다란 짐을 지우는 것이다. 배우자가 때때로 거부당한 사람이 기대하는 만큼 친밀한 애정을 보여 주지 못할 때, 그 사람은 다시금 거부당했다고 느낀다. 그러면 그는 우울해지고 화를 내거나 상처를 받고, 배우자에게 사랑과 용납을 더 많이 요구하게 된다.

거부당한 사람이 상대편의 사랑을 끊임없이 의심한다면 문제가 시작된다. 얼마 후에 배우자는 의심받는 것에 질려 이렇게 말한다. "당신이 믿고 싶은 대로 믿어요. 나는 확신시킬 도리가 없고, 그렇게 노력하는 것에 질려 버렸어요. 그만 포기할래요!" 물론 이것으로 말하는 사람의 좌절감은 잘 표현되었지만, 결국 더 큰 거부를 불러올 뿐이다. 사람들은 자신의 말이 의심받거나 자신의 사랑이 끊임없이 시험당하는 것을 좋아하지 않는다. 그러한 상황이 오랫동안 계속될 때 상대편은 화를 내게 된다. 그가 무엇을 하든 결코 충분하지 않다.

거부당한 어떤 사람들은 실제로 어린 시절에 겪은 것을 반복할 배우자를 구한다. 여러 해 동안 그들이 경험한 거리감과 학대에 친숙하고 편안해한다. 거부하는 처지에 있는 배우자가 인정이나 용납을 전혀 보여 주지 않으면 거부당한 사람은 자신에게 친숙한 예전 형태를 재현한다. 그들은 줄 것이 별로 없거나 전혀 없는 사람들에게서는 자신의 부적절성과 결핍 때문에 결코 용납을 얻지 못한다는 사실을 깨닫지 못한다. 그것은 마른 우물에 물을 구하러 가는 것과 같다.

거부를 극복하라

거부를 극복하려면 우리 자신과 예수 그리스도의 존재에서 출발해야 한다. 문제를 해결하기 위해 친구나 배우자와 같은 외부 자원에서 출발할 수는 없다. 다른 사람이 우리를 도울 수도 있겠지만, 무엇보다 우리의 모든 필요를 충족시킬 용납의 원천을 찾아야 한다. 예수 그리스도의 인격 안에 있는 이 원천은 갈등하는 사람의 변덕이나 결핍에 영향받지 않는다.

예수 그리스도께 인내와 힘을 구한 후에, 어린 시절에 용납과 인정을 받았지만 자신이 간과해 버린 경험을 회상하는 것으로 시작하라. 그것들이 거기 있다! 선택적 기억력은 새로운 주파수에 맞춰져야 한다.

자신이 언제 신뢰와 사랑, 용납, 희망을 경험했는지 특정한 시간을 기억할 수 있는가? 어쩌면 이스라엘 백성처럼 긍정적인 기억을 되새겨 보아야 할지도 모른다. 모세는 백성들에게 이렇게 상기시켰다. "네 하나님 여호와께서 이 사십 년 동안에 네게 광야 길을 걷게 하신 것을 기억하라 이는 너를 낮추시며 너를 시험하사 네 마음이 어떠한지 그 명령을 지키는지 지키지 않는지 알려 하심이라"(신 8:2). 이사야는 그의 백성을 이렇게 독려하였다. "너희는 옛적 일을 기억하라 나는 하나님이라 나 외에 다른 이가 없느니라 …… 나 같은 이가 없느니라"(사 46:9).

하나님 앞에서 내가 누구인지 기억하는 것은 때로 과거의 부정적인 기억을 지워 버리는 강력한 힘이 될 수 있다. 하나님은 생에 대한 부정적인 반응 방식을 도전하고 고치기 위해서 우리의 초점을 재조정할 것을 요청하신다. 이것이 어떻게 이루어질 수 있는가?

첫째, 자신의 사고와 기억의 방향을 바꾸라. "아무것도 염려하지 말고 다만 모든 일에 기도와 간구로, 너희 구할 것을 감사함으로 하나님께 아뢰라 그리하면 모든 지각에 뛰어난 하나님의 평강이 그리스도 예수 안에서 너희 마음과 생각을 지키시리라 끝으로 형제들아 무엇에든지 참되며 무엇에든지 경건하며 무엇에든지 옳으며 무엇에든지 정결하며 무엇에든지 사랑받을 만하며 무엇에든지 칭찬받을 만하며 무슨 덕이 있든지 무슨 기림이 있든지 이것들을 생각하라"(빌 4:6-8).

둘째, 부모의 태도와 부모에 대한 자신의 반응이 어떠한지를 파악하라.

셋째, 당신이 자신에게 하는 거부의 말들을 파악하고 변화시키라. 자기 비하와 자아비판은 과거의 상처를 되살려 나쁜 영향을 끼친다.

넷째, 지나칠 정도로 인정받으려 하고 있다면, 속히 멈추라. 당신의 기대를 낮추고 남을 만족시키려는 노력을 줄이라. 하나님이 이미 당신을 인정하셨음을 깨닫는 데서 반응을 시작하라. 자신에 대한 하나님의 관점 때문에 갖게 된 가치를 기억하라.

다섯째, 과거의 방법을 버리고 자신을 새롭고 긍정적인 방법으로 다루기로 결단하라.

자신에 대한 하나님의 관점을 항상 기억한다면 쓰라린 기억들과 왜곡된 메시지들을 극복하기가 쉬울 것이다. 우리 안에서 그 일을 하시는 이는 하나님이기 때문이다.

나는 누구인가? 하나님은 나를 어떻게 보시는가? 하나님은 나를 예수 그리스도의 보혈만큼 가치 있게 보신다.

> 너희 몸은 너희가 하나님께로부터 받은 바 너희 가운데 계신 성령의 전인 줄을 알지 못하느냐 너희는 너희 자신의 것이 아니라 값으로 산 것이 되었으니 그런즉 너희 몸으로 하나님께 영광을 돌리라(고전 6:19, 20).

> 너희가 알거니와 너희 조상이 물려준 헛된 행실에서 대속함을 받은 것은 은이나 금같이 없어질 것으로 된 것이 아니요 오직 흠 없고 점 없는 어린양 같은 그리스도의 보배로운 피로 된 것이니라(벧전 1:18, 19).

> 그들이 새 노래를 불러 이르되 두루마리를 가지시고 그 인봉을 떼기

에 합당하시도다 일찍이 죽임을 당하사 각 족속과 방언과 백성과 나라 가운데서 사람들을 피로 사서 하나님께 드리시고(계 5:9).

하나님은 우리를 철저히 아신다! 그분은 우리를 온전히 알고 계신다. "여호와께서 모세에게 이르시되 …… 너는 내 목전에 은총을 입었고 내가 이름으로도 너를 앎이니라"(출 33:17). "내가 너를 모태에 짓기 전에 너를 알았고 네가 배에서 나오기 전에 너를 성별하였고……"(렘 1:5). "나는 선한 목자라 내가 내 양을 알고 양도 나를 아는 것이 …… 나는 양을 위하여 목숨을 버리노라 …… 내 양은 내 음성을 들으며 나는 그들을 알며 …… 영원히 멸망하지 아니할 것이요……"(요 10:14, 15, 27, 28).

제임스 패커(James Packer) 박사는 다음과 같이 쓰고 있다.

> 나를 향한 하나님의 사랑이 온전히 실제적임을 알게 될 때 엄청난 자유를 얻는다. 그 사랑은 모든 면에서 나 자신의 가장 나쁜 면을 미리 아는 데 근거한다. 그렇기 때문에 비록 나는 자신에 대해 매우 자주 환멸에 빠지지만 주님은 내게서 그 어떤 추악한 것을 보실지라도 환멸을 갖지 않으신다. 그리고 나를 축복하고자 작정하신 것을 그치지 않으신다. …… 주님은 내가 그분의 친구가 되길 원하시며, 그분 자신이 나의 친구가 되길 원하신다. 그리고 이 목적을 깨닫게 하기 위해서 그분의 아들을 보내시고 나를 위해 죽게 하셨다.[3]

과거에 얽매이지 않고 자신과 평화를 누리며 사는 것은 우리가 어딘가에 소속되었다고 느끼는 때다. 우리는 필요한 존재이며, 바람직하고, 용납되며, 함께 즐기고 싶은 사람으로 느껴지기를 원한다. 우리는 "나는 중요한 사람이다", "나는 좋은 사람이다"라는 존재 가치를 느끼기 원한다. 또한 "나는 그것을 할 수 있다"라는 자신감을 느끼기 원한다.

이러한 감정은 필수적인 것이다. 그것들이 모아져 우리에게 정체감을 주기 때문이다. 그러나 온전하다고 느끼는 때는 자주 있지 않을 것이다. 이제 우리의 뿌리와 유산을 기억해야 할 때가 왔다. 우리는 하나님의 형상대로 지음받았다. 주님은 우리 안에서 자신의 일을 완성하길 원하신다. 우리가 믿음으로 하나님의 아들 예수 그리스도와 관계를 맺을 때 내적인 온전함에 대한 잠재력을 갖게 된다(골 2:10 참조).

> 하나님이 내 죄와 실패, 나의 무능, 무가치함 때문에 돌아서는 법 없이 나를 사랑하신다는 것은 기독교 메시지의 경이로움이다. 나는 이 두려운 우주를 떠돌아다니는 낯선 나그네가 아니다. 나는 우주의 광활한 공허 가운데 작은 조각의 표면을 기어 다니는 무가치하고 이상한 병균이 아니다. 나는 무자비한 장화에 짓이겨지기를 기다리는 이름 없는 벌레가 아니다. 나는 분노한 신의 불꽃 아래에서 움츠러드는 비참한 범죄자가 아니다. 나는 하나님께 사랑받는 자다. 나는 우주의 심장 그 자체를 경험했으며, 그분의 이름이 사랑인 것을 발견했다. 그리고 그 사랑은 내가 하나님의 호감을 얻을 만해서나 자랑할 만한 무엇이 있어서가 아니라, 단지 하나님 자신 때문에, 그리고 그리스도

께서 나를 위하여 아버지의 이름으로 행하신 일 때문에 나에게까지 이르게 되었다. 그리고 나는 하나님을 (이에 따라 나 자신에 대해서도) 믿을 수 있게 되었다. 그것은 아버지께로부터 오신 그리스도께서 그분의 가르침, 삶과 죽음, 하나님과 같은 그분 자신의 인격을 통해서 은혜로 충만하신 분임을 나타내셨기 때문에 가능했다.[4]

부모에게 인정받기

우리 중 어떤 사람들은 부모가 돌아가셨거나 분별력이 없으셔서 부모의 인정을 얻는 것이 거의 불가능하다. 그러나 부모에게 용납받기를 원하는 욕구는 결코 벗어날 수 없는 것이 사실이다. 심지어 이러한 욕구를 채우기 위해 스스로 자신에게 부모 역할을 하기도 한다. 그러나 그것으로 충분한가? 아니다. 하나님이 우리의 아버지, 즉 더 바랄 것이 없는 그런 아버지가 되신다는 사실을 깨닫는 것만이 우리에게 감정적으로 깊은 만족을 줄 수 있다.

우리는 "그가 사랑하시는 자 안에서 우리에게 거저 주시는 바"(엡 1:6)라는 말씀을 읽는다. 그러한 용납을 얻기 위해 대가를 치를 필요는 없다. 우리는 하나님께 순복했으며, 하나님은 우리를 그분께 합당하게 만드셨다. "하나님이 세상을 이처럼 사랑하사 독생자를 주셨으니"(요 3:16). 하나님은 우리를 사랑하시므로 받아 주셨다.

하나님은 우리를 그분의 아들이라 부르기를 기뻐하신다. 그것은 우리에게 하나님의 가족 안에서 예수님과 같은 위치를 부여한다. 우리는 하나님께 가치가 있는 사람인 것을 안다. 아무것도 아닌 존재에서 구속을 받았다. 하나님의 아들과의 관계에서 가치를 확인한다. 모든 죄를 용서받음으로 죄의식을 지워 버리며, 자신이 아무것도 아니라거나 나쁜 사람이라는 부정적인 감정을 극복할 수 있게 된다.

또한 성령을 위로자요, 안내자요, 힘의 근원으로 받아들임에 따라 확실한 자신감을 갖게 된다. 성령은 매일의 생활 가운데 동행하시며 우리가 경험해야 하는 상황을 주권적으로 통치하신다.

성령은 어린 시절부터 우리가 갖고 자라난 반항적인 습관과 감정적인 불안감에도 경건한 삶을 살고 하나님과의 관계를 유지해 나갈 수 있는 능력을 주신다. 성령은 우리의 능력이 되며, 그리스도인의 삶을 살게 하시고 하나님 안에서 가치 있는 존재라는 느낌을 갖게 해준다.[5]

이것은 새로운 성장이다. 즉 새로운 기억, 자신에 대한 새로운 메시지, 새로운 자기와의 대화, 외부와 새로운 관계의 시작이다. 그것은 가능하다.

성경의 진리에 따라 행하여 과거의 상처 받은 아이에게서 풀려나지 않겠는가? 하나님이 용납하시는 것과 같은 방법으로 자신을 보지 않겠는가? 당신 속에 있는 거부당한 아이로 하여금 삶을 지배하게 하는 것은 당신이 진정으로 원하는 것을 찾는 데 결코 도움이 되지 못한다. 자신을 가치 있고 사랑받을 만한 존재로 용납해야만 당신 역시 다른 사람에게 다시금 상처를 주고 폭력을 사용하고 싶은 욕망을 이길 수 있다.

부모에게 거부당했다면 문제는 당신이 아닌 부모에게 있다. 거부하는 많은 부모가 거부당한 경험이 있거나, 그 문제를 해결할 방법과 시간을 전혀 얻지 못했을 것이다. 그들은 단지 그것들을 당신에게 돌렸을 뿐이다. 당신 또한 자신의 거부를 다른 사람에게 향하고 있지 않은가? 어쩌면 그들이 미숙하여 부모가 될 준비를 하지 못했기 때문에 거부를 한 것인지도 모른다. 대부분의 사람들은 결혼하고 자녀를 낳지만, 그것은 가장 쉬운 부분에 지나지 않는다. 아이를 기르면서 그 아이를 사랑하고 필요를 채워 주는 것은 저절로 되지 않는다. 당신의 부모는 사랑하고 돌보는 능력이나 노력이 부족했을 수도 있다. 부모가 되는 데는 인격의 깊이와 성숙, 지혜, 인내가 필요하다. 어쩌면 그런 것들이 당신의 부모에게 없었는지도 모른다.

부모가 당신에게 나름의 기대를 갖는 것을 마음으로 허용하라. 자신에게 이렇게 말하라. "부모에게 인정받는 것은 좋지만 그러지 못한다 해도 그것이 온 세상을 뒤흔들 만큼 끔찍한 일은 아니다. 나는 하나님께 인정받고 있고, 다른 사람과 나 자신에게 인정받고 있다. 나는 완전하지 않으며 또한 완전해지지도 못할 것이다. 그러기에 하나님은 아들을 주시기까지 나를 책임져 주셨다."

당신과 부모가 서로에게 갖는 기대를 열거해 보라.

1. 부모가 당신을 용납하기 위해 당신에게 기대하는 것을 열거하라.
2. 당신이 자신에게 갖는 기대를 열거하라. 그중 자신이 기대하는 바는 어떤 것이며, 다른 사람이 기대하는 바는 어떤 것인가?
3. 부모를 향한 당신의 기대를 열거하라.
4. 1번에 열거한 기대 가운데 어떤 것을 부모와 이야기해 보았는

가? 자신이 용납받지 못한다는 느낌을 부모에게 나눈 적이 있는가? 어떤 부모와는 이것이 가능하고 어떤 부모와는 가능하지 않다. 당신이 결정해야 할 것이다.

거부당한 아이의 모습으로 사는 것은 대가가 크다. 앞에서 제안한 것처럼 자신의 분노와 쓴 마음을 반드시 표현하라. 부모가 변할 것이라는 환상을 포기하라. 부모가 불행하다면 불행의 뿌리는 당신에게 있는 것이 아니라 그들 자신의 과거에 있다. 당신은 부모가 어린 시절에 얻지 못한 것을 결코 보상해 줄 수 없다. 당신은 그들에게 일어난 일이나 그들과의 관계에서 일어난 일들을 결코 없앨 수 없다. 그러나 자신을 위하여 자신의 삶을 살 수 있고, 풍요의 원천이 되시는 예수 그리스도의 임재를 누릴 수 있다.

당신의 부모가 하던 식으로 행동하여 과거의 상처들을 계속 열어 보는 일을 멈추라. 사랑을 베풀 능력이 있는 자들에게 용납과 인정, 사랑을 구하라. 이것은 당신 자신이 사랑스럽게 되는 것을 포함한다.

사랑으로 자신을 감싸라

부모가 사랑하고 용납해 준 기억이 없는데 어떻게 자신이 사랑받고 용납받는다고 느낄 수 있을지 궁금할 것이다. 부모와 함께한 어린 시절의 사랑스런 추억이 있는가? 아마 없을 것이다. 기억력은 선택적이어서 자주 겪은 고통스런 기억이 긍정적인 기억을 지워 버리는 경향이 있다. 그러나 자신을 사랑으로 감쌀 수 있다. 여기에 여러 사람을 도운 몇 가지 제안이 있다.

사진첩에서 어린 시절 사진을 찾아보라. 사진을 보면서 기억 속에 떠오르는 상처나 거부에 집중하지 말라. 그보다 즐거운 경험을 떠올리라. 다른 사람들이 당신에게 사랑과 용납, 칭찬을 해준 일을 생각하라. 자신이 사랑받은 때를 기억하라.

이제 사진첩을 덮고 어린 시절의 사진 하나를 눈에 그려 보라. 자신을 방 한구석에 있는 아이라고 생각하라. 그 아이가 되어 무엇이 필요한지 느끼며 경험해 보라. 그리고 그 아이에게 다가가 그를 들어 올려 무릎 위에 앉히라. 그 아이가 듣기 원하고 들어야 한다고 생각되는 것을 모두 아이에게 말하라.

하워드 하편 박사는 어떻게 자신을 사랑으로 감쌀 수 있는지 두 가지 실례를 들어 말한다.

아버지에게 한 번도 사랑받은 적이 없다고 느끼는 한 사십 대 남자가 소년 시절의 자신을 무릎 위에 앉히고 이렇게 말했다. "너는 좋은 아이야. 너는 재미있고 따뜻하고 감성적인 아이야. 너에게는 강한 힘과 자신감이 필요하니, 내가 너에게 강해지는 법과 싸우는 법을 가르쳐 줄게. 나는 너에게 원하는 것을 얻는 데 두려워하지 말라고 가르칠 거야. 나는 너를 사랑하고 네가 강하고 능력 있으며 행복해지기를 원하기 때문에 그렇게 할 수 있어. 내 사랑을 네게 주마." 그는 자기 무릎 위에 있는 아이인 자신에게 이렇게 말하면서 자신 속에 있는 아이가 아버지에게 원한 것과, 그렇게 원하는 것을 얻지 못했다는 사실을 발견했다. 그리고 지금 이것을 자기 자신이 얼마나 더 많이 줄 수 있는지를 배웠다.

부모가 냉정하고 사랑이 없었다고 느끼는 서른 살 정도의 우울하고 자기 비하적인 여성이 어린 시절의 자신을 팔에 안고서 눈물을 흘리며 이렇게 말했다. "오, 내 사랑하는 어린 딸아. 너는 정말 착해서 네가 말썽을 부릴 때도 난 너를 좋아한단다. 놀라지 말고 부끄러워하지 마. 꿋꿋하게 너 자신을 나타내렴. 내가 네게 비밀을 말해 줄게. 넌 언제나 내가 원하고 꿈꾼 바로 그 어린 딸이야. 네가 여기 살아 있는 게 나는 얼마나 기쁜지 몰라." 그 여성은 자기 속에 있던 아이가 그렇게도 절실히 원했으나 결코 받지 못한 것을 느끼게 해준 것이다. 그리고 그 아이를 양육하는 법을, 좀 더 간단히 말해서 자기 자신에 대해 긍정적으로 반응하는 법을 배운 것이다.[6]

자신의 경험을 그려 보는 동안 예수 그리스도께서 친히 한 손을 당신 어깨 위에, 다른 한 손을 그 아이의 어깨 위에 올려놓고 함께 계신 것을 눈으로 그려 보라. 당신이 그 아이에게 말하는 것을 끝낼 때 예수께서 이렇게 말씀하시는 것을 들으라. "내가 너희를 조건 없이 사랑한다는 것을 너희 둘 모두 알길 원한단다. 이것 때문에 너는 자신을 사랑할 능력을 얻고, 심지어 너를 사랑하지 않는 사람도 사랑할 수 있는 힘이 생기게 된단다."

실제로 당신이 하고 있는 것은 부모의 역할을 재연하는 것이다. 그리고 이렇게 하는 데 흥분되는 사실은 자신이 자기 자신에게 다른 사람보다 훨씬 사랑이 많은 부모가 될 수 있다는 것이다. 당신의 자아가 당신을 사랑하도록 허용하라.

부모들은 그 당시 그들이 가진 능력에 따라서 당신을 사랑했다. 그 사실을 꼭 기억하라. 그들은 스스로 자신의 부모 역할을 재연할 기회를 갖지 못했다. 당신이 부모의 내적 아이를 이해할 수 있다면 도움이 될 것이다. 부모의 어린 시절을 실제로 얼마나 알고 있는가? 부모들이 그렇게 된 충격적인 일들과 전통, 가정적인 갈등, 가족의 경험은 무엇인가? 그들의 사회적인 혹은 경제적인 어려움은 무엇이었는가? 그들은 기독교를 어떻게 생각했으며, 부모들과 교회는 그들에게 얼마나 엄격했는가? 이런 것을 당신은 아는가? 모른다면, 그리고 당신의 부모가 살아 계시다면, 이러한 질문들에 대해 그들과 이야기할 수 있겠는가?

부모에게 직접 대답을 들을 수 없다면 이모나 고모, 삼촌이나 외삼촌에게 대답을 얻을 수 있을 것이다. 최근에 나는 외삼촌에게 300쪽에 달하는 책을 받았는데, 작은 출판사에서 출간된 책으로 지금은 절판되었다. 외삼촌은 70대에 이르러 옛날 농장에서 살던 자신의 소년 시절을 글로 쓰기로 결정하였다. 어머니는 외삼촌과 나이 차이가 별로 없었기 때문에 외삼촌이 쓴 책의 많은 부분이 어머니에 대한 이야기를 포함하고 있었다. 농장 생활과 경제적 어려움, 힘든 노동, 가정의 전통에 대한 기록은 매우 흥미로웠다. 이를 통해 내가 모르던 정보들이 드러났고, 어머니를 더 잘 이해하는 데 도움이 되었다.

당신의 부모를 어린아이 때 모습으로 바꾸어 바라보라. 어린아이로서 그들이 느끼는 것을 함께 느껴 보라. 그들은 어떻게 통제당했는가?

그들이 받은 압력과 불안정은 어떤 것이었는가? 남자나 여자에 대해 그들은 어떻게 배웠는가? 해결되지 못한 그들의 갈등은 무엇인가? 그들은 자신의 부모에게 진정으로 어떻게 느끼고 있는가?

당신 부모의 어린 시절 사진 중 가족과 함께 있는 것을 찾아보라. 가족사진에서 무엇을 느낄 수 있는가? 그들의 표정이나 몸짓은 어떠한가? 그들은 앉아 있는가, 서 있는가? 부모들은 형제자매들과 어떤 관계를 맺고 있었는가? 그들은 사랑스럽고 따스한가? 아니면 차갑고 거리감이 있으며 경쟁적인가? 용납하고 후원하는 관계였는가? 가족의 손실(죽음, 이혼, 자녀의 가출 등)이 당신의 부모에게 어떠한 영향을 주었는가? 사진에서 볼 때 당신의 부모는 다른 사람들과 어떤 관계를 맺고 있는 것처럼 보이는가? 그들은 편안한 모습인가, 경직되어 있는가? 웃고 있는가? 다른 사람에게 장난을 치고 있는가? 이제 부모의 결혼사진과 결혼 초기 사진을 찾아보라. 처음 결혼했을 때 그들의 희망과 꿈은 무엇이었는가? 당신 부모의 과거와 현재의 필요는 무엇인가?

부모의 문제를 어느 정도 이해하는 것은 당신을 자유롭게 풀어 주어 당신 자신의 삶을 사는 데 도움을 줄 것이다. 그들이 당신을 그런 식으로 대한 것은 매우 유감이지만, 그렇다고 그들이 정해 준 틀대로 계속 살아갈 것인가? 당신은 하나님이 부여한 형상을 따라 자유로이 살 수 있다. 당신은 소중한 존재이며, 가치 있는 존재라고 선포되었다.

자신에 대한 부모 역할을 재연하기

이제 자신에 대한 내적 신념들을 다시 구성하는 과정을 시작할 수 있다. 당신은 어쩌면 자신의 가치 있는 행동에 점수를 주지 않을지도 모른다.

당신이 하는 긍정적인 행동의 목록을 만들라. 당신의 건전하고 긍정적인 행동에 점수를 주라. 약점과 부족함에 주의를 집중하지 말라. 우리는 모두 약점이 있으며, 때가 되면 약간은 그 약점을 고칠 수도 있다. 물론 어떤 것은 고치지 못할 수도 있다. 당신의 생애에서 지금 이 모습으로 있는 것을 스스로 칭찬하고 감사하라. 당신 자신에게 이렇게 말해 보라. "자, 오늘 내가 한 일에 대해 감사해 보자. 나는 그럴 수 있어. 그 행동은 긍정적이고 가치 있는 것이었으니까. 나는 하나님이 나와 함께 계시면서 나의 가치와 소중함을 나 자신과 다른 사람에게 표현하도록 도와주고 계심을 알아."

당신에게 이런 말이 이상하게 들릴지도 모른다. 그러나 당신이 결단하고 한 달 동안 매일 이렇게 말한다면 어떻게 느낄지 궁금하다.

당신은 다른 사람과 친밀한 관계를 맺기 위해 손을 뻗어야 할 것이다. 당신이 고슴도치의 겉옷을 벗고 위험을 감당하기 시작한다면, 다른 사람들이 이전보다 긍정적으로 당신을 대하는 것을 발견할 것이다(그들 중 많은 사람은 당신에게 긍정적이었지만, 당신 마음속에 있는 의심의 벽 때문에 그것을 볼 수 없었다).

다른 사람들에게 자신을 천천히 자신 있게 개방해야 할 것이다. 비록 혼란스럽고, 어쩌면 전혀 그러고 싶지 않을지 모르지만 한번 해보라. 다른 사람에 대한 기대를 낮추라. 그들도 한낱 인간이다. 100퍼센트의 성취와 완전한 용납을 기대한다면, 당신은 실망할 것이다. 다른 사람들은 찬성하지 않을 권리가 있고, 심지어 당신에게 약간 화를 낼 권리도 있다. 그러나 그것이 당신을 배척하거나 좋아하지 않음을 의미하지는 않는다. 당신 역시 자기 자신에게 화를 내면서도 자신을 거부하지 않을 권리가 있다. 그것은 가능하다. 우리는 거부당한 사람들이 아니다. 우리는 용납된 자들이다. 당신의 삶을 거부당한 사람이 아닌 용납된 자로 살아가라. 그것은 노력할 가치가 있다.

7장
완전주의에서 탈피하라

우리는 대부분 성공하고 싶어 한다. 우리 가운데 어떤 사람들은 이런저런 조건을 만족시키는 것이 성공이라고 믿는다. 그럴 경우, 일을 훌륭하게 해내는 것보다는 완전하게 해내는 것에 마음을 빼앗긴다. 목표가 클수록 기쁨은 줄어든다. 완전주의는 정신적 괴물이 되어 버린다.

 자신이 매우 훌륭하다는 것을 증명하기 위해 완전주의자는 불가능한 일을 해내고자 애쓴다. 그들은 높은 목표를 세우고 그것을 성취하지 못할 이유가 없다고 생각한다. 그러나 곧 스스로 세운 힘든 목표 때문에 질려 버린다. 완전주의자의 기준은 매우 높아서 아무도 그것을 성취할 수 없다. 그 기준은 달성될 수 없고 이성을 초월한다. 성취하려는 노력은 계속되지만 목표를 달성할 수는 없다. 그들은 자신의 가치가 이러한 목표의 성취 여부에 따라 결정된다고 생각한다.

 2장에서 말한 것처럼, 완전주의자는 대체로 가정에서 부모에게 용납받으려면 자신의 가치를 증명해야 한다고 느끼며 자란 이들이다. 당신이 과거와 화해해야 한다면 초점을 맞추어야 할 또 하나의 성격적 특징이 여기에 있다.

완전주의의 쳇바퀴

마리의 가정은 하나의 진열장이다. 가구, 실내 장식, 잡지, 모든 것이 완벽하게 정돈되어 있다. 커튼은 조금도 치우친 데 없이 고르게 잘 드리워져 있다. 그림들은 정확하게 몇 센티미터 높이에 똑같이 걸려 있다. 주변 환경에서 마리의 완전주의가 여실히 드러나듯이 이 집에서는 어느 것도 규격을 벗어난 것이 없다. 마리는 다른 가족들이 질서를 지키고 흠 없는 집을 유지하도록 끊임없이 자신을 몰아붙였다.

마리는 세밀한 부분까지 관심을 보이고 모든 일에 아주 정확했지만, 결코 충분하다고 느끼지 못했다. 언제나 '좀 더 나을 수 있어'라고 느꼈으며, 자신의 일은 무엇이나 낮게 평가했다. 손님들이 칭찬을 쏟을 때마다 기쁨으로 가득 찼지만, 결코 만족이 지속되지는 않았다. 마리는 늘 스스로에게 '좀 더 잘할 수 있었는데!'라고 말했다. 마리는 매력적인 가정을 만드는 데 성공한 것처럼 보였지만, 사실은 '성공한 실패자'였다.

불행하게도 마리가 진열장을 유지하는 데 투자하는 시간은 지나치게 많았다. 마리는 완전주의자였다. 기준이 매우 높았다. 틀림없이 부모의 기준도 높았을 것이며, 마리는 완전주의자가 되도록 키워졌을 것이다.

완전주의는 도둑과 같다. 어느 정도 보상을 주지만 실상은 기쁨과 만족을 훔쳐 간다. 마리의 마음에는 낡고 오래된 테이프가 계속 돌아가고 있었다. '그건 충분치 않아. 네가 좀 더 잘하면 어느 정도 인정받을 거야. 열심히 노력해 봐. 그렇지만 실수하지는 마.' 마리는 결코 멈추지 않는 쳇바퀴 속에 있었다. 마리가 자신을 다른 사람과 비교했을 때, 스스로를 어떻게 느꼈을지 추측해 보라.

자신에게 완전을 요구할 때 우리는 자기 삶에 일단의 규칙을 부과한다. 이러한 규칙은 종종 "나는 반드시 ……해야만 한다"는 형태다. 우리는 태어나는 순간부터 충고와 경고, 해야만 하는 것, 주의할 것, 그리고 지시 사항에 둘러싸인다. 해야만 하는 것 중 몇몇은 우리가 어릴 때 생긴 것으로, 성인이 되고 나서까지 완전하게 성취하도록 자신을 촉구한다. 완전하고자 하는 욕구는 이상한 친구와 함께 다니는데, 그 친구는 바로 실패에 아주 민감한 마음이다. 완전주의자가 실패하거나 최선을 다하지 못했을 때 느끼는 고통은 기준이 높을수록 훨씬 강렬해진다. 성취와 기준 사이의 거리가 멀수록 고통의 정도는 커진다.

완전주의자는 어떻게 생각하는가

완전주의는 행동 유형이라기보다는 태도나 신념이다. 그 신념 중 하나는 평범은 **경멸스럽다**는 것이다. 평범하다는 생각은 용납될 수 없다. 심지어 정원을 가꾸거나 점심을 대접하는 것도 최고여야 한다. 완전주의는 최고의 부부 관계, 최고의 대화 수준, 가장 우수한 자녀들, 결혼 생활에서 최고의 의사소통, 최고급 요리까지 이른다. 완전주의자가 다른 가족에게 요구하는 기준은 견디기 힘든 수준이며, 그래서 가족에게 자주 실망한다. 다른 사람과 경쟁하는 것이 아니라, 실제로는 '너는 더 잘할 수 있어'라는 내적 메시지에 반응하는 것이다.

종종 완전주의자는 모든 것을 다 하거나, 전혀 아무것도 하지 않는다. "나는 완벽하게 다이어트를 하든지, 아니면 전혀 하지 않아." "나는 테니스를 배워서 전문가가 되든지, 그렇지 않으면 아예 배우지 않을래." 어떤 계획이나 활동을 시작했는데 계속할 수 없는 상황이 생기면, 완전한 형태는 부서져 버리고 그는 완전히 포기하고 만다. 모든 것이 아니면 아무것도 아니라는 이러한 신념은 조금씩 발전하는 과정을 수용하기가 어렵다.

또 다른 신념은 **탁월함은 노력 없이 오는 것**이라는 생각이다. 어떤 사람이 참으로 뛰어나다면, 아무리 어려운 일일지라도 쉽게 해결하고 말 것이다. 그 사람은 순간적으로 알아차릴 수 있어야 하고 현장에서 바른 결정을 내릴 수 있어야 한다. 즉 자연스럽게 그렇게 한다는 말이다. 그리고 계획이 뜻대로 진행되지 않는다면 즉시 미룬다.

또 다른 신념은 **혼자 해내는 것**이다. 위임이나 도움을 요청하는 것은 약점의 표시다. 모든 것을 혼자 해내야 하며 충고나 의견을 구해서는 안 된다. 완전주의자는 일하면서 혼자 고통을 겪거나, 그 일을 제대로 할 수 없을 때는 미루고 지연시킨다. 완전주의자는 어리석거나 부적절하게 보이는 것, 혹은 무엇을 해야 할지 모르는 것에 대한 두려움과 더불어 산다. 따라서 그는 자신의 내적 생각과 감정, 특히 두려움이나 우려하는 것을 숨긴다. 그는 다른 사람들이 자신을 있는 그대로 받아들이지 않으리라고 느끼며, 이러한 장벽은 그에게서 인간적인 따스함을 빼앗아 버린다.

어떤 사람이 한번은 나에게 이렇게 말했다. "완전주의를 빼놓으면 내게 뭐가 남겠어요? 나는 평범하고 별 볼 일 없는 사람이 되고 말 거에요. 누가 그걸 원하겠어요? 저는 계속 노력해야 해요. 언젠가는 목표에 도달할 테니까요. 저는 저 자신을 밀어붙일 때 더 잘하는 걸요."

완전주의자가 가질 수 있는 또 다른 신념은 **어떤 일을 성취하는 바른 길은 하나뿐**이라는 것이다. 주된 과제는 바로 옳은 길을 발견하는 것이다. 그리고 그것을 발견할 때까지는 시작하기를 망설인다. 무엇 때문에 잘못된 선택을 하겠는가? 이 때문에 심지어 어떤 사람들은 결혼을 결단하지 못하기도 한다. 잘못된 선택을 원치 않기 때문이다.

완전주의자는 보통 이인자가 되는 것을 견디지 못한다. 이것은 그가 경쟁적임을 나타낸다. 그러나 누군가가 물어본다면 그는 시인하지 않을 것이다. 반면에 그는 지는 것을 싫어하는 나머지, 다른 사람과 직접 경쟁해야 하는 활동을 피하는 경향이 있다. 그 대신 자신과 경쟁한다. 그는 다른 사람과 경쟁하기를 원하지 않으며, 따라서 최고가 되기를 원하지 않는다. 어떤 사람들은 이 원리를 약간 변형시킨다. 그들은 실패가 명백해질 때까지 일을 지연시킨다. 그러면서도 아직 하려고만 하면 최고가 될 수 있을 것이라는 신념을 붙들고 있다. 이것은 보편적인 보호책이다. 완성되지 않은 것은 무엇이든 실패 단계에 있다. 그들은 단기적인 목표를 믿지 않기 때문에 최종적으로 완성된 것이 아니면 아무것도 성취되지 않은 것으로 본다. 한 저자는 그것을 이렇게 표현했다.

완전주의자는 그들이 하는 일을 절대적으로 생각하는 경향이 있다. 게다가 그들은 종종 파국적으로 생각한다. 즉, 작은 실수 하나를 가지고도 반사 작용이 어마어마해질 때까지 결과를 과장한다. 그들은 한 가지 사건에 대해서도 마치 그것이 종말의 시작이거나 파멸을 가져올 것처럼 반응한다.

이러한 파국적인 기대는 대부분의 사람들 마음속에 있듯이 이름을 알 수 없는 막연한 것일 때 더 위협적이다. 그들은 "내가 완전하지 않다면 내 마음은 비참해질 거야"라고 말한다. 그러나 구체적으로 어떻게 삶이 비참해진다는 말인가? 미루기를 잘하는 사람이 자신을 따라다니는 이름 없는 공포의 환상을 표현하는 것을 보는 일은 종종 흥미롭고 도움이 되기도 한다. '내가 완전하지 못하다면 무슨 일이 일어날까?'라고 자신에게 물어 보라. 특별한 인물이 되지 못한다는 생각에 대해 당신이 느끼는 일반적인 절망감 말고, 구체적으로 어떤 것을 예측할 수 있는가? 일이 얼마나 나빠질 것인가? 마지막 파멸에 이르기까지 어떤 사건이 잇따라 일어날 것인가?[1]

완전주의자는 수많은 무언(無言)의 규율 아래 산다. 이러한 규율은 삶에 강력한 영향을 주고 막대한 스트레스를 야기한다. 여기 가장 일반적인 것 몇 가지가 있다.

결코 실수해서는 안 된다.
결코 실패해서는 안 된다.

신중을 기해서 늘 성공해야 한다.

완전주의자의 사고 흐름은 대강 이러할 것이다. '나는 실수를 했어. 그건 형편없는 일이야. 나는 결코 실수하지 말아야 했어. 다음번에는 계획을 다르게 세울 거야. 만약 실수를 한다면 나는 완전하지 않은 거야. 다른 사람들이 나를 뭐라고 생각할까? 내가 어리석고 약하다고 생각하겠지. 다른 사람들이 나를 높게 평가해 주어야 하는데. 그들이 내 약점을 알아서는 안 돼. 그건 끔찍한 일이야.' 이러한 생각은 스트레스와 긴장, 지연(遲延), 그리고 우유부단함까지 초래한다.

이러한 규율은 깊이 자리 잡은 신념에서 온다. 변화를 일으키려면 그 규율에 계속 도전해야 한다.

당신의 규율이 "나는 언제나 최선을 다해야 한다"라는 것이라면, 그 뒤에는 또 다른 규율이 있을 것이다. "내가 최선을 다하지 않는다면 그건 끔찍한 일이다"라는 규율 말이다. 그 규율은 이렇게 변화되어야 한다. "나는 최선을 다하는 것을 더 좋아하지만, 완전하지 않은 것도 괜찮다. 내가 최선을 다할 때 더 자부심을 갖지만, 그러지 못할 때 괜찮게 느끼는 것도 배울 수 있을 것이다. 비록 내가 최선을 다하지 못한다 해도 나 자신을 허용할 수 있다."

도전해야 하는 또 다른 규율은 이것이다. "다른 사람들이 볼 수 있는 실수는 결코 하지 말아야 한다. 그런 일이 생긴다면 나는 견디지 못할 것이다." 이 규율은 이렇게 변화될 수 있다. "나는 다른 사람들 앞에서 실수하지 않는 것을 더 좋아하지만 실수한다고 해서 끝장나는 것은 아니다. 나는 견딜 수 있다. 다른 사람들은 내가 생각하는 것만큼 비판적이지 않다."

누군가가 이렇게 말한다면 당신의 반응은 어떻겠는가? "당신은 확실히 평범한 환경에서 사는군요. 집은 아주 평범하고 차도 뛰어난 게 아니네요. 옷 입는 것도 보통이고요. 실상 당신은 아주 평범한 사람이군요. 제가 보기에 당신은 인생 가운데 어떤 분야에서도 앞서가는 것 같지 않아요." 이 말이 어떻게 느껴지는가? 거슬리는가? 모욕을 당한 느낌인가? 화가 나는가? 방어적이 되는가? 수용할 것인가? 만족하는가? 슬픈가? 낙담되는가? 아니면 기분이 좋은가? 완전주의자라면 화가 나서 어쩌면 폭발할지도 모른다. 어떤 사람들은 이렇게 말할 것이다. "네, 당신 말에 동의합니다. 저는 이 정도 노력과 능력과 성취에 만족합니다. 저는 저 자신이, 그리고 제가 얻은 것이 좋습니다. 저는 삶을 즐깁니다." 그러나 완전주의자는 그렇지 않다.

완전주의자는 미루기를 잘하는 사람일 수 있다

완전주의자에게는 위험 부담이 없는 확실성이 필요하다. 그는 결과가 확실한 행동만 편안하게 느낀다. 확실성이 결여될 때 그는 바른 결정에 대해 걱정하면서 실제로 자신을 힘들게 만들 수 있다. 그는 실패를 두려워하므로 성공을 확신하지 않으면 어떤 것도 성취하려고 시도하지 않을 것이다. 따라서 그는 대략 세 가지 형태로 반응할 것이다.

1. 성취할 것이라고 확신하지 못하는 과제는 피한다. 또는 주위 사

람에게 부정적인 영향을 끼칠 만큼 극도로 열심히 일할지도 모른다.
2. 질문이나 방해에 화를 내며 거부할지도 모른다. 그의 경직성은 시멘트로 굳혀 놓은 것 같다. 그의 성품과 반응은 상하기 쉽다.
3. 많은 시간이 필요한 일을 마지막 순간까지 기다렸다가 허겁지겁 시작할지도 모른다. 이것은 사실상 그에게 피할 길을 제공해 주는 구실이 된다. "물론 나는 일을 제대로 해내지 못했어. 시간이 없었지. 그걸 해내기에는 너무 늦게 일을 시작했어." 사실상 절반은 미리 계획된 비효율적 시간 관리였다. 좀 천천히 잘하겠다는 명목으로 차일피일 일을 미루는 것이다.

당신은 지연시키는 사람인가? 항상 일을 미루는가? 당신의 표어는 "내일까지 미룰 수 있는 일을 왜 오늘 하는가"인가? 물론 미루는 것이 언제나 나쁜 것은 아니다. 우리는 모두 경우에 따라 의식적으로 어떤 결정이나 일을 지연시키기로 선택하기도 한다. 그러나 미루는 것이 생활 방식이라면 그것은 다른 문제다.

사람들은 왜 미루는가? 몇 가지 이유를 언급했다. 다섯 가지 이유를 더 생각해 보자.

1. 어떤 사람들은 여러 '한계' 때문에 결정이나 행동을 지연시킨다. 신체적인 문제 때문에 앞으로 나아가는 것이 어려울 수도 있다.
2. 미루는 또 다른 이유는 '무지'(無知) 때문이다. 무엇을 하는지 또

는 무엇을 해야 하는지 모른다.

3. '전략'이 지연의 또 다른 이유일 수 있다. 사업가는 판매하기 전에 시장이 충분히 조성될 때까지 기다린다. 연구 보고서에 1월이 좋은 반응을 얻을 시기라고 되어 있기 때문에 새로운 홍보물 발송을 연기하기로 결정한다. 한 여성은 가게에 가는 것을 미룬다. 그렇게 해야 같은 날, 같은 지역의 다른 세 가게에서 볼 일을 한꺼번에 처리할 수 있기 때문이다.

이러한 지연은 우리 모두 이해하고 받아들일 수 있다. 이들 하나하나에는 타당한 이유가 있다. 그러나 다른 두 가지 지연 유형이 있는데, 그것은 건전한 이유보다는 심리적인 어려움에 근거한다.

4. 미루는 것의 네 번째 유형은 '불편함을 회피하는 것'이다. 그 일의 어떤 부분에 불편을 느끼기 때문에 미룬다. 이것은 즐겁지 않은 일에만 국한되는 것이 아니라 즐거운 일도 포함될 수 있다. 그 일에 약간의 충돌만 있어도 "도대체 이 일은 할 가치가 없어!"라고 느낀다.

그 사람은 그 사건이나 일을 실제로 경험해 본 적이 없을지도 모른다. 그러나 예상되는 골칫거리만으로도 충분하다. 심지어 머릿속에서 불편함을 확대하려는 경향이 있다. 그 일을 해내는 데 30분이 걸린다면 그는 그 일이 1시간 반 이상 걸리는 것처럼 생각한다. 밖에 눈이 오기 때문에 스키를 타기 위해서는 옷을 따뜻하게 입어야 한다면, 그는 스키를 즐기기에 너무 춥다고 결론 내린다. 바깥 날씨가 영하 10도라면 그는 영하 20도 정도로 본다.

그 사람은 이렇게 지연할수록 자신의 인식이 정확하다고 확신한다. 작은 일들을 회피해 버리면서 일이 쌓이기 시작한다. 일을 단지 지연시킬 뿐만 아니라 아예 잊어버리기도 하는데, 그것은 숱한 부정적인 결과를 초래한다.

5. 지연의 다섯 번째 이유는 '자신에 대한 의심'이다. 이것은 자기혐오, 낮은 자존감과 관계된 태도로, 변화될 수 있다. 그는 자신을 어떤 면에서 부족한 사람으로 본다. 자신의 잘못은 실제 이상으로 확대시킨다. 자신의 삶을 바라보고 평가하며, 부족하다는 결론에 이른다. 그는 자신의 결점을 상상하고 고양시킨다. '나에게 결함이 있고 부족하다면, 무엇 때문에 노력해야 하지? 나는 실컷 노력하고 내 얼굴에 먹칠할 만큼 어리석진 않아.' 이것은 하나의 의식적인 사고일 수도 있고, 의식 밑에 깔린 무의식의 형태일 수도 있다. '무엇 때문에 애쓰지? 결국은 내가 할 수 없다는 걸 증명하는 꼴이 될 텐데! 그건 진짜 실패를 경험하는 것보다 더 낭패인 걸.'

어떤 사람은 자신을 의심하는 상태가 지속적이고, 또 어떤 사람은 사건에 따라 선택적이며, 또 어떤 사람은 유동적이다. 그것은 분위기나 느낌, 상황, 환경, 혹은 개인이 속한 사회 집단의 사람들이 누구인지에 따라 달라질 수 있다.

지연시키는 동기를 즐겨 혼합하는 사람들이 있다. 그들은 자기 의심과 불편함에 대한 회피를 함께 뒤섞어서 지연시키는 견고한 근거를 만든다.

당신이 완전주의자이며 지연시키기에 명수라면, 당신이 회피하는 것은 무엇인가? 지연시키는 삶의 영역이나 상황은 무엇인가? 지연시키고 싶은 마음을 없애 버리고 싶다면, 당신이 회피하거나 지연시키려는 생활 영역의 목록을 만들라. 충분한 시간을 들여 되도록 완전한 목록을 만들라. 이제 시험지 한 장을 꺼내어 네 부분으로 나누라. "성취 점검표"라고 이름을 붙이라(표1을 보라). 왼쪽 위에는 보통 책임을 미루는 일들을 중요도에 따라 열거해 보라. 오른쪽 위에는 개인적인 발전을 위한 일들 중에서 미루는 활동을 중요도에 따라 열거해 보라.

이제 왼쪽 아래에는 세 가지를 적으라. 윗부분에 있는 과제들 중 하나를 택하여 언제까지 끝낼지를 표시하라. 그런 후 그 일을 하지 못하게 방해하는 것이 무엇인지 적으라. 자기 의심인가? 불편함을 회피하려는 것인가? 끝으로, 열거한 과제를 성취하기 위해 거쳐야 할 서너 단계를 적어 보라. 오른쪽 위에 열거해 둔 개인적인 자기 발전 과제에도 이 과정을 반복하라.

완전주의자로서 지나치게 높은 기준을 세우는 것은 당신 삶에 우울증을 가져오는 확실한 방법이다. 이 세상에서 '완전'은 불가능하기 때문이다. 그것은 마치 두 문 중 하나를 선택하는 것과 같다. 하나에는 '완전주의'라고 쓰여 있고, 다른 하나에는 '보통' 혹은 '보통 이상'이라고 쓰여 있다. 당신이 '완전주의'의 문을 열면 벽돌로 된 벽에 부딪

히게 된다. 각 벽돌은 완전을 성취하지 못하도록 막는 장애물이다. 그러나 다른 문을 열면 아무런 벽도 없다. 그 문으로 들어가면 성장과 균형 잡힌 삶으로 인도된다.

책임을 미루고 있는 일	자기 발전을 위한 것 중 미루고 있는 일
1. 쓰레기 치우기 2. 편지 답장하기 3. 교회의 자선 바자회 준비하기 4. 자동차 엔진 점검하기	1. 몸무게 3킬로그램 줄이기 2. 일주일에 하룻밤은 아이들과 함께 시간을 보내며 대화하기 3. 직무에 대해 상사에게 이야기하기
완성해야 하는 일과 마감일 다음 주일까지 창고에 있는 상자 12개를 정리한다.	**완성해야 하는 일과 마감일** 3개월 동안 몸무게를 3킬로그램 줄인다.
방해 요소 1. 그 일을 좋아하지 않는다. 2. 그 일에 지나치게 많은 시간이 든다고 생각한다. 그것을 어디다 두어야 할지 모르겠고, 아내의 의견도 모르겠다.	**방해 요소** 1. 먹는 것을 즐긴다. 어떤 식이요법을 써야 할지 모른다. 2. 내가 몸무게를 줄일 수 있을지 모르겠다. 몸무게를 줄인 후에 다시 늘어나면 어떻게 하는가?
성취하기 위한 세 단계 1. 3시간을 따로 떼 놓고 그 일을 한다. 2. 한 번에 한 상자씩 정리한다. 3. 일 년 동안 한 번도 사용하지 않은 것을 버린다.	**성취하기 위한 세 단계** 1. 의사와 건강 전문가에게 전화해서 식이요법과 운동에 대한 정보를 구한다. 2. 아내에게 음식 조절을 도와 달라고 요청한다. 3. 도표를 만들어 몸무게와 섭취하는 음식, 운동량의 수치를 기록해 둔다.

표1 성취 점검표

완전주의자는 완전해질 수 없다

완전주의자들은 감정적인 소용돌이에 다칠 가능성이 높다. 그리고 그들은 최상의 성취자가 아니다. 사실상 완전주의는 자기 패배적인 행동양식과 비논리적이며 왜곡된 사고를 만들어 낸다. 그들은 성공적인 실패자다.

완전주의적인 사람은 '적합성'을 위해 애쓴다. 그런데 거기에 모순이 있다. 적합성을 위하여 노력할수록 그것은 우리를 피해 간다. 적합한 사람이 되고자 시도할수록 더욱 부적합해진다. 적합성이란 언제나 그렇듯이 우리에게 주어진 값없는 선물이다. 하나님은 예수 그리스도께서 우리를 위해 하신 일 때문에 우리가 합당하게 되었다고 선포하셨다. 그리고 우리 삶에 있는 어떤 부족함이든 하나님의 값없는 선물로 다 채워졌다. 이제 적합해지려고 노력하는 대신 우리가 적합함을 믿고 자신을 표현할 수 있다. 하나님은 우리가 성실하도록 부르셨기 때문에 우리는 성취 기준에 대해 느슨해질 수 있다. 기준은 성실함, 이것이다.

우리를 보시는 하나님의 관점은 우리가 노력으로 얻을 수 있거나 성취할 수 있는 그 어떤 것보다 훨씬 높다. 다음 구절이 이것을 증명해 준다.

> 우리를 택하사 …… 이는 그가 사랑하시는 자 안에서 우리에게 거저 주시는 바 그의 은혜의 영광을 찬송하게 하려는 것이라(엡 1:4, 6).

하나님이 자기 형상 곧 하나님의 형상대로 사람을 창조하시되 남자와 여자를 창조하시고(창 1:27).

그를 하나님보다 조금 못하게 하시고 영화와 존귀로 관을 씌우셨나이다(시 8:5).

보라 아버지께서 어떠한 사랑을 우리에게 베푸사 하나님의 자녀라 일컬음을 받게 하셨는가, 우리가 그러하도다(요일 3:1).

능히 너희를 보호하사 거침이 없게 하시고 너희로 그 영광 앞에 흠이 없이 기쁨으로 서게 하실 이(유 24절).

믿는 자들은 온전하도록 부름받았다. 그것은 계속 성장하고 성숙하라는 부르심이다. 그러나 결코 오류나 실수를 범하지 않는 것을 의미하지 않는다. 자신을 객관적으로 보며 장점과 재능뿐 아니라 부족함을 느끼는 삶의 영역까지 수용하며 인정하는 것을 의미한다. 우리가 스스로 세운 비현실적인 기준에 맞춰 살지 못할 때 우리는 분노나 우울, 또는 두 가지를 모두 만들어 낸다. 그러나 우울해질 때 우리는 "나는 제대로 할 수 있는 게 아무것도 없어. 되는 일이 하나도 없어. 나는 중간도 안 돼"라고 느낀다. 완전주의적인 경향을 고칠 수 있는 최선의 시간은 우리가 우울할 때가 아니라 객관적일 때다.

어떻게 완전주의의 사슬을 끊어 버리고 벗어날 수 있는가? 먼저 하나님의 관점에서 당신이 어떤 사람인지를 이야기한 6장을 다시 읽어 보기 바란다. 이 부분을 날마다 반복하여 읽고 그 내용을 당신 마음속에 스며들게 하여 당신이 수년 동안 붙잡고 있던 메시지에 대항하라.

변화하고 싶다면 다음 몇 가지 지침을 사용해 보라. 변화를 체험하기 위해 이 모든 것을 다 실천할 필요는 없다. 이 모든 것을 완전하게 할 필요가 없다는 점을 기억하라!

1. 실수가 오히려 유익한 이유를 다섯 가지에서 열 가지 정도 적어 보라. 사람들은 실수를 통해 어떻게 성장하고 배우는가?
2. "인간은 왜 완전해질 수 없는지를 논하라"는 과제가 주어졌다고 가정해 보라. 당신이 할 말을 요약해 보라.
3. 최근에 당신이 성공한 것 세 가지와 실패한 것 세 가지를 들어 보라. 각각의 성공은 당신의 내적인 감정에 영향을 끼친 것 말고 또 어떤 영향을 주었는가?
4. 당신이 실패하지 않기 위해 사용하는 기술을 열거해 보라. 당신은 지연시키려 하거나 회피하려 하는 당신의 내적 동기를 세 명에게 기꺼이 말할 수 있는가? 그럴 수 없다면 왜 그런가?
5. 당신의 장점 열 가지를 들어 보라. 다른 사람들 가운데 누가 이러한 장점을 알고 있는가?
6. 당신에게 이 열 가지 장점이 없다면 하나님은 당신을 어떻게 보실지 말해 보라.
7. 당신이 어떤 일을 맡아서 하다가 실패했다고 상상해 보라. 그때 자신에게 할 수 있는 객관적이고 위로가 되는 말을 열거해 보라.

8. 매주 친한 친구에게 자신의 잘못을 시인하라.
9. 일을 해나가는 데 어려움을 겪고 있거나 실패한 사람에게 당신은 보통 어떻게 반응하는가? 그런 사람을 지지하거나 돕기 위해 당신이 할 수 있는 말을 적어 보라.
10. 실패에 대한 두려움 때문에 최근에 미루어 둔 일이나 활동은 무엇인가? 그 일을 곧 완성하기로 결단하라. 그 일에서 가장 어려운 부분은 무엇이며, 누구에게 도움을 구해야 할지 알아보라. 그 일을 좀 더 쉽게 해내기 위해 취할 수 있는 단계들은 무엇인가?
11. 당신이 완전주의자가 되는 동기는 무엇인가? 완전주의의 유리한 점과 불리한 점의 목록을 만들어 보면 도움이 될 것이다. 당신이 정직하다면 불리한 점이 유리한 점보다 많다는 것을 발견할 것이다. 당신은 과업을 성취할 수는 있으나 긴장하고, 과민해지고, 새로운 것을 시도하기가 두려워지고, 다른 방식으로 일하는 사람을 잘 용납하지 못하고, 당신이 실패할 때는 크게 낙담하는 자신의 모습을 보게 될 것이다.

나와 함께 일하는 한 사람이 자신의 목록을 나누었다. 일을 완벽하게 해내서 좋은 점은 엄청난 일을 해냈다는 성취감과 상사에게 칭찬을 받았다는 것이었다. 그러나 그는 불리한 점으로 다음과 같은 것들을 열거했다.

실수할까 봐 두려워서 불안해하거나 과민해진다.

내가 만든 것에 매우 비판적이고 그 일을 다시 하여 시간을 낭비한다.

무슨 일이든 이전 것보다 잘해야 한다고 느낀다.

다른 사람들의 실수에 매우 비판적이다. 그들이 내가 실수할 가능성을 상기시키기 때문에 그런 것 같다.

오랫동안 새로운 것을 별로 생산해 내지 못했다. 새로운 분야로 모험하는 것을 망설인다. '실수하면 어쩌지?' 하는 두려움 때문이다.

12. 당신이 갖고 있을지 모르는 신념 중 하나는 '완전을 지향하지 않으면 결코 행복할 수 없을 것'이라는 생각이다. 목표를 성취하지 못하면 당신은 인생을 즐길 수 없거나 만족하지 못할 것이다. 이제 이 신념을 한번 시험해 보자. 데이비드 번즈(David Burns) 박사는 '반(反)완전주의' 도표를 사용하여 그 위에 여러 활동에서 얻는 실제 만족도를 기록해 보라고 제안한다. 활동은 음식을 먹는 것, 청소하는 것, 고장 난 기계를 고치는 것, 연설문을 작성하는 것, 세차하는 것 등을 포함한다. 각 과제를 얼마나 완벽하게 해냈는지 0부터 100까지의 수치를 사용해서 대략 측정해 보고, 또한 같은 기준을 가지고 각각이 얼마나 만족스러운지를 측정해 보라. 이렇게 하는 목적은 만족이란 완전해지는 것에 달려 있지 않다는 것을 보여 주기 위함이다. 표2는 자신이 완전해야 한다고 믿고 있는 어느 물리학자가 열거한 목록을 보여 준다.

활동	이 일을 얼마나 효과적으로 해냈는지를 퍼센트(%)로 기록하라	이 일이 얼마나 만족스러운지를 퍼센트(%)로 기록하라
주방의 깨진 파이프 고치기	20퍼센트 (시간이 오래 걸렸고, 실수가 많았다.)	99퍼센트 (실제로 내가 해냈다.)
의과 대학 강의	98퍼센트 (기립 박수를 받았다.)	50퍼센트 (기립 박수를 받는 일은 일반적이다. 그러나 내가 한 것에 특별히 흥분을 느끼지는 못했다.)
일과 후 테니스 경기	60퍼센트 (경기에는 졌지만 괜찮게 쳤다.)	95퍼센트 (정말 기분이 좋았다. 게임과 운동을 즐겼다.)
1시간 동안 최근 작성한 소논문 원고 정리	75퍼센트 (나는 그것을 붙잡고 늘어져서 많은 오류를 바로잡고 문장을 매끄럽게 했다.)	15퍼센트 (나는 자신에게 이것은 좋은 논문이 아니라고 계속 말했고 꽤 좌절감을 느꼈다.)
학생과 직업 선택에 관해 상담함	50퍼센트 (나는 특별한 일을 하지 않았다. 단지 그의 말을 들어 주고 몇 가지 분명한 제안을 했을 뿐이다.)	90퍼센트 (그는 그 대화를 정말 고마워했고, 그래서 내 기분이 좋아졌다.)

표2[2]

나는 한 대학생과 여러 해 동안 함께 일한 적이 있는데, 그는 강박관념에 시달리는 완전주의자였다. 그는 행동의 결과에 따라 사랑을 베푸는 가정에서 자랐다. 무언가를 시도했다가 실패하면 사랑을 받지 못했다. 이 때문에 그는 실패를 두려워하게 되었다. 강박관념은 그의 집중력을 방해했다. 학업에서 실패한 것이 그에게는 결정적이었다. 결국 그는 대학에 와서 처음 네 학기를 마친 후 기말고사 때 휴학을 해버렸다. 시험을 쳤다가 실패하고 싶지 않았기 때문이다(그가 보기에 A학점 이하는 모두 실패였다).

수년 동안 이 청년은 완전주의 때문에 자신을 불구자로 만들고 있었다. 다행히 그는 상담을 통해 필요한 도움을 받았다. 결혼한 후에 일하면서 대학 공부를 다시 시작하여 최선을 다한 만큼의 결과를 기꺼이 받아들이기로 하였다. 그리고 첫 학기에 택한 열두 과목에서 A학점을 받았다!

실패에 대한 두려움은 종종 저절로 마음에 찾아든다. 그것은 우리 삶을 방해하는 하나의 수단으로 시시때때로 나타나며, 우리 속에 깊이 감추어진 '자기와의 대화'의 일부다.

번즈 박사는 한 대학생을 예로 들었는데, 그는 학기 중 과제인 소논문이 '제대로 된 것'이어야 한다고 생각했기 때문에 제출하기를 두려워했다. 그 학생은 자기도 모르게 품게 되는 생각을 나열하고 표3의 화살표를 따라 두려움을 찾아내 보라는 제안을 받았다. 이러한 접근은 완전주의의 근원이 드러날 때까지 양파 껍질을 까는 것과 흡사하다. 깊이 감추어진 두려움이 드러나면서 유용한 깨달음을 얻을 수 있다. 그 과정은 표3에 나타나 있다.

저절로 든 생각	이성적인 반응
1. 나는 그 소논문을 훌륭하게 해내지 못했다. ⇩ "실제로 그렇더라도 그것이 왜 내게 문제가 될까?"	1. 그 소논문은 비록 완전하지는 않지만 꽤 괜찮다.
2. 교수님은 모든 오자를 다 알아보고 취약한 부분을 알아차릴 것이다. ⇩ "그것이 왜 문제가 될까?"	2. 교수님은 아마 오자를 알아보겠지만, 그 소논문에는 꽤 훌륭한 부분도 있다.
3. 교수님은 내가 성의껏 하지 않았다고 느낄 것이다. ⇩ "교수님이 그렇게 느낀다고 하자. 그래서 어떻다는 것인가?"	3. 나는 교수님이 과연 어떻게 생각할지 모른다. 그렇다 해도 그것이 세상의 끝은 아닐 것이다. 많은 학생이 무성의하게 숙제를 한다. 나는 성의껏 했다. 교수님이 그렇게 생각한다면 그가 잘못한 것이다.
4. 나는 교수님을 실망시킬 것이다. ⇩ "실제로 그렇더라도, 그것이 왜 나를 화나게 만들까?"	4. 내가 모든 사람을 항상 기쁘게 할 수는 없다. 교수님은 내가 한 일에 대부분 만족했다. 그가 이번 소논문에 실망한다 해도 대수로운 문제는 아니다.
5. 나는 D나 F학점을 받을 것이다. ⇩ "그렇게 되었다고 하자. …… 그래서?"	5. 나는 화가 났기 때문에 이런 식으로 느끼는 것이다. 그러나 미래를 예측할 수는 없다. 어쩌면 B나 C학점을 받을 것이다. 아마도 D나 F는 아닐 것이다.
6. 그것은 내 성적표를 망칠 것이다. ⇩ "그러면 무슨 일이 생기는가?"	6. 다른 사람들도 때때로 엉터리로 할 경우가 있지만, 그것이 인생을 망치지는 않는다. 나라고 가끔 엉터리 짓을 못할 이유가 있는가?

7. 그것은 내가 되고 싶어 하는 학생이 되지 못한다는 의미다. ⇩ "그것이 왜 나를 화나게 할까?"	7. 다른 사람은 규칙을 포기한다 해도 나는 언제나 규칙에 따라 살도록 예정되었고 도덕적으로 매여 있다고 누가 말했는가?
8. 사람들은 나에게 화를 낼 것이다. ⇩ "그들이 화가 났고 내가 실패자라고 가정해 보자. 그것이 왜 그렇게 나쁜 일인가?"	8. 어떤 사람이 내게 화를 낸다면 그것은 그들의 문제다. 모든 사람을 항상 기쁘게 할 수는 없다. 그것은 몹시 피곤한 일이다. 그것은 나를 긴장하고 압박받고 경직된 사람으로 만든다. 어쩌면 나 스스로 기준을 세워 다른 사람이 화를 내더라도 그냥 넘겨 버리는 것이 더 좋을지 모른다. 내가 소논문에 실패한다 해도 그것은 결코 나를 실패자로 만들지 않는다.
9. 그러면 나는 배척당하고 외톨이가 될 것이다. ⇩ "그러면 어떻게 되는가?"	9. 모든 사람이 다 나를 배척하지는 않을 것이다.
10. 외톨이가 되면 나는 비참해질 것이다.	10. 내가 가장 행복하던 시절에는 혼자인 때도 있었다. 나의 '비참함'은 혼자 있는 것과 상관없다. 그것은 인정받지 못한다는 두려움과 완전주의적인 기준에 이르지 못한다고 나 자신을 괴롭히는 데서 온다.

표3[3]

David D. Burns, M.D.가 쓴 *Feeling Good: The New Mood Therapy*, 310-311쪽에 있는 표 14-4. 출판사(William Morrow & Company)의 허락을 받고 사용하였다.

존 클라크(John Clarke)는 한때 이렇게 썼다. "인생의 벽에 걸려 있는 그림 하나하나를 똑바로 맞추려고 애쓰는 일을 포기해야 비로소 생의 기쁨을 발견하고 누릴 수 있다."[4]

평범한 것이 그렇게 나쁜 일은 아니다. 사실 세상은 보통 사람들로 가득 차 있다. '보통'이란 자신의 강점과 약점을 받아들이고 약한 분야를 변화시키기 위해 할 수 있는 일을 하는 것을 의미한다. 성장을 위한 시도가 자신의 힘에 달려 있지 않다는 것이 그리스도인에게는 다행스러운 일이다. 우리는 하나님의 자원을 사용할 수 있다. 하나님은 우리를 성실하라고 부르셨지 완벽하라고 부르신 것이 아니다.

MAKING
PEACE
WITH
YOUR PAST

8장
저항적인 삶의 방식을 깨뜨리라

당신이 조간신문을 훑어보고 있는데 갑자기 이런 광고 하나가 눈에 들어온다.

당신은 '시작하기'가 어렵습니까? 끊임없이 망상 속으로 빠져들고 있습니까? 당신은 자동차에 시동을 켰다가 그냥 꺼 버리고 맙니까? 항상 피곤을 느낍니까? 당신의 문제로 다른 사람을 비난하고 싶은 마음이 듭니까? 어제 했어야 하는 일의 목록을 포함하여 내일 해야 할 일들의 끝없는 목록을 갖고 있습니까? 만약 그렇다면, 축하합니다! 당신은 우리 단체에 적격입니다! 다음 양식에 이름과 주소, 전화번호를 적어 보내기만 하십시오. 그러면 우리는 즉시 당신에게 지원서를 보낼 것이며, 당신은 모든 특권과 함께 우리 단체의 회원이 될 것입니다. 오늘 쓰는 것을 잊지 마십시오.

얼마나 이상한 광고인가! 어디에 가입하라는 것인지도 말하지 않는다. 아마도 당신은 그 광고를 밀쳐놓고 이렇게 말할 것이다. "이건 나를 말하는 것 같군. 내일 다시 생각해 보자." 그러다 갑자기 자신이 바로 그 광고에서 말하는 대로 행동하고 있다는 것을 깨닫는다. 그래서 이렇게 말한다. "이건 지금 쓰는 게 좋을 거야. 내가 어디에 지원하는 건지 궁금하네!" 그리하여 당신은 지원서를 작성해서 발송하고 기다린다.

답장이 오기까지 며칠이 지난다. 편지가 도착한 후, 당신은 봉투 속에 있는 것이 '지나친 강요에 저항하는 자들의 협회'(Society of Overcoerced Resisters)의 가입 지원서임을 보게 된다.

"이게 뭐야?" 하고 당신은 노발대발한다. "지나친 강요에 저항하는 자라니, 맙소사! 나는 저항자가 아니야. 나는 내 삶을 주관하고 있다고. 내가 뭘 하고 있는지 잘 알아. 그래, 내가 하고 싶은 걸 언제나 성취하지는 못한다고 해서, 그게 어떻단 거지?" 당신은 불쾌하고 화가 나며, 모욕을 당했다고 느끼고 불평을 터뜨린다. 당신이 왜 그렇게 하겠는가?

그러나 잠시 후 지원서를 다시 쳐다보다가 이런 글을 읽게 된다.

어쩌면 당신은 이 지원서를 읽고 화가 났을 것입니다. 자신이 이 단체에서 요구하는 사람이 아니라고 생각할지도 모릅니다. 그러나 광고에 나오는 여러 질문에 '예'라고 답했다면, 당신은 여기에 속한 사람입니다. 지나치게 강요되는 것에 대해 더 알고 싶다면, 지원하십시오. 삶에 대한 당신의 태도를 바꾸고 싶다면, 지원하십시오. 내일까지 미루지 마십시오. 결국 당신이 이 단체에 속한다면 미루려고 하는 경향이 있을 테니까요. 그렇지 않습니까?

갑자기 당신은 깨닫는다. "그들이 옳아. 내가 손해 볼 게 뭐 있어? 나는 여기에 속한 사람인 것 같아."

2장에서 우리는 우리로 하여금 스스로 행하지 못하게 방해하는 어린 시절 부모의 태도를 이야기했다. 지나치게 강요받아 온 아이는 외부 도움에 지나치게 의존하는 경향이 있다. 그는 자란 후에도 여전히 다른 누군가의 지시가 없으면 아무것도 할 수 없다고 느낀다.

과거 어느 시점에서 다른 사람이 당신의 삶을 지시하고, 재조정하고, 통제하려고 하였다. 여기에는 수많은 형태가 있겠지만, 흔히 강요하는 자는 잔소리를 하고, 초조해하며, 부담을 주어 밀고 들어온다. 아버지나 어머니가 당신의 삶을 통제하는 정도가 매우 지나쳤기 때문에 당신은 혼자 판단을 내리고 결정할 기회가 거의 없었다. 당신은 자신의 흥미나 관심을 추구할 수 없었다. 스스로 무언가를 주도해 볼 기회를 거의 갖지 못했다. 이제 당신의 삶은 '해야만 하는' 일들만 줄지어 있는 것처럼 느껴진다. 당신은 감독의 힘에 이끌린 채 줄에 매달려 춤추는 인형인 것이다.

우리는 강요하는 사회 속에서 살고 있다. "이것을 하시오", "저것을 하시오", 또는 "이것을 하지 마시오", "저것을 하지 마시오"라는 말을 듣는다. 대중매체는 자녀 양육법, 칫솔질, 쓰레기 버리는 일 등 갖가지에 최상의 방법을 지시한다. 직장에서는 다음과 같은 태도가 보통이다. "일을 제대로 하도록 시키려면 일하는 정확한 방법을 지시하는 것이 최고 방책이다. 민주주의 방식은 잊어버리라! 그들에게 보여 주고 지시하라. 그리고 모든 토론과 제안은 잊어버리자. 결과가 밝혀 줄 것이다. 시간을 낭비하지 말자."

대부분의 부모는 자녀에게 최선의 결과만 바란다. 그들은 자녀가 옳고 그름에 대한 판단력을 지닌 채 자라나기를 원한다. 그리고 적절히 자기 훈련이 되기를 바란다. 따라서 그들은 자녀에게 무엇을 해야 하는지 지시해 줘야 한다고 생각한다. 그러나 그들이 계속 상기시키고 교정하는 바람에 자녀는 마침내 자신이 아무 가치도 없는 존재처럼 느끼게 된다.

왜 많은 부모가 이렇게 지나치게 강요할까? 그들의 모든 명령은 어디서 온 것인가? 아마도 그들 자신의 과거에서 왔을 것이다. 종종 부모들은 자신이 인생에서 박탈당한 것을 자식에게 보상받으려 한다. 부모가 자녀에게 반드시 하도록 요구하는 것들이 자녀의 생활을 지도하는 최상의 길이 된다.

당신은 과거에서 무엇을 기억하는가? 당신에게 끊임없이 다가오는 명령과 지시들이 있었는가? 당신은 독자적인 존재로 스스로 결정하도록 격려받았는가? 당신 스스로 주도권을 잡을 기회를 부여받았는가?

다른 사람의 삶을 지시하는 이런 방법이 원하는 목표를 성취시키는가? 정말 그렇게 되는가? 그 과정에 어떤 문제가 야기되는가? 우리가 2장에서 말했듯이, 지나치게 강요당한 자녀는 다음 세 가지 중 한 가지 방식으로 반응할 것이다.

1. 순복하고 모든 요구를 유순하게 받아들인다.
2. 얼마동안 적극적으로 저항할지 모르지만, 일반적으로 자신이 성장할 때까지 반항을 억누른다.
3. 일을 미루거나 자신의 상황에 조용히 반대를 표하는 식으로 소극적으로 저항한다.

그러나 모든 자녀는 어떤 방식으로든 지나친 강요에 저항한다. 이들이 자라면서 저항은 여러 형태를 띨 수 있다. 그들은 다른 사람의 제안이나 지시에 저항할지도 모른다. 자신의 삶을 이끌어 나가려는 시도에도 저항할지 모른다. 자신에게 정당한 책임을 지우는 것을 부모가 강요했듯이 자기가 스스로에게 강요하는 것처럼 여기기 때문이다. 그들은 성경 가르침을 꼭 해야 하는 또 다른 일의 목록으로 여기고 하나님 말씀에 저항할 수도 있다. 그리고 그들은 다른 사람을 배척할지도 모른다.

순응적인 반항아

아주 어려서부터 지나친 통제를 계속 경험한 아이는 쉽사리 말을 들을 것이다. 이러한 순응은 유아기를 거쳐 사춘기를 지나 성인이 되어서도 계속될 것이다. 그는 누군가가 삶의 방향을 끊임없이 지시해 주기를 바란다. 스스로가 주도권을 잡고 결정하는 것을 어려워하는 것이다. 그는 "당신은 이것을 해야 합니다"라는 말을 들을 때 가장 잘 반응한다. 다른 사람이 그를 자극하여 동기를 유발하고, 점검하며, 움직이도록 해주기를 바란다.

그러나 지나친 강요에 잘 순응하던 아이도 반항아가 될 수 있다. 어떻게 그럴 수 있는가? 어떻게 협조적이면서 저항적일 수 있는가? 부모나 큰형, 또는 교사가 "뛰어", "쓰레기 버리고 와", "들어와"라고 말하면 그 사람은 잘 훈련된 개처럼 반응한다. 그는 명령하는 사람의 사랑을 잃을까 봐 명령에 대해 질문하지 않는다.

이러한 반응 양식의 대상은 부모에서 운동 코치, 교사, 교회학교 교사, 고용주 등 깊이 연관된 사람들로 쉽게 바뀐다. 이처럼 의미 깊은 관계를 지닌 사람들은 종종 다음과 같이 말하여 순응하는 양식을 더 강화한다. "나는 단지 그가 우리 반에 있다는 것만으로도 좋아. 나는 언제나 그 애를 믿을 수 있어. 그에게 할 일을 주고 어떻게 하는지를 말해 주기만 하면, 그 일은 다 된 거야. 다른 사람들도 그러면 정말 좋겠어. 그는 다 하고 나면 앉아서 내가 그 다음 이야기를 해주길 기다리고 있지. 어떤 때는 그가 스스로 생각할 수 있길 바랄 때가 있어. 그렇지만 한 사람에게 모든 걸 다 바랄 수는 없지……."

순응하는 사람이 실제로는 공포의 삶을 살 수도 있다. 주위에 아무도 없어서 무엇을 어떻게 해야 할지 듣지 못한다면 어쩔 줄 모른다. 그는 스스로 아무것도 주도할 수 없기 때문에 일의 내용과 한계가 명백한 어떤 종류의 구조를 찾기 위해 시간을 보낸다.

그러나 지나친 강요에 그는 어떻게 저항하는가? 이런 형태의 저항은 아주 미묘하지만, 스스로 주도하는 것을 거부하는 쪽으로 나타난다. 유순한 사람이 저항하는 대상은 사실상 자신이다. 그는 자신의 삶을 어떻게 이끌어 나갈 수 있는지를 배우려 하지 않는다. 순응적이 되면 안전성이 있다. 물론 치러야 할 대가가 있지만 당신을 돌봐 주는 큰형 같은 사람이 있기만 하다면 그 대가는 치를 가치가 있어 보인다.

당신은 순응적인 사람인가? 그것이 당신이 살아가는 방식인가? 그러한 삶의 방식이 영적으로 어떤 영향을 끼치는지 생각해 보았는가? 당신은 아마 독재적인 교회에 매력을 느낄 것이다. 스스로 성경을 연구하려 하지 않고 교회에서 가르치고 설교하는 내용을 그대로 받아들일 것이다. 당신이 배우고 있는 것이 정말 영적으로 진리라는 것을 어떻게 아는가? 당신은 하나님을 단순히 순복해야만 하는 또 다른 권위적인 존재로 보는가? 하나님은 당신이 다른 사람에게 의존하기보다는 자신의 능력을 사용하길 바라신다는 사실을 생각해 보았는가?

하나님은 당신이 꼭두각시처럼 되기를 원치 않으신다. 그분은 당신이 강하고 독립적인 사람으로, 삶을 선택하고 결정을 내릴 수 있기를 바라신다. 어려서는 생활을 지시해 줄 사람이 필요했을지 모르지만, 이제는 필요 없다. 당신은 단지 안일한 생활 양식에 매달려 있는 것이다. 그러나 당신은 남은 생애 동안 그것에 갇혀 있을 필요가 없다. 살아가는 데에는 다른 길이 있다!

적극적인 반항아

당신은 순응적으로 반응하기보다는 어려서부터 외부에 저항하는 것을 배워 왔는지도 모른다. 당신이 저항하는 것을 다른 사람이 좋아하지 않기 때문에 당신에게 강요한 경우들이 틀림없이 있었을 것이다.

그러한 강요는 사랑이나 인정을 유보하는 형태를 취할 수 있다. 사랑과 인정을 간절히 원했다면 심지어 당신이 반항적이었다 해도 순응하는 법을 배웠을 것이다. 그러나 당신 마음속에는 여전히 적개심이 끓어올랐을 것이다.

나이가 들면서 당신은 다른 사람이 당신의 삶을 주도하려고 하는 시도에 점점 적극적으로 저항한다. 그리고 이것이 실제적인 어려움을 일으킨다. 누군가가 제안이나 지시를 할 때 당신은 신경을 곤두세우고 저항하는 것이다. 그러나 성인으로서 당신은 저항이 어떤 결과들을 불러오는지 인식한다. 그래서 결국은 그 지시에 따른다. 당신은 적개심으로 불타고, 그러한 감정은 순간순간 비꼬는 말 속에서 드러난다.

성인이 될 때까지 이어져 온 어린 시절의 인식은 당신으로 하여금 여러 제안을 잘못 인식하고 위협으로 해석하게 만들 수도 있다. 당신이 가상적인 위협에 저항하면 긴장과 불안이 야기되고, 순응하면 끊임없이 불만을 품게 될 것이다.

소극적인 반항아

가장 보편적인 저항 형태는 소극적인 공격이다. 이러한 형태는 저항하는 사람 편에서는 아주 성공적일 수 있는 동시에 그런 저항을 받는 사람에게는 좌절을 줄 수 있다. 아이들은 교묘하게 소극적으로 공격한다. 아이는 곧 다른 사람에게 좌절과 분노를 일으키는 훌륭한 방법이 소극적인 저항이라는 것을 배운다. 그것은 다른 사람을 좌지우지할 수 있는 방법이 된다! 그러나 이런 식의 행동은 사실상 자기 마비의 형태를 취하는 것이다. 이러한 생활 양식에 젖은 사람은 자신의 목표를 거의 성취하지 못하며 자신의 잠재력을 발휘하지 못한다.

소극적인 저항은 여러 모양으로 나타난다. 가장 보편적인 것은 미루는 것이다. 아이는 꾸물거리고 미룬다. 부모가 아이에게 가장 자주 듣는 말은 "잠깐만"이다. 부모가 두 번째 부를 때 아이는 "예, 가요"라고 대답하지만 행동에 옮기지는 않는다. 아이가 지나치게 오래 미루면 부모는 화를 내고 비난하며 야단을 친다.

소극적인 공격성 행동의 또 다른 특성은 잘 잊어버리는 것이다. (어른도 포함하여) 어떤 아이들은 자기가 기억하고 싶지 않은 것을 그냥 잊어버린다(사실상 대부분은 의식적이든 무의식적이든 의도적으로 잊어버린 것이다).

어떤 사람들은 저항하거나 다른 사람을 밀어내기 위해 침묵을 고수하기도 한다. 이러한 수법을 쓰는 사람은 자신에게 힘과 통제력이 있다고 느낀다. 배우자나 부모가 대화하려고 애쓴다면 보통은 그러한 침묵에 당황할 것이다.

저항하는 또 다른 방법은 듣지 않는 것이다. 어떤 사람들은 실제로 자신이 듣고 있지 않음을 행동을 통하여 겉으로 표현한다. 그러나 조금 덜 통명한 사람은 겉으로는 배우자나 부모에게 귀를 기울이는 척하지만 실상은 마음속에 있는 스위치를 꺼 버리기 때문에 아무것도 들어오지 않는다. 어떤 사람들은 이것에 익숙한 나머지 가끔 다른 사람을 속이기 위해 "으응, 응", "그래, 물론이지"라는 말로 반응해 주기도 한다. 몸은 거기 있지만 정신은 딴 데 가 있다. 이 방법은 아주 효과적인 저항 수법이다.

의사를 막연하게 표현하는 것도 저항하는 방법이다. 무책임하거나 모호한 소극적 반항아가 됨으로, 그는 자신의 생각과 의도, 감정을 감출 수 있다. 그 결과 그는 다른 사람을 배척하게 된다.

저항의 결과

지나치게 강요당한 저항아들은 내적 방향 감각을 결코 배우지 못한다. 그들이 독립적이어야 할 때 누가 그들을 인도할 것인가? 스스로 해야만 한다. 그러나 그들은 반드시 해야 한다는 자신의 명령에 소극적인 저항으로 일관한다. 그것은 다른 사람에게 잘 먹혀들어 가는 것과 같이 그들 자신에게도 잘 적용된다. 꾸물거리고, 공상하고, 미루는 것은 생활의 일부다. 그들에게 더 많은 압박이 가해질수록 더 많은 저항이 일어난다. 그들은 외부로부터 결정적인 압력이 주어질 때까지 변명으로 가득 차 있다가 끝내는 마지못해 순응한다.

이러한 증상을 보여 주는 완벽한 예로 내가 아는 한 작가를 들 수 있다. 그는 쓰기만 하면 책이 잘 팔렸다. 그러나 책이 매우 가끔 출간되었기 때문에 그와 가족은 생계를 유지하기도 힘들 정도였다. 아침마다 그는 창작 활동을 위해 그의 방으로 들어간다. 그의 의도는 존경할 만하다. 오늘은 무언가를 만들어 내야 하며 오후 5시까지 글의 절반은 써야 한다는 목표를 세우면서 자신을 격려한다. 자료를 정리하고, 연필을 깎고, 타자기를 점검하고, 종이를 챙긴 다음 이렇게 말한다. "이제 일할 준비가 되었어."

그런데 그때 커피 한 잔이 그리워진다. 손에 커피 잔을 들고 이 글을 쓸 만한 아이디어가 충분한지 고민하기 시작한다. 어쩌면 무엇인가 다른 아이디어를 가지고 글을 쓰는 게 더 나을 것 같다. 그는 아이디어를 얻기 위해 잡지들을 좀 뒤져 본다. 그 후 잡지를 옆에 밀쳐 두고 창밖을 내다보며 얼마 동안 공상에 잠긴다. 오후가 다 지나도록 아주 조금밖에 쓰지 못한다. 그는 어쩌면 이와 같은 식으로 사나흘을 보냈는지도 모른다.

어느 날 저녁, 마침내 그는 좌절하고 가족을 성가시게 여기기 시작한다. 그날 밤, 몇 가지를 결심하고 내일은 달라져야겠다고 결단한다. 그는 원래 쓰려고 한 아이디어로 겨우 글을 완성한다. 재정 상태가 상당히 어려워졌기 때문에 두려움과 불안이 그를 몰아세운다. 아내는 그를 격려하지만, 그는 아내가 하는 말을 압박으로 받아들인다.

수동적인 저항은 생활의 많은 영역에서 나타날 수 있다. 그리스도인의 생활 가운데 지속적인 경건 생활을 하겠다는 결단을 유보하는 경우가 이에 속한다. 생활의 어떤 측면이 그리스도인으로서 합당하지 않다는 각성은 당신으로 하여금 하나님 말씀에 따를 것을 약속하도록 촉구할 것이다. 그러나 생활의 다른 영역에서와 마찬가지로 당신은 그 말씀뿐 아니라 이 약속에도 저항할 것이다. 하나님과 그분의 말씀까지도 다른 사람을 대하는 것과 마찬가지로 대할 것이다.

결혼 생활에도 어려움이 있다. 지나치게 강요받아 온 남자가 전혀 강요에 의해 움직이지 않을 뿐더러 거의 요구하지도 않는 여자와 결혼했다고 가정해 보라. 우리 모두 그렇듯이 그의 아내도 결혼하면서 생활의 상식적인 일들에 기대하는 바가 있을 것이다. 그런데 남편이 그러한 일들을 연기한다든지, 잊어버린다든지, 무시해 버림으로 저항한다고 하자. 시간이 지나가면서 어떤 일이 벌어지겠는가? 처음에는 전혀 압박하지 않던 아내가 남편의 무책임함 때문에 강요하는 역할을 하게끔 되어 버린다.

이제 수동적인 저항을 하던 남편은 정말로 반항하는 사람이 된다. 그의 태도는 또 다른 부모를 하나 만든 셈이다. 일반적으로 침착했던 아내는 남편의 계속되는 칠칠치 못한 행동과 비협조적인 태도 때문에 매우 화를 내고 말이 많은 사람이 된다. 그는 아내의 반응을 혐오하게 되고 냉전이 시작된다.

수동적인 저항아가 배우자에게 저항하는 또 다른 방법은 가정에서 벗어나 있거나 점점 일에 몰두하는 것이다. 사실 지나치게 집에서 많이 떠나 있는 것은 저항의 한 형태일 뿐만 아니라 처벌이나 복수의 역할도 한다.

자신이 저항적인 사람임을 발견하는 것이 어떤 사람에게는 충격이다. 자기 행동이 그런 식이라고는 생각해 보지 못했기 때문이다. 이러한 특성을 나타내는 사람이라고 해서 그들의 부모가 모두 지나치게 강요하는 이들은 아니다. 그러한 행동 양식은 나중에 다른 사람과 교류하면서 생겨난 것일 수도 있다. 그러나 삶을 하나의 강요하는 커다란 거인으로 보는 사람은 어린 시절에 지나친 강요에 시달린 사람일 가능성이 있다. 오늘날에는 심지어 정상적이고 일상적인 습관이나 기능을 거부하는 사람들도 있다. 제시간에 일하고, 정한 시간에 밥을 하고, 먹고, 결혼하고, 예의를 지키고, 책임을 완수해야 한다면, 그들은 끊임없이 저항하며, 그 결과 심각한 문제가 생길 것이다.

저항적인 사람이 변화될 수 있는가

저항의 감옥에서 탈출할 수 있는 길이 있는가? 있다. 그러나 노력이 필요하다. 지나치게 강요당하는 사람은 삶에 대한 새로운 태도와 반응을 개발해야 하기 때문이다.

첫 번째 단계는 저항하게 되는 지시나 명령이 무엇인지 알아내는 것이다. 그것들은 무엇인가? 누가 그런 명령을 내리고 있는가? 이러한 명령들은 실제로 당신의 배우자나 친구, 상관에게서 오는 것인가? 혹시 명령에 대한 당신의 반작용을 그들에게 투사하는 것은 아닌가?

다른 사람의 지시나 제안을 따르는 것이 당신의 삶을 통제받는 것이라는 생각은 어디서 얻게 되었는가? 순응하기로 선택할 때에도 당신이 스스로를 통제하고 있다는 사실을 생각해 본 적이 있는가? 어쩌면 삶을 책임지는 유일한 길은 저항하는 것이라고 느낄지도 모른다. 그러나 놀랍게도 그렇지가 않다! 어떤 제안이나 명령에 "예"라고 말한다 해도 여전히 당신이 관할하고 있는 것이다. 당신은 다음과 같이 결정하는 것이다. "그래, 나는 그 지침이나 제안에 따를 것을 선택했어. 나는 나 자신을 다른 사람의 관할에 넘겨준 것이 아니야. 나는 아직도 내가 책임을 지고 있어." 이런 식의 생각이 어쩌면 당신에게는 낯선 것일 수도 있음을 안다. 그러나 그에 대해 생각해 보라.

생각해 볼 또 하나는 당신의 저항이 가져다준 결과가 무엇인지다. 그것은 삶 가운데 원하는 것을 정말 성취하도록 도와주고 있는가? 생산성 저하와 모든 불편함과 갈등이 과연 그럴 가치가 있는가? 살아가는 더 좋은 길은 없을까? 이런 식의 삶이 당신에게 아주 편안한 것임은 의심할 바 없다. 저항하는 반응은 자동적이어서 그것을 깨뜨리는 데는 노력이 필요할 것이다. 그러나 당신이 변화를 향해 노력한다면 자신에 대해 훨씬 좋게 느낄 것이다.

고려해야 할 또 다른 것은 당신이 자신의 삶을 책임지길 원한다는 것이다. 그러나 당신 안에 있는 반항적이고 저항적인 아이가 이미 성인인 당신을 지시하고 통제하는 것을 어떻게 느끼고 있는가? 이 어린 아이는 당신의 부모나 다른 사람들이 당신에게 지시하는 것에 반발하고 있다. 당신은 스스로 무언가를 시작하려 할 때에도 그 음성과 명령을 듣게 된다. 그리고 당신은 자신에 대해 저항한다. 당신은 책임을 지고 주장해 나가는 것이 아니다.

그때 그 자리에서 자신을 되돌아보고 이렇게 말하라. "그래, 나는 이 명령에 저항하고 싶지만, 어차피 해야 할 일이야. 나는 그 명령을 따르기로 선택할 수 있고, 그렇게 해서 더 만족하게 될 거라는 걸 알아. 지금 즉시 멈춰 서서 저항하고 싶은 마음을 버리고 적극적으로 일을 해낼 수 있도록 도와 달라고 하나님께 기도해야겠어. 나는 이렇게 더 성숙한 쪽으로 움직일 수 있어."

어떤 저항은 우리가 반드시 해야 하는 것일 수도 있다. 꼭 해야 하는 것들을 왜 하고 싶은 것들로 대치하지 않는가? 당신이 저항하는 대부분은 아마도 다른 누군가가 당신에게 꼭 해야만 한다고 말하지 않았다면 당신이 하고 싶어 했거나 기본적으로 해야 한다고 느꼈을 것들이다. 해야 하는 것들을 하고 싶은 것들이 되도록 허용할 수 있겠는가?

이것을 성취할 수 있는 좋은 방법은 다음 표를 완성하는 것이다. 당신이 하고 싶다면 말이다. 왼쪽 칸에는 당신이 기억하는 한 과거와 현재에 꼭 해야 하는 것을 모두 열거하라. 현재 문제가 되고 있는 것에는 옆에 별표를 하라. 오른쪽 칸에는 "왜 이것에 저항하는가?"라는 질문에 답을 쓰라.

꼭 해야 하는 것	왜 이것에 저항하는가?

표4

이제는 꼭 해야 하는 것의 목록을 하고 싶은 것의 형태로 바꾸어 보라. 오른쪽 칸에는 이들 하나하나로 당신이 삶에서 무엇을 성취하는지를 써 보라.

하고 싶은 것	이것으로 성취하는 것

표5

저항적인 삶의 방식을 깨뜨리는 또 다른 방법은 긍정적이고 적극적인 삶을 향하여 나아가는 것이다. 긍정적이고 적극적인 삶은 부정적이거나 공격적인 삶이 아닐 뿐더러 분노나 두려움의 지배를 받는 삶도 아니다. 그것은 자신과 다른 사람을 위해 사는 삶이다. 적극적인 삶은 당신이 원하는 것을 얻는 데 이용되지 않고 자유롭고 스스로 통제하며 살 수 있도록 도와준다. 주변 사람이나 당신 자신을 억지로 밀어붙이지 않는다.

긍정적이고 적극적인 삶은 당신의 정신, 다시 말해서 자기와의 대화에서 시작된다. 자신에게 "나는 반드시 ……해야만 한다"거나 "다른 사람들은 내게서 ……을 기대한다"고 말할 때마다 아마도 저항하기 시작할 것이다. 실상은 그렇지 않은데도 당신 스스로 '그들은 내가 ……하기를 원한다'거나 '그들은 내가 ……하기를 기대한다'고 생각하는지도 모른다. 당신은 모든 것을 왜곡되게 받아들이는 과민한 안테나를 개발해 왔는지도 모른다. 어떤 경우, 사람들은 당신이 특정한 방식으로 반응해 주길 원할 수도 있다. 그러나 자신과의 대화를 통해 행동에 옮길 때 당신은 조종당하거나 압력을 받는다고 느낀다. 그러면 저절로 저항적 방식이 기능을 발휘하기 시작한다. 그럴 때 당신의 왜곡되고 저항적인 생각을 제거하라. 여기서부터 긍정적이고 적극적인 삶이 시작되는 것이다.

종이 위에 이제껏 생애 가운데 저항해 왔고 지금 저항하고 있는 사람들을 하나하나 적어 보라. 그들이 당신으로 하여금 저항하게 만든 원인은 무엇인가? 그 사람에게 당신은 어떻게 저항하는지, 이것이 성취하는 바는 무엇인지, 그 결과들을 당신은 어떻게 느끼는지를 그대로 묘사해 보라. 저항할 때 다른 사람이 어떻게 반응하기를 기대하는가?

당신이 다른 사람의 요청을 거부한다면 어떤 일이 일어날 것이라고 생각하는가? 그 요청에 당신이 호의적으로 반응한다면 무슨 일이 일어날까? 당신이 무엇에, 왜, 어떻게 저항하는지를 당신이 저항하는 대상에게 물어본 적이 있는가? 그들이 당신에게 어떤 요청을 하는 동시에 "이 요청을 무시하거나 저항하고 싶으면 그래도 된다"고 말한다면 무슨 일이 일어날지 궁금하다. 당신은 어떻게 느낄까? 당신의 저항에 당신만큼 관심이 있는 또 다른 사람이 있다면, 당신에게 요청할 때는 당신이 저항할 수 있는 자유도 함께 달라고 부탁하라. 당신은 아마 자신의 반응에 놀랄 것이다.

이제 당신을 성가시게 하고 좌절하게 만들어서 저항감을 갖게 하는 대상 한 명을 떠올려 보라. 당신이 저항하고 있는 것이 무엇인지 표시하고, 그 사람과 기꺼이 말로 나누기를 원하는 문장 셋을 적어 보라. 그 문장에는 당신이 상관치 않는 것이 무엇인지와 당신이 기꺼이 하고자 하는 것이 무엇인지가 들어 있어야 한다. 좋은 태도로 긍정적인 대응책을 제시해 보라. 그러면 당신은 동의할 만한 반응을 얻을지도 모른다. 결국 당신은 잃은 것이 별로 없다. 그렇지 않은가?

어쩌면 당신을 통제하는 것처럼 보이는 사람들은 단지 당신을 격려하고 성숙하도록 권면하는 것인지도 모른다. 당신이 그들의 제안을 그런 맥락에서 이해한다면 어떤 일이 일어나겠는가? 우리는 모두 시시때때로 제안과 도움, 격려, 보조, 안내가 필요하다. 성경에 나오는 다음과 같은 말을 금기(禁忌)로 생각하지 말고 긍정적인 제안으로 생각해 보라. "생명의 경계를 듣는 귀는 지혜로운 자 가운데 있느니라"(잠 15:31). "훈계받기를 싫어하는 자는 자기의 영혼을 경히 여김이라 견책을 달게 받는 자는 지식을 얻느니라"(잠 15:32). "기름과 향이 사람의 마음을 즐겁게 하나니 친구의 충성된 권고가 이와 같이 아름다우니라"(잠 27:9).

잠언 전체에 걸쳐 수많은 구절이 인생의 지혜와 명철의 근원, 충고와 비판을 다루는 방법, 그리고 다른 사람과의 관계와 우정에 대하여 말하고 있다. 그 말씀들을 묵상하고 적용해 보라. 그것은 당신이 덫에 걸려 있는 방식에 저항할 수 있도록 도울 것이다. 당신은 과거에 지나치게 강요하던 부모나 다른 중요한 타인들이 주 예수께서 당신에게 약속한 평화를 계속해서 빼앗아 가도록 내버려 두어서는 안 된다.

9장
과보호를 극복하라

"저는 그리스도인이 된 지 꽤 오래됩니다. 그러나 아직도 제 삶은 지루하고 불안하답니다. 제게는 다른 그리스도인들이 말하는 평화와 만족이 없는 것 같아요. 무슨 일을 시작해도 도무지 흥미가 없어요. 제 인생에 무언가가 빠져 있지만 그것이 무엇인지 모르겠어요. 저 자신이 인생을 스쳐 지나가는 방관자처럼 느껴져요. 때때로 온몸이 마비되어 아무 일도 할 수 없을 것 같아요. 그러면서 동시에 불안해요! 도대체 무엇이 잘못된 건가요?"

상담실에 있으면 도움을 구하는 이와 같은 호소를 거듭 듣게 된다. 이 세상에는 지루하고 불안한 수많은 사람이 있다. 그들은 누구인가? 왜 그렇게 느끼는가? 이러한 느낌을 호소하는 사람은 어쩌면 어릴 때 과보호를 받았는지도 모른다.[1] 그가 어린아이일 때 부모는 그가 원하는 것과 필요로 하는 것을 알아서 미리 그에게 채워 주었다. 부모는 그가 요청할 때까지 기다리지 않고, 그가 부탁하기도 전에 원하는 것을 모두 제공했다. 부모들은 종종 자녀에게 사랑을 표현하는 최상의 방법이 '넉넉히 부어 주는 것'이라고 생각한다. 그 결과, 아이는 자신의 필요를 알리기는커녕 매우 소극적이 되어서 모든 것이 저절로 제공되기를 기다린다. 그러나 지나치게 많은 것이 한꺼번에 주어지기 때문에 곧 지루하고 무관심해져 버린다. 만족하기를 기대한 부모는 아이가 곧 흥미를 잃기 때문에 불안을 느낀다. 그래서 그들은 아이의 만족을 위해 더욱 많은 것을 제공한다. 그리고 이 악순환은 반복된다.

과보호는 매우 해롭다. 아이가 자신의 노력을 통해 만족을 경험할 수 있는 기회를 빼앗기 때문이다. 아이는 의존적이고 수동적인 상태에 버려지기 때문에 성장이 억압된다. 인생이란 단순히 필요한 것을 주려고 기다리고 있는 하나의 거대한 산타클로스라고 생각하게 된다. 따라서 자신에게 그런 식으로 반응하지 않고 요구에 부응하지 않는 사람은 누가 되든 거부해 버린다. 스스로 어떻게 즐기고 필요를 채울 수 있는지 모르기 때문에 쉽게 좌절한다.

과보호를 받아 온 사람은 참된 즐거움을 경험하지 못한다. 오히려 나쁜 기억이나 만족스럽지 못한 경험에 집중하는 경향이 있다. 비록 80퍼센트가 즐거운 경험일지라도 만족스럽지 못한 나머지 20퍼센트에 초점을 맞춘다. 그래서 그는 불안정하다. 소극적이고 의존적인 이 아이는 다른 사람이 자신의 요구에 맞추어 줄 것을 기대하며 어른으로 자란다. 무의식적으로 불만족, 탐욕, 자기중심주의로 향하고, 끊임없이 요구하는 습관을 지니게 된다. 심지어 성공한다 해도 만족하지 못한다.

성숙의 한 가지 표지는 자신을 잘 돌보는 능력과 타인이 자신을 잘 돌보아 준 것에서 만족을 경험하는 능력이다. 그러나 과보호를 받아 온 사람은 자신을 만족시킬 줄 모른다. 어떤 사람들은 매우 무기력해서(그들은 그렇게 보이도록 꾸미기도 한다) 그대로 내버려 두면 굶지 않을까 염려될 지경이다.

과보호를 받아 온 사람은 마음속으로 배척당할 것을 크게 두려워한다. 어떤 사람은 고독에 대한 공포를 갖고 있다. 그리고 그들의 의존성은 다른 사람의 에너지를 고갈시키므로 얼마 지나지 않아 다른 사람들은 그를 떠나 버린다. 결코 만족하지 못하는 사람을 계속 돕는 것은 어렵다! 의존성은 자신의 잠재력을 개발하는 것을 저해한다. 그 사람의 의식적 혹은 무의식적인 생각은 아마도 이럴 것이다. '다른 사람이 할 수 있는데 그걸 내가 왜 해?' 이런 사람은 다른 사람들과 함께 나누는 것은 생각조차 하지 않는다! 이 사람은 관계를 망치고 타인을 비난하는 데 비상한 능력이 있다. 그의 정서적 고립은 자기 행동의 결과지만 그 사실을 받아들이지 않을 것이다.

과보호를 받아 온 사람이 방어해야 하는 처지에 놓이면 불안해하며 걱정스러워할 것이다. 그리고 약간 주목을 받아도 곧 흥미를 잃는다. 계속 만족하기 위해서는 점점 많은 주목을 받아야만 한다.

과보호를 받아 온 그리스도인은 자신의 생활 양식을 신앙에도 그대로 적용하는 경향이 있다. 그들은 하나님이 계속해서 유익과 복을 주시는 분이길 기대한다. 그들은 하나님이 자녀들에게 베풀기를 기뻐하시는 것에 대해서만 강조하는 교회를 찾을지도 모른다. 그들이 해야 하는 일은 오직 가만히 앉아서 참을성 있게 기다리는 것이다. 그들은 그리스도인의 삶에서 신자의 역할을 강조하는 가르침에는 개의치 않는다. 행위나 다른 사람들에게 베푸는 것은 그들이 좋아하는 주제가 아니다.

부모는 왜 자녀를 과보호하는가

당신은 자녀를 과보호하려는 경향이 있는 부모인가? 혹은 당신은 과보호된 아이인가? 부모는 왜 이렇게 하는가? 몇 가지 이유가 있다.

자식을 과보호하는 것은 부모가 자신의 필요를 채우는 방식일 수도 있다. 어떤 사람들은 애정을 주거나 다른 사람을 '엄마처럼 돌보는' 욕구가 지나친데, 이런 지나친 욕구는 자녀가 성장 과정에서 인생에 정상적으로 적응하는 것을 배우지 못하도록 가로막는 결과를 낳을 수도 있다. 중년의 어머니인 제인은 두 자녀와 함께 사무실로 들어왔다. 두 자녀는 예의 바르게 행동했지만 행복해 보이지는 않았다. 제인이 자녀를 대하는 모습을 관찰하면서 나는 곧 그 이유를 알아챌 수 있었다! 제인은 자녀들에게 어디에 앉을지, 언제 어떻게 코를 풀지, 언제 물을 마실지를 지시했다. 내가 그들에게 질문하면 제인은 아이들이 대답하는 것을 도왔다. 제인은 자녀들에게 '꼭 필요한' 엄마가 될 수 있어서 기쁘다고 말했다.

어떤 사람에게 과보호는 삶의 한 방식일지도 모른다. 어떤 부모는 매우 부유해서 주고 또 주고, 계속 주는 것이 문제되지 않는다. 그들은 자신과 가족, 심지어 다른 사람들까지 과보호하는데, 그것은 그들이 다른 부자 친구들과 경쟁하는 하나의 삶의 방식이다.

조지는 외아들과 시간을 같이 보낸 적이 한 번도 없었다. 그는 늘 사업에 바빴다. 조지의 아들은 부족한 것이 없었다. 그는 자전거가 세 대나 있었는데, 모두 매우 비싼 것이었다. 조지는 자신이 아들에게 얼마나 잘해 주는지를 친구들에게 자랑했다. 때때로 조지는 왜 아들이 자신이 바라는 만큼 고마워하지 않는지가 약간 당혹스러웠다.

어떤 부모들은 죄의식 때문에 자녀를 과보호한다. 죄의식에 매인 부모는 자녀를 학대하거나, 정반대로 자녀의 요구를 다 들어주는 경향이 있다. 죄의식은 어쩌면 자녀를 학대한 결과일 수도 있으며, 자신의 과거나 만족스럽지 못한 부부 관계에서 생긴 것일 수도 있다. 이런 사람은 자녀를 과보호함으로 자신의 죄의식을 어느 정도 줄이려 한다.

데니스는 사무실에 들어설 때 매우 화가 나 있었다. "딸아이는 저를 가만히 내버려 두지 않아요. 이것도 원하고, 저것도 원하고……. 아무리 주어도 모자라요."

나는 데니스에게 물었다. "딸에게 안 된다고 말해 봤나요?"

"그러려고 해봤지만 할 수가 없었어요. 그러면 죄의식에 사로잡히고 말아요. 딸아이가 행복하기를 원하고, 제가 어릴 때 갖지 못한 것을 누리면 좋겠어요. 하지만 제 뜻대로 되지 않아요." 죄의식이라는 동기는 점점 깊은 구덩이를 판다.

과보호하는 부모들 중 많은 사람이 결손 가정에서 자란 이들이다. 나는 그들이 이렇게 말하는 것을 거듭 듣는다. "우리 아이는 과거의 저처럼 바닥부터 인생을 기어오르게 하지는 않을 겁니다. 우리 아이의 인생은 좀 더 쉬워야죠." 실제로 이런 부모는 자녀를 통하여 자신의 삶을 살고 있는 것이다. 자녀를 통해 자신이 어린 시절에 상실한 것을 보상받으려는 것이다. 어떤 부모는 이것이 자녀에게 끼치는 영향에 무지하다. 또 어떤 사람들은 자녀가 지루해하고 끝없이 요구하는 것에 대해 점점 많이 주는 것으로 계속 반응한다. 어떤 부모는 자녀의 반응에 화를 내며, 심지어 자녀가 고마워할 줄 모르는 아이라고 생각한다. 그러나 그동안에도 주는 것은 계속된다.

과보호의 결과

과보호는 한 사람의 생애에 어떤 결과로 나타나는가? 몇 가지 보편적인 특성을 살펴보자.

속마음 읽기는 내가 상담하는 부부들이 겪는 보편적인 문제다. 한 아내는 이렇게 표현했다. "제 필요가 무엇인지를 말해야 아나요? 우리는 결혼한 지 11년이나 되었어요. 지금쯤은 말하지 않아도 알아야 하지 않나요? 남편은 제가 원하는 것이 무엇인지 알 수 있어야 한다고요! 남편에게 제 필요를 일일이 말하는 것은 관계에서 흥분과 낭만을 빼앗아 갑니다. 남편은 그게 무엇인지 알아낼 수 있어요."

이런 대화는 흔한 것으로 좌절감을 안겨 준다. 과보호를 받아 온 사람은 다른 사람이 자신의 속마음을 쉽게 읽을 수 있어야 한다고 생각한다. 그들의 부모는 그들의 속마음을 읽었고 모든 변덕을 받아 주었기 때문에 많은 것을 요청하지 않아도 되었다. 지금은 왜 안 되는가? "내 속마음을 읽고, 예측하고, 제공하라"는 것이 친구 관계와 직장, 결혼 생활에서 그들이 내세우는 표어다.

어떤 사람이 당신의 속마음을 읽을 수 있으리라 기대하는 것은 여러 이유에서 상대방에게 엄청난 압박을 가하는 것이다. 아무리 오랫동안 알아 왔을지라도 그 사람의 마음을 읽을 수는 없다. 불가능한 일에 어떻게 협조할 수 있는가? 심지어 그것을 시도해 본다 해도 순전히 추측에 지나지 않는다. 의도는 근사할지 모르나 결과는 여전히 비참할 수 있다. 당신의 배우자가 저녁 식사에 무엇을 원할지 예상해서 근사한 식사를 마련할 수도 있다. 그런데 돌아온 반응이 "내가 오늘 저녁에 먹고 싶은 건 구운 고기였는데"라는 식이라면 얼마나 실망하겠는가.

과보호를 받아 온 사람은 늘 다른 사람들에게 마땅히 해야 할 것이라며 요구한다. "넌 내가 이것을 원했다는 것을 마땅히 알았어야 해." 그리고 누군가가 그의 마음을 읽는 데 실패하여 부모가 하던 것처럼 필요를 채워 주지 못할 때에는 그 사람이 자기를 사랑하지 않는다고 느낀다.

과보호를 받아 온 사람의 또 다른 특성은 다른 사람을 기분 좋게 만들 줄 모른다는 것이다. 사실, 그는 종종 다른 사람으로 하여금 자신에게 빚을 졌다고 느끼게 만든다. 그들이 그렇게 반응하지 않는다면 과보호를 받아 온 사람은 온갖 방법으로 다른 사람들이 이기적이고 가치 없다고 느끼도록 만든다. 과보호를 하는 부모는 다 자란 아들딸이 자신들을 찾아오는 것에 고마워하면서도 동시에 마땅히 와야 할 만큼 자주 오지 않는다고 불평할 것이다.

과보호를 받아 온 사람은 결혼 관계에서도 상대방의 말을 듣지 않는다. 배우자는 자신의 의견을 말하려고 하지만 어떤 이유에서인지 먹혀들지 않는다. 어떤 부부는 수년 동안 아무 해결책도 없이 같은 논쟁을 반복한다.

배우자가 끊임없이 만족하지 못한다면, 당신은 과보호를 받아 온 사람과 살고 있는지도 모른다. 그런 사람은 행복한 상태에 오래 머물지 않기 때문이다. 어떤 때는 그들의 필요가 채워지지 않아 심지어 흐느껴 울기도 할 것이다. 당신은 배우자의 불행에 대해 끊임없이 비난받고 있음을 알게 될 것이다. 그의 요구를 모두 들어주지 않으면 당신의 배우자는 당신에게서 돌아설 것이고, 그것은 하나의 충격이 될 수도 있다. 당신의 배우자는 심지어 다른 곳에서 만족을 추구하게 될지도 모르며, 당신은 비난받을 것이다.

과보호를 받아 온 사람은 자기 방식대로 요구 사항이 많지만 그것을 잘 드러내려 하지 않는다. 그는 수백 가지 기대를 마음속에만 품고 산다. 그리고 다른 사람들이 그의 속마음을 읽을 수 없으면 민감하지 못하고 사랑하지 않는 것이라고 여긴다.

얼마나 놀라운 조종술인가! 얼마나 관계를 망치는 방법인가! 누군가에게 어떤 요구를 하는데, 그 사람은 그것이 무엇인지조차 알아차리지 못한다. 결혼한 배우자에게 그러한 요구를 할 때는 심각한 부정적 결과를 가져올 수 있다. 조셉 맥스웰(Joseph Maxwell) 박사는 그러한 결과를 이렇게 설명한다.

우리는 대부분 배우자에게 어떤 성향이나 행동을 요구하고 있는데도, 그 사실을 인식하지 못한다. 우리가 인식하는 것은 무언의 요구가 실현되지 못하고 좌절당할 때 체험하는 분노나 괴로운 감정이다. 그 느낌은 매우 강렬하고 확실하며 자동적이어서 그것이 정당할 뿐 아니라 불가피하다고 생각한다. 그러한 느낌이 우리의 요구 때문이 아니라 배우자의 실패 때문에 야기되었다고 믿는다. 이것은 우리가 실패에는 매우 예민하지만, 대부분 실패의 원인이 되는 요구는 잘 인식하지 못하기 때문에 생긴다.

요구가 많은 것은 결혼 생활에서 만만찮은 장벽이다. 요구를 실행하는 사람은 대부분의 시간과 에너지를 혼동과 자기 연민에 다 써 버리고, 관계를 발전시키기 위한 창조적인 목적에는 에너지를 거의 쓰지 않기 때문이다. 배우자의 모든 행동은 반드시 상대편의 반응을 불러일으키기 때문에, 지나친 요구로 화가 나게 만드는 행동은 보통 상대편의 행동과 감정에 큰 영향을 끼치게 된다. 대부분의 경우, 한쪽 배우자가 부정적으로 반응하면 상대편도 부정적으로 반응하는데, 그것은 관계의 발전과 성숙에서 벗어나 끝없는 요구의 순환을 만든다. 한쪽 배우자가 기꺼이 자신의 요구를 포기한다면, 그 순환을 완전히 멈출 수 있을 뿐 아니라 결혼 생활이 건강해지도록 만들 수 있을 것이다.[2]

누구든 다른 사람이 원하는 것을 '금방 알아차릴 수 있는 길'은 없다. 남에게 부탁하든 하지 않든 자신이 원하는 것은 가져야 한다는 신념은 어릴 때의 부질없는 감정일 뿐이며, 경직되고 생명 없는 삶으로 인도한다. 결코 해소된 적 없는 유아기적 환상은 건강하고 긍정적인 관계의 발전에 주된 장애가 된다. 그러나 당신이 부모와 자녀의 관계와 같은 결혼 관계를 원하고, 배우자를 과보호하여 자신의 필요를 채운다면 어느 정도 만족할지도 모른다. 그러나 그 관계는 건강하고 균형 잡힌 결혼 생활에 이르지 못한다.

그동안 미묘한 무언의 요구를 많이 받아 온 배우자는 결혼 관계가 다 끝난 것처럼 느낄지도 모른다. 그는 언제나 주는 쪽에 있고 결코 받지 못하는 것에 지쳐 버릴 것이다.

과보호의 유형

우리는 모두 어쩌다 자신을 과보호하게 되는 경우가 있다. 이러한 과보호는 어린 시절과 아무 상관이 없음을 깨닫는 것이 매우 중요하다. 우리는 어린 시절에 언제 부족함을 느꼈는지 분명하게 꼬집어 낼 수 있기 때문에 그때 우리가 받은 대우보다는 자신을 더 잘 대할 수 있기를 원한다. 혹은 성인이 된 후 어떤 취미나 흥밋거리를 아주 좋아하게 되었으며, 어떤 의미에서 그것이 자신의 '약점'이 되어 버렸을지도 모른다. 이러한 흥밋거리를 추구하는 것은 우리에게 만족을 준다.

반면에, 정말로 과보호를 받아 온 사람은 늘 부족하다고 느끼지만, 과거 언제 부족하다고 느꼈는지는 꼬집어 내지 못한다. 그가 추구하는 어떤 것도 만족스럽지 못하다. 그는 여전히 아무 노력도 기울이지 않은 채 다른 사람이 자신에게 제공해 주어야 할 의무가 있는 것처럼 느낀다. 우리는 종종 그런 사람을 '버릇이 나쁜' 혹은 '이기적인' 사람이라고 부르는데, 이는 매우 정확한 표현이다.

휴 미실다인 박사는 과보호의 보편적인 유형 몇 가지를 설명한다.[3]

술은 자기탐닉(self-indulgence)의 한 유형일 수 있다. 지루하거나 외로울 때 그런 불유쾌한 감정을 극복하기 위해 술의 효과를 사용하는 것은 쉬운 일이다. 그러나 이러한 의존은 곧 개인적인 어려움은 물론 대인 관계에서도 어려움을 낳는다.

재정 관리도 계속적인 비극의 원천이 될 수 있다. 아이는 돈을 다루는 법을 알지 못하고, 어쩌면 돈의 가치를 모르는 채 자랄 수 있다. 물건을 사면 순간 행복하지만 그 행복은 곧 사라지고 다시 지루해진다. 그래서 좀 더 많이 사기도 한다. 현금이 없으면 당연히 지금 손에 쥐고 있는 신용카드를 사용한다. 그러나 불만족은 언제나 여전하다. 그는 교육이나 직업 훈련을 제대로 받지 못했기 때문에 재정이 부족할지도 모른다. 그래서 그의 온갖 변덕에 반응해 주지 않는 사회를 향하여 쓴 마음을 갖게 된다.

옷은 남자들보다는 여자들이 선호하는 탐닉의 유형이다. 탐닉은 옷에 국한되지 않고, 장신구와 보석류, 다른 것에까지 이른다. 이러한 행동을 합리화하기는 쉽다. "누가 유행에 뒤떨어지기를 원하겠는가?" 그러면서 계속 물건을 사들인다. 그러나 새로 구입한 물건에 대한 기쁨과 즐거움은 곧 사라진다.

음식은 어떤가? 과식의 원인은 매우 많아서 열거할 수 없지만, 지나친 탐닉이 그중 하나인 것은 분명하다. 다른 것은 괜찮은데 음식에만 탐닉하는 아이도 있다. 어떤 음식은 선호하지만 다른 것은 아주 싫어하기도 한다. 이러한 기호는 어른이 되어서도 계속된다. 음식이야말로 기분이 우울할 때 이들을 도울 수 있는 훌륭한 방법이 된다.

결혼 생활에는 과보호 유형에서 야기되는 많은 문제가 있다. 예를 들어, 주도권을 잡지 못하는 지나치게 방임적인 남편은 자기 아내와 깊고 친밀한 관계를 개발하는 데 어려워한다. 그 밖의 대부분의 인간 관계에서도 깊이 나아가지 못한다. 그는 언제나 다른 사람이 짐을 지게 만든다. 불행의 원인이 실은 자기 속에 있다는 것을 인식하지 못하기 때문에 언제나 원인을 상대방에게서 찾으며, 상대방을 비난하고 또 비난한다. 그는 아내와 멀어지기 시작한다. 아마 결혼 전의 모든 관계도 그와 같았을 것이다. 독신 생활은 실망스러웠다. 그래서 결혼을 했다. 행복을 찾아서, 자기의 끊임없는 요구로 만들어진 망상에 지나지 않은, 환상적인 공급자를 찾아서 결혼을 한 것이다. 그리고 또 이혼할 것이다. 결혼이 만족스럽지 않을 때, 나의 환상을 채워 줄 것만 같은 어떤 사람을 발견할 때, 또다시 결혼하기로 결정할지 모른다. 그러나 어떻든 간에 지루함과 함께 상대가 나를 즐겁게 만들어야 한다는 생각은 지속된다.

과보호를 받아 온 수동적인 어른은 살아남기 위해서 자기가 원하는 것을 누군가가 가져다주도록 반응하고 행동하는 법을 배워야 함을 알게 된다. 그는 다른 사람들이 주고 싶은 마음이 들도록 자기의 필요를 사람들에게 보이는 데 능숙하다. 어떤 사람들은 자신이 부족한 것에 대해 동정심을 유발하는 데 명수가 된다. 그러나 능숙한 거짓 모사와 달리 그들은 끝까지 성공할 수가 없다. 거짓 모사는 보통 근사한 말로 자신이 원하는 것을 얻기 위해 다른 사람들에게 아주 교묘하게 행동한다. 그러나 과보호를 받은 사람은 상대방에 대해 흥미나 관심을 별로 보이지 않는다. 심지어 그를 진심으로 좋아하는 사람이라 할지라도 그에게 계속 주기만 해야 한다는 사실에 지쳐 버릴 것이다. 사람들이 그에게 더 많이 줄수록 그는 더욱 수동적이 되기 때문이다. 시간이 지나면서 그는 그에게 필요한 것을 주는 사람을 실제로는 물리치게 된다.

당신은 과보호의 피해자인가

과보호를 받아 온 과거의 아이가 아직도 당신의 삶을 주장하고 있다는 것을 어떻게 알 수 있는가? 당신이 다음과 같은 견해에 동의한다면 의심할 바 없이 그렇다. "내가 무엇을 필요로 하고 원하는지 말하지 않아도 다른 사람이 앞서서 내 요구를 들어주어야 한다. 나는 그들의 필요를 채워 주거나, 그들에게 인격체로서 관심을 보이거나, 그 밖의 어떤 방식으로든 보답할 책임이 없다."

다른 사람이 당신에게 "책임지라"고 요구하는 것 때문에 마음이 불편하다면 당신은 과보호에 젖어 있다! 당신의 이런 태도가 행복과 만족을 가져다주는가?

당신은 사실상 다른 사람을 통제하는 데 자신의 약점을 사용하고 있다. 당신은 이런 메시지를 보내고 있는 것이다. "당신은 나를 돌봐주어야 하며, 나는 그것을 기대하고 있습니다." 무기력하게 의존하여 다른 사람을 자신에게 묶어 두려고 한다. 그러나 의존적인 사람은 곧 관계에 부담이 된다. 이러한 형태를 '자기중심적'(self-centered)이라고 한다. 그리고 다른 용어로는 '자아도취'(narcissism)라고도 한다.

자아도취적인 사람은 자신의 필요에만 관심이 있으며, 자신은 특별하기 때문에 주변의 삶이 자신을 중심으로 돌아가야 한다고 느낀다. 자신을 행복하게 만드는 것이라면 무엇이든 가질 자격이 있다고 생각하며, 보답할 책임은 느끼지 않으면서도 특별한 호의를 기대한다. 다른 사람이 그렇게 반응하지 않으면 그는 놀라고 화를 낸다. 자신이 원하는 것에 탐닉하거나 자신을 좋게 보이기 위해서 다른 사람들을 이용한다. 다른 사람의 권리나 인격을 무시하며 전혀 감정이입을 하지 않는다. 그는 다른 사람들이 어떻게 느끼는지 알지 못하며, 그들이 화를 내거나 괴로워할 때 의아해한다. 그의 자존감은 아주 강한 것처럼 보이나 실은 유약하기 짝이 없다.

과보호를 받아 온 사람의 필요와 요구는 다음과 같이 요약될 수 있다. 관계 면에서

- 당신은 언제든 내가 바라는 대로의 사람이 되어야 한다.
- 당신은 아무런 요구도 하지 말아야 하며, 내가 만든 진공 상태에서 사는 것으로 만족해야 한다.
- 당신은 내가 바라는 것이나 원하는 것, 소원하는 것들을 마음으로 읽거나 예측할 수 있어야 한다.
- 당신은 나 스스로 필요를 채울 수 있도록 나를 변화시키거나 성장시키려 해서는 안 된다.

관계에 문제가 있다면 그것은 과보호를 받아 온 사람을 충분히 사랑하지 않는 것이기 때문에 상대방의 잘못이 된다. 다른 사람이 그의 모든 필요를 채워 주지 않는다면 그렇게 해줄 누군가를 다른 데서 찾을지도 모른다.

당신은 변할 수 있다

당신이 이러한 과거의 모습에 얽매여 있지만 의존적인 데서 독립적인 상태로 옮겨 가고 싶다면 그럴 수 있다. 그것은 변화하고자 하는 진지한 노력과 더불어 당신의 욕구에 역행하도록 자신에게 강요해야 하는 불편한 경험을 요구하기 때문에 쉽지 않을 것이다. 그러나 자신의 삶에 만족하지 않는다면 살아가는 데 더 좋은 길이 있다. 당신은 좀 더 독립적인 사람이 될 수 있다. 계속해서 자기중심적이고 자아도취적이지 않을 수 있는 것이다.

종이와 연필을 꺼내서 당신이 지금 배우자나 가까운 사람과 맺고 있는 관계를 자세하게 묘사해 보라. 당신이 그 사람에게 어떻게 말하며 행동하는지, 당신이 그를 어떻게 이용하거나 의존하는지 되도록 구체적으로 써보라. 이제 그 사람과 맺고 싶은, 전혀 다른 관계를 자세하게 묘사해 보라. 주고받을 수 있는 건강하고 균형 잡힌 사람으로 자신을 그려 보라. 써 나가는 동안 자신을 이 새로운 관계에 만족하는 사람으로 여기라.

이제 나와 함께 새로운 생활 양식에 대해 생각해 보자. 방에 들어가서 문을 닫고 주위를 산만하게 하는 것들을 차단하라. 휴대 전화 전원을 끄고 방해받지 않는 상황을 만들라. 안락한 의자에 앉아서 천천히 심호흡해 보라. 지금껏 살아온 삶의 방식을 바꿀 수 있다는 신념을 가지라.

받을 뿐만 아니라 줄 수도 있는 삶의 모습과, 그것에 대해 당신이 만족하는 모습을 마음속으로 그려 보라. 생활 가운데 이미 관여된 일이나 관계에 대해 당신 자신의 모습을 그려 보라. 그러나 이번에는 다른 사람들을 진 빠지게 하지 않는다. 오히려 그들을 풍요롭게 만든다.

이러한 모습을 그린 후에 방 안의 쾌적한 분위기에서 자신을 바라보라. 당신은 편안하게 긴장을 풀고 있다. 조용한 가운데 노크 소리가 들린다. 일어나 문을 열자 당신은 그곳에 서 계신 예수를 발견하고 놀라며 또한 기뻐한다. 그분을 초청하고 그분은 안으로 들어오신다. 그분은 당신을 쳐다보시며 미소를 짓고는 말씀하신다. "네게 말해 주고 싶은 게 있단다. 친구여, 너는 능력이 있고 스스로 해낼 수 있는 사람이다. 나는 네가 그것을 알고 또한 믿기를 바란다. 네가 나를 네 삶 가운데 받아들이면 너는 네가 기대하는 것보다 큰 잠재력과 힘을 얻을 것이다. 너는 다른 사람에게 나누어 줄 수 있다. 너는 이제 받기만 하는 사람이 아니다. 나는 네가 나의 풍성함 가운데서 다른 사람에게 네 생명력을 전하길 바란다. 그리고 네가 결코 깨닫지 못한 너의 숨어 있는 잠재력을 발견하길 원한다. 이렇게 하라. 그러면 너는 새 삶을 살게 될 것이다. 나는 너를 돌보며 너를 사랑한단다. 나는 너를 위해 있고 너도 너 자신을 위해 살게 되기를 바란다."

예수께서는 떠나가시면서 돌아서서 당신에게 미소 지으신다. 그분이 당신을 인정해 주셨다. 이제 당신은 인정받은 사람으로 살 수 있다.

당신이 이러한 경험을 끝냈을 때 시간을 내서 느낌을 적어 보라. 충분한 시간을 들여 느낌과 생각이 표면에 떠오를 수 있게 해보라. 그리고 나서 이제 당신이 살고 싶은 삶과 원하는 유형의 사람이 무엇인지 글로 묘사해 보라. 그리고 다른 사람을 섬기는 비전을 위해 기도하라.

여기에 당신이 따라야 할 분명한 계획에 대한 실제적인 제안이 몇 가지 있다.

1. 예전의 사고방식과 생활 방식으로 되돌아가는 자신을 발견하게 된다면 눈으로 그려 보는 경험과 글로 쓰는 연습을 반복하라. 다음 구절들을 읽고 묵상하라. "모든 것을 품위 있게 하고 질서 있게 하라"(고전 14:40). "내게 능력 주시는 자 안에서 내가 모든 것을 할 수 있느니라"(빌 4:13). "인내를 온전히 이루라 이는 너희로 온전하고 구비하여 조금도 부족함이 없게 하려 함이라"(약 1:4). "새 계명을 너희에게 주노니 서로 사랑하라 내가 너희를 사랑한 것같이 너희도 서로 사랑하라"(요 13:34). "너희가 짐을 서로 지라 그리하여 그리스도의 법을 성취하라"(갈 6:2). "형제들아 너희가 자유를 위하여 부르심을 입었으나 그러나 그 자유로 육체의 기회를 삼지 말고 오직 사랑으로 서로 종노릇하라"(갈 5:13). "아무 일에든지 다툼이나 허영으로 하지 말고 오직 겸손한 마음으로 각각 자기보다 남을 낫게 여기고"(빌 2:3).
2. 다른 사람들과의 관계에서 당신이 변화하고 싶은 삶의 모든 영역의 목록을 만들라. 더 생각나지 않을 때까지 계속 적으라.

3. 당신과 가장 가까운 세 사람을 적으라. 그들의 관심과 필요는 무엇인가? 당신이 그들의 필요를 모른다면 그것이 무엇인지, 어떻게 그들을 잘 섬길 수 있는지 물어보라. 어떠한 요구나 요청도 하지 말라.

이러한 연습을 하는 동안 당신은 내적으로 울부짖으며, 무력하게 느끼고, 불안해할지도 모른다. 그러나 시간이 지나면 이러한 감정은 줄어들고, 새로운 생활 양식에 익숙해지면서 조용하고도 확실한 만족을 발견할 것이다! 흥분되는 일 아닌가? 당신이 다른 사람에게 암시하거나 조작하거나 제안하지 않고 애걸하거나 불평하거나 압력을 주지 않고도 다른 사람이 먼저 당신을 사랑하고 용납해 주는 것을 상상해 보라! 사람들이 진정 원하는 마음으로 당신에게 반응하기 시작할 때 그것은 얼마나 만족스러운가!

그렇게 되기까지는 몇 날, 몇 주, 혹은 몇 달이 걸릴지도 모르며 인내하는 것이 매우 어렵게 느껴질지도 모른다. 그러나 시간이 지나면 보상을 받을 것이다. 다른 사람의 행동에 아무 기대도 갖지 말라. 당신에 대한 그들의 반응 때문에 이러한 단계를 밟는 것이 아니다. 이것은 하나님의 자녀로서 당신의 유익과 발전을 위한 것이다. 다른 사람에게 무엇을 요구하고 싶은 마음이 들 때는, 그것을 '내가 어떻게 그 사람의 필요를 채울까?'라는 생각으로(경우에 따라서는 행동으로도) 바꾸라.

당신이 옛 방식대로 되돌아가 있다면 스스로 다음과 같이 질문해 보라.

1. 이것이 내가 진정으로 원하는 것이며 나에게 좋은 것인가?
2. 이것을 통해 성취되는 것은 무엇인가?
3. 나는 왜 옛날 방식으로 되돌아가고 있는가?
4. 새로운 생활 방식대로 행하기 위해 지금 할 수 있는 일은 무엇인가?
5. 다음에 되돌아가는 것을 막기 위해 할 수 있는 일은 무엇인가?

이러한 질문에 대한 당신의 반응을 반드시 적어 보라. 적는 것은 당신이 변화하도록 더 큰 압력을 주기 때문에 당신에게는 적기를 꺼리는 경향이 있을지도 모른다. 사실 그 말이 맞다! 그렇지만 그것은 좋은 일이다.

이것을 기억하라. 당신의 필요들은 이미 충족되었다. 당신은 아직도 그렇지 않다고 느낄지 모르지만 예수의 인격과 당신을 위해 행하신 일 때문에 모든 것이 충족되었다. 당신이 할 일은 이미 받은 것에 감사하는 것뿐이다.

어떻게 당신의 필요가 채워졌는가

어떻게 다른 사람에게 사랑을 받는가? 비록 당신이 느끼는 것과 모순될지 몰라도 당신은 그들에게 나아감으로 사랑을 받는다. 받는 자가 되는 대신 주는 자가 되라. 어떻게? 당신이 누구이며 어떤 존재인지에 대해 하나님이 선포하신 바를 받아들이라. 존 파월(John Powell)은 그것을 이렇게 표현했다.

매우 기본적이고 필수적인 한 가지 필요가 있다. 그것이 채워진다면 다른 모든 것은 일반적인 행복의 차원에서 거의 확실히 조화를 이룰 것이다. 이 필요가 적절하게 공급될 때 인간은 전인격적으로 건강해지며 행복을 누릴 것이다. 이러한 필요란 한 인간에 대한 진실하고 깊은 이해, 진정으로 기꺼운 자기 용납, 본질적인 자존감을 말하는 것으로, 내면에 감사의 감정을 갖게 해준다.[4]

당신은 이렇게 말할 것이다. "그러나 그것은 내 문제가 아닙니다. 나는 내가 누구인지에 대해 과장되게 느끼지 않아요." 정말 그런가? 혹은 지금까지 쭉 기만당한 것은 아닌가? 마음속 깊이 자신의 정체성과 능력에 의문을 품고 있기 때문에 당신의 자신감이란 하나의 위장에 지나지 않은가? 우리는 자신에 대해 균형 있게 용납할 때에만 다른 사람들에게 베풀 수 있다. 이 '자기 용납'은 하나님의 선물이다. 우리를 향한 그분의 사랑은 불완전한 인간에게 조건 없이 헌신하는 것이다. 부적절하고 무력하다는 당신의 느낌이 처리되고 당신이 스스로를 돌볼 수 있음을 발견할 때 돌봄을 받아야만 한다는 당신의 필요는 사라질 것이다. 이것을 성취하기 위해서 당신은 다른 사람들을 섬기기 시작해야 한다.

에이브러햄 매슬로우(Abraham Maslow)는 인생의 다섯 가지 기본 욕구를 언급한다. 첫째, 신체적 욕구가 채워져야 한다. 즉 공기와 물, 음식 등 생존에 필수적인 것이 위협받지 않아야 한다. 둘째, 안전에 대한 욕구가 있다. 대부분 이 두 가지 기본적인 필요는 크게 문제되지 않는다. 특별히 노력하지 않아도 매일 채워지기 때문이다.

그러나 다음 세 가지는 우리가 종종 전전긍긍하는 것들이다. 즉 사랑과 소속감의 필요로, 누군가가 돌보아 주고 경청해 주며 용납하고 이해해 주어서 자신이 필요하고 중요한 존재라고 느끼는 것을 의미한다. 또한 자존감의 필요인데, 그것은 관심과 존경을 얻고, 중요성과 가치를 느끼며, 목표를 성취하는 것을 말한다. 그리고 자아 성취의 필요가 있는데, 조건 없는 사랑을 베풀며 자신의 잠재력이나 은사를 발휘하는 능력이다.

래리 크랩(Larry Crabb)은 이렇게 말한다.

> 성숙의 표시는 다른 사람에게 베풀며 다른 사람들의 필요를 채워 주는 능력이다. 그러나 이렇게 되기 위해서는 처음 네 가지 차원의 필요가 먼저 채워져야만 한다. 그리스도인으로서 당신과 나는 다른 사람들보다 그 필요가 채워질 수 있는 가능성이 더 크다. 하나님은 매슬로우가 제시한 모든 필요를 채워 준다고 약속하셨다.
>
> 하나님은 우리의 신체적 욕구를 채우셨다. "너희는 먼저 그의 나라와 그의 의를 구하라 그리하면 이 모든 것(의식주)을 너희에게 더하시리라"(마 6:33). 하나님은 신체적 욕구가 내일도 채워질 것이라고 우리에게 확신시키셨다. "그러므로 내일 일을 위하여 염려하지 말라"(마 6:34). "아무것도 염려하지 말고 다만 모든 일에 …… 너희 구할 것을 …… 하나님께 아뢰라 …… 나의 하나님이 그리스도 예수 안에서 영광 가운데 그 풍성한 대로 너희 모든 쓸 것을 채우시리

라"(빌 4:6, 19).

하나님은 안전(사랑)에 대한 우리의 필요를 채워 주셨다. "누가 우리를 그리스도의 사랑에서 끊으리요"(롬 8:35, 38, 39). "우리가 아직 죄인 되었을 때에(최악의 상태에서 자신의 실제 모습이 드러났을 때, 우리가 아무런 가면도 쓰지 않은 모습일 때) 그리스도께서 우리를 위하여 죽으심으로 하나님께서 우리에 대한 자기의 사랑을 확증하셨느니라"(롬 5:8). 하나님은 의미(목적)에 대한 우리의 필요를 채워 주셨다. "이는 내게 사는 것이 그리스도니 죽는 것도 유익함이라"(빌 1:21). "우리는 그가 만드신 바라 그리스도 예수 안에서 선한 일을 위하여 지으심을 받은 자니 이 일은 하나님이 전에 예비하사 우리로 그 가운데서 행하게 하려 하심이라"(엡 2:10). "[하나님이] 네 생명을 파멸(낭비와 허비)에서 속량하시고"(시 103:4).

그리스도인이 이러한 구절들을 얼마나 믿는지에 따라서 자신의 필요가 채워지고 있는지 아닌지에 관심을 갖는 자기중심적인 삶에서 자유로워진다. 그리고 그의 신체적 필요가 하나님의 목적에 따라 채워질 것이며 그의 개인적인 필요는 지금 그리고 영원히 완전하게 채워졌음을 (언제나 반드시 느끼지는 못할지라도) 확실히 앎으로써 그는 진정한 자기 성취를 향하여 나아갈 수 있다. 돈과 쾌락, 명예를 향한 이 세상의 그릇된 가치관에 동조하게 만드는 엄청난 압박 속에서 이것을 믿는다는 것은 성경의 권위에 헌신할 것을 요구한다.

그리스도인들은 결코 결핍이 아닌 충만에 의해 움직인다. 우리의 삶은 예배와 봉사 속에 있는, 그러한 충만의 표현이어야 한다. 그러므로 나는 적절하게 자기 안에서 스스로 우러난 동기를 '표현 동기'(Expression Motivation)라고 부른다. 그렇지만 우리는 대부분 결핍을 느끼고 그 공백을 채우기 위해 행동할 때가 많다. 우리가 믿음으로 우리의 필요는 하나님 안에서 이미 채워졌으며 따라서 표현 동기를 가지고 5단계 자아 성취의 필요에서 살고 있다고 말하는 것과, 우리 자신이 결핍이라는 동기의 끈적한 거미줄에서 성공적으로 벗어나는 것은 완전히 별개의 문제다.[5]

당신과 나는 결핍에 의해 움직여 나가지 않아도 된다. 우리는 충족된 사람이다! 우리는 우리가 원하는 사랑과 관심, 용납을 받을 수 있다. 그러나 우리는 종종 그 반대를 쫓아간다. 관람자가 아니라 참여자가 되라. 당신은 사랑받고 있다. 그 사랑으로 다른 사람에게 반응하라. 당신은 자신 속에 있는 과보호된 아이에게서 벗어나 자유로워질 수 있다. 그것은 당신의 선택에 달렸다.

MAKING PEACE WITH YOUR PAST

10장
정서적 마비에서 자유하라

나는 두려움 때문에 마비되어 꼼짝도 못하는 많은 사람과 더불어 일하고 있다. 그 두려움이란 결정에 대한 두려움, 인정받지 못하는 두려움, 어떤 태도를 취해야 할지 모르는 두려움, 다른 사람들이 자기를 좋아하지 않는다는 두려움 등이다. 그리고 이 가운데서 가장 큰 두려움은 그들이 빠져 있는 이러한 삶의 유형을 깨뜨리는 데 대한 두려움이다.

신체적인 마비는 비참한 것이다. 몸이 움직이지 않으므로 마음의 명령에 따라 기능을 발휘하지도, 반응을 할 수도 없게 되는 것은 매우 절망적이다. 그러나 마비가 육체적인 것이 아니라 정신적인 것일 때는 더욱 심각하다. 우리는 자신을 과거에 묶어 두고 성숙케 되는 것을 막는 마음속의 연약한 부분에 대해 이야기해 왔다. 이 모든 것은 우리로 하여금 두려움에 지배받게 할 수 있다. 그리고 두려움은 우리를 마비시켜 성숙으로 나아가게 하는 필수적인 변화를 경험할 수 없게 만든다.

성경은 우리에게 몸과 마음이 모두 마비된 한 사람을 소개한다.

그 후에 유대인의 명절이 되어 예수께서 예루살렘에 올라가시니라 예루살렘에 있는 양문 곁에 히브리말로 베데스다라 하는 못이 있는데 거기 행각 다섯이 있고 그 안에 많은 병자, 맹인, 다리 저는 사람, 혈기 마른 사람들이 누워 [물의 움직임을 기다리니 이는 천사가 가끔 못에 내려와 물을 움직이게 하는데 움직인 후에 먼저 들어가는 자는 어떤 병에 걸렸든지 낫게 됨이러라] 거기 서른여덟 해 된 병자가 있더라 예수께서 그 누운 것을 보시고 병이 벌써 오래된 줄 아시고 이르시되 네가 낫고자 하느냐 병자가 대답하되 주여 물이 움직일 때에 나를 못에 넣어 주는 사람이 없어 내가 가는 동안에 다른 사람이 먼저 내려가나이다 예수께서 이르시되 일어나 네 자리를 들고 걸어가라 하시니 그 사람이 곧 나아서 자리를 들고 걸어 가니라(요 5:1-9).

이 사건에 나오는 사람은 38년 동안 마비되어 있었다. 그는 이 연못가에서 고통에서 자유로워지는 길을 고대하며 매일 누워 있었다. 실제로 사람이 헤엄칠 수 있을 만큼 깊은 이 연못 밑에는 지하에 샘이 있었다. 가끔씩 그 물줄기가 솟아올라 연못의 물을 움직였다. 유대인들은 이러한 물의 움직임이 천사에 의해 일어나며, 물이 솟아오르는 동안 가장 먼저 연못 속으로 뛰어드는 사람은 어떤 병에 걸렸든지 낫는다고 믿었다.

예수께서 연못가에서 38년 된 병자를 발견하셨을 때, 그에게 아주 이상한 질문 하나를 하셨다. "네가 낫고자 하느냐?" 다르게 표현하면 "너는 변화되기를 원하느냐?"라고 물으신 것이다. 내가 짐작컨대 그 사람은 예수의 짐짓 무정한 질문에 오히려 당황했을 것 같다. 예수께서는 그가 고침받기 위해 몇 달이고 몇 년이고 날이면 날마다 이 연못가에 와 있는 것을 알지 못하셨는가? 예수께서는 그가 이 사람 저 사람에게 연못 속에 들어갈 수 있도록 도와 달라고 부탁한 것을 알지 못하셨는가?

또는 예수께서 이 사람 마음속에 정말 무슨 일이 벌어졌는지 아셨으며, 그래서 이 질문을 하셨을 수도 있다. 그렇게 오랜 세월 동안 늘 마비된 상태에 머물러 있는 이 사람의 무력함은 절망으로 변했을 가능성이 있다. 어쩌면 치유에 대한 모든 소망은 끊어져 버리고, 그 자리에는 무기력한 자포자기만이 자리 잡고 있었을지도 모른다. 그의 대답이 이것을 보여 주고 있다. 단순히 "예" 하고 대답하는 대신 그는 왜 치유될 수 없었는지를 말했기 때문이다. 그는 매일 연못 속으로 들어가려고 움직이는 몸짓을 했지만, 마음속에는 어쩌면 결코 물을 건드리지도 못할 것이라는 생각이 있었을 것이다.

혹 그는 남은 생애 동안 무가치한 존재로 사는 것에 어느 정도 만족하고 있었을지도 모른다. 그가 낫는다면 직업을 찾는 것과 같은 새로운 문제에 직면하고 책임을 져야 할 것이다. 사람들은 지금보다 훨씬 많은 것을 그에게 기대할 것이다.

그 사람의 내적 상태가 어떠했든 간에 예수께서는 그에게 정확히 어떻게 해야 할지를 말씀하셨다. 예수께서는 실상 그에게 불가능한 일을 하라고 하셨다. 즉, 일어나 자리를 들고 걸어가라는 것이다. 예수께서 이렇게 말씀하셨을 때 그 사람은 예수를 믿었으며, 그리고 일어섰다! 무기력한 다리가 온전해졌으며 즉시 걷기 시작했다.

당신의 삶을 향한 예수의 질문을 고려해 보라. "네가 낫고자 하느냐? 너는 변화를 원하느냐?" 각자 대답하기 전에 이 질문에 대해 충분히 생각해 보아야 한다. 변화에는 치러야 할 대가가 있다. 어떤 변화를 이룬다는 것은 무슨 의미인가? 아주 친밀한 것, 심지어 그것이 당신에게 치명적인 손실이 될지라도 포기하는 것을 의미한다. 성장을 위한 아픔과 정서적인 불안을 겪을 것이다. 당신을 향한 다른 사람들의 태도와 반응은 달라질 것이며, 그중 어떤 것은 매우 불편하게 느껴질 것이다. 사람들이 당신을 어떻게 취급할지 더는 예측할 수 없다. 새로운 책임이 당신 삶의 일부가 될 수 있다. 과거에 받던 관심이나 동정은 이제 없을 것이다. 당신에 대한 기대가 더 높아질지도 모른다.

베데스다 연못가의 그 사람은 이러한 변화가 자신의 삶에서 대가를 요구하는 것임을 곧 경험했다. 그는 자신의 신체적이고 정서적인 치유를 기뻐할 시간을 갖기도 전에 종교 지도자들과 부딪쳤다. 고침받은 날은 공교롭게도 안식일이었다. 그는 자기 자리를 들고 가는 것으로 안식일을 범했다. 유대인들은 그에게 말했다. "안식일인데 네가 자리를 들고 가는 것이 옳지 아니하니라"(요 5:10). 이것은 의심할 바 없이 이 사람이 새 생활의 결과로 맞이한 수많은 도전 중 하나일 뿐이었다.

마비된 생활 양식을 깨뜨리는 것은 스스로 결정해야 한다. 다른 누구도 대신해 줄 수 없다. 그러나 결정할 때, 당신은 두려움에서 오는 마비 증세에서 풀려나는 자유를 느끼기 시작할 것이다.

두려움 때문에 마비되는 당신의 모습은 어떠한가?

사람들에게 굴복하다

마비의 가장 흔한 형태 중 하나는 지나치게 복종하거나, 고분고분한 것이다. 이러한 마비는 당신이 다른 사람과, 다른 사람의 요청과 요구에 끊임없이 복종하는 것을 볼 때 확실해진다. 당신은 자신의 느낌과 욕구를 무시하면서 그들에게 굴복한다. 개인적인 불안정과 자기 의심 때문에 계속 다른 사람의 요구에 응한다. 자신의 능력과 결정을 의심하며 갈등과 언쟁을 피하고 싶어 한다. 당신은 종종 거절할 때 죄의식을 느끼기도 한다. 그러나 이러한 느낌에는 이성적인 이유가 없다. 당신의 행동 양식은 단순히 당신의 잠재력에 대한 불확신을 반영할 뿐이다. 그것은 또한 주변에 있는 친구나 낯선 사람들을 기쁘게 하거나 그들에게 인정받고자 하는 강한 필요를 반영하는 것이다.

이전에 내가 상담한 어떤 사람은 자기의 이러한 생활 양식을 분명하게 묘사했다.

나는 다섯 남매의 장남이었다. 그래서 부모님은 나에게 더 많은 책임을 주셨다. 나는 착한 아이가 되면 부모님을 기쁘게 하고 그들에게 인정받을 수 있음을 발견했다. 부모님이 원하는 것이면 무엇이든 하려고 했다. 동생들은 나가서 놀고 있는데 나는 부모님이 시킨 일을 하고 있었을 뿐만 아니라 그들을 도울 방법을 물어 보기도 했다는 것을 깨달았다. 심지어 어른이 되고 나서도 이러한 형태가 지속되었고 일에 지나치게 민감했다. 나는 남들보다 많은 시간을 일했으며 회사에서 일하는 8시간을 정확히 하기 위해 매일 1시간씩 더 근무했다. 그리고 어떤 요청도 거절할 수 없기 때문에 지금 나는 할 수 있는 것보다 많은 일과 책임을 맡고 있다. 벗어나고 싶은 몇몇 인간관계가 있지만 나는 그들에게 얽매여 있다. 그들의 요청에 거절의 편지도 쓰지만 그들은 내가 잘 거절하지 못하는 줄 알기 때문에 계속 부탁한다. 그들은 내가 굴복할 것을 안다. 속으로 굉장히 화가 나지만 나는 언제나 미소를 짓고 요구에 응하고 만다. 이런 나 자신에게 몹시 화가 나서 변화를 위해 무엇이든 하고 싶다. 그러나 아무것도 할 수가 없다.

인정을 추구하다

정서적 마비의 또 다른 형태는 끊임없이 다른 사람의 인정을 구하는 것으로 드러난다. 정서적으로 마비된 사람이 인정받고자 하는 욕구는 결코 충족될 수 없기 때문에 이러한 추구는 끝이 없다. 그것은 결코 충분하지 않으며 지속적이지도 않다. 그는 용납되기 위해 일하는 사람 또는 돕는 자의 역할을 한다. 모든 과제에 열성적으로 접근하여 긍정적으로 발전하고자 노력한다. 어떤 사람을 도왔을 때 긍정적인 반응을 보이면 그는 보람을 느낀다. 그러나 자신의 가치에 확신이 없기 때문에 이러한 일이 반복되어야만 한다. 자신의 욕구보다는 자신이 다른 사람을 기쁘게 해줄 거라는 생각에 더 많은 영향을 받는다. 그는 자신의 감정과 필요의 포로다. 자신이 원하는 모습이 되기에는 매우 열등하다고 느낀다. 결국 이것은 자기혐오를 일으킨다. 그에게는 내적 의심과 두려움이 몹시 강하기 때문에 인정과 용납의 메시지가 거듭 반복되어야 한다. 그러나 그는 결코 믿으려 하지 않는다. 그가 그것을 믿는다면 불필요한 자기 소모를 끝내 버릴 수 있을 것이다.

다른 사람에게 순복하는 것, 즉 적절한 시간에 타당한 목적을 위해 순응하는 것은 중요하다. 그러나 인정을 받으려는 강력한 추구 때문에 순복하는 것은 마비의 한 형태다. 이렇게 행동하는 사람은 다른 사람을 기쁘게 하는 것이 곧 자신을 기쁘게 하는 길이라고 믿는다. 그들은 "다른 사람들의 인정을 얻으면 내 인생에 필요한 모든 자기만족과 긍정적인 느낌을 받을 것"이라는 그릇된 신념을 갖고 있다. 윌리엄 너스(William Knaus) 박사는 "다른 사람의 칭찬으로 기분이 고조되는 것은 정서적으로 술에 취하는 것과 같다"고 말한다.[1]

우리는 저마다 정도는 다르지만 모두 인정을 원한다. 어떤 사람들은 어떠한 대가를 치르고서라도 인정을 얻고자 한다. 그러나 인정을 강하게 필요로 할 때 당신은 그것에 포로가 되는 경향이 있다. 그 추구에 매우 지배당한 나머지 생애의 다른 영역에 대한 관점을 잃어버리게 된다. 쓸데없는 정신적 수고가 당신 인생의 핵심이 된다. 당신은 다음과 같은 끝없는 논쟁을 이끌어 낸다. "이것은 이런 식으로 이야기해야 할까, 혹은 저런 식으로 이야기해야 할까? 미소를 지어야 할까, 아니면 짓지 말아야 할까? 다른 사람들이 다 앉을 때까지 기다려야 할지, 지금 들어가야 할지 모르겠군. 내가 이렇게 말하면 그가 어떻게 생각할지 모르겠네. 그래, 나는 절대로 바보처럼 말하고 싶지 않아. 지금은 아무 말도 하지 말아야 하는지 어떤지 잘 모르겠군. 어쩌면 내가 말해야 하는 건지도 몰라."

다른 사람들이 당신을 어떻게 생각하고 느낄지 예측하려는 것은 무익한 일이다. 이러한 내적인 논쟁은 당신이 남과 다른 생각이나 의견을 표현하지 못하도록 막는다. 따라서 혀가 굳은 사람이거나 할 말이 없는 사람인 것 같은 인상을 주게 된다. 두려움이 당신을 주춤거리게 만든다. 다시 한 번 당신은 마비 상태로 돌아간다.

그러나 모든 사람이 이러한 필요에 침묵으로 반응하지는 않는다. 어떤 사람들은 인정을 얻기 위해서 다른 사람의 신념에 타협하기 때문에 이랬다저랬다 하는 사람이 된다. 그들은 계속해서 다른 사람의 요청이나 신념, 지시에 굴복한다. 심지어 지속적인 갈등을 야기하는 적수에게도 넘어가 버린다. 그들은 자신의 의견과 기준, 신념을 지키지 못하는 자기 자신을 싫어하지만 인정받고자 하는 필요가 자신의 견해를 지키려는 욕구를 이긴다.

그러나 이러한 사람이 과연 자신이 추구하는 대로 인정을 얻게 되는가? 다른 사람들이 그를 높이 생각하고 존중해 주는가? 그들은 인정받기 원하는 사람에 대해 속이 없고, 의견이나 기준도 없으며, '내가 원하는 것을 무엇이든 하게 만들 수 있는 사람'이라고 생각하는가? 인정받기 원하는 사람은 존경을 받는가, 멸시를 받는가? 그는 동네북으로 여겨지는가, 내적인 힘을 지닌 사람으로 여겨지는가?

'마음 좋은 사람'이 되다

연약해 보이고 수동적으로 행동하는 것은 인정을 얻는 한 방법이다. 그러나 '좋은 사람'이 되는 것도 인정받는 방법이다. '마음 좋은 사람'은 다른 사람들에게 조건 없는 호의를 베풀고 지나치게 친절하다. 그러나 그는 자신을 이용하고 있다고 느껴지는 상대방에게 내적으로 거부감을 갖는 것은 괜찮다고 생각한다. 사실상 다른 사람은 단지 그의 제의를 받아들였을 뿐이다. 다른 사람에게 호의를 베풀고 매우 자주 "예"라고 대답하기 때문에 '마음 좋은 사람'은 어쩌면 자신이 해야 할 일에 억눌리게 될지도 모른다. 그는 자신이 하겠다고 말한 것을 미루는 것으로 반작용한다. 누구도 약속한 것을 모두 성취할 수는 없다. 그리고 그의 거부감은 순응하고자 하는 자신의 욕구를 방해한다. 그는 이제 미루는 사람이라는 이미지를 만들기 시작한다. 그리고 다른 사람은 그에게 의문을 품기 시작한다. 그들은 어쩌면 그가 제대로 끝맺지 못한다고 화를 내기까지 할 것이다. 이제 그가 찾고 있던 인정은 어디에 있는가?

우리가 인정받지 못할까 봐 두려워하는 것은 대부분 일어나지 않는다. 그것은 단순히 하나의 걱정거리일 뿐이다. 최악을 예측하고 미리 두려워하는 것이다. 그래서 내적으로 외적으로 미루는 자가 되고 만다.

사회적인 접촉을 회피하다

'마음 좋은 사람'의 반대는 모든 사회적인 접촉을 회피하는 사람이다. 우리는 그가 수줍어한다고 생각하지만 실상은 사람을 두려워하는 것이다. 이러한 경향은 종종 그가 아주 어린 시절에 배운 움츠림의 한 형태다. 끊임없이 인정을 추구하는 사람과는 대조적으로 수줍어하는 사람은 거부당할 것을 기대한다. 사람들과의 만남은 그에게 고약한 경험이다.

수줍어하는 사람은 다음과 같은 생각에 고통스러워한다. '사람들은 나의 대적이다. 그들은 가차 없이 나를 거부한다. 그들은 나를 공격하려고 어딘가에 숨어서 기다리고 있다. 그들이 왜 나를 거부하지 않겠는가? 나는 그들처럼 영리하거나 매력적이거나 언변이 좋지도 못하다. 내가 손을 뻗친다 해도 언제나 그렇듯 결국 기회를 놓쳐 버릴 것이다.' 다른 사람에게 투사된 자신에 대한 부정적인 평가는 그들의 반응을 왜곡시킨다.

윌리엄 너스 박사는 수줍어하는 사람은 몇 가지 신화와 함께 살고 있다고 말한다. 이러한 신화는 합리화에 지나지 않은 잘못된 신념에 기초를 두고 있다.

첫인상의 신화는 어떤 사람을 처음 만날 때 완전한 인상을 주지 못하면 결과는 엉망이 되고 말 것이라는 신념이다. 좋은 인상을 줄 수 있을지 확신이 없기 때문에 사람들과 만나는 것을 망설인다.

완벽하게 말을 잘하는 사람의 신화는 의사를 전달하는 데 고도로 세련되지 못하면 다른 사람과 말하는 것을 참는 편이 더 낫다고 생각하는 신념이다.

흔히 사용되는 또 다른 신화는 **완벽한 출발선**이다. 적절한 방식으로 대화를 시작할 줄 알아야만 말을 꺼낼 수 있다는 생각은 대화를 회피하는 확실한 방법이다.

완전한 준비의 신화는 최근의 정치적 관점, 잡지, 베스트셀러 소설 등에 정통하지 않다면 사람이 모인 곳에서는 말하지 말 것을 제안한다. 모든 것에 정통하지 못하다면 불이익을 당할 것이라는 생각이다.

사람들에게 마음을 열기 위해서는 **편안하고 안정된 분위기**가 필요하다고 생각하는 것은 대인접촉을 방해하는 또 다른 신화다.

또한 구원자 신화도 있는데, 그것은 다른 누군가가 무조건 당신의 생활을 책임지고 보호하고 구출해 주기를 바라는 희망이다.

광고와 텔레비전이 조장하는 신화는 사교적으로 성공하기 위해서는 **파티와 같은 삶**을 살아야 한다는 신념이다. 자유롭고, 개방적이며, 표현을 잘하고, 행복하며, 재미있고, 지나치게 심각하지 않기만을 바라게 된다.[2]

누구를 기쁘게 하려 하는가? 인정과 용납을 절실하게 원한 나머지 다른 사람에게 칭찬 몇 마디를 얻으려고 자신을 팔고 있지는 않은가? 당신이 마비되어 있음을 깨닫고 있는가?

어떻게 자리를 들고 걸어가는가

자신의 생각과 느낌을 개방적으로 표현하는 능력을 개발하고 싶은가? 어떤 사람이나 사물에 대해 "아니오"라고 말하고서도 여전히 평정을 유지할 수 있기를 원하는가? 동의하지 않는다고 하고도 마음이 불편하지 않을 수 있기를 바라는가? 당신의 호의에 대한 반응에 지나치게 신경 쓰지 않으면서도 따뜻하고 긍정적인 자신의 감정을 나눌 수 있기를 원하는가?

내적, 외적으로 결정을 미루는 사람에게도 희망이 있다. 그러나 먼저 이 질문에 조용히 답해 보라.

현재의 삶과 환경에 만족하고 기뻐하는가?

다른 방식으로 살아갈 수 있는 가능성이 있다면 기꺼이 고려해 보겠는가?

현재 자신의 힘과 능력으로 살고 있는가, 아니면 하나님이 예수 그리스도와 성령의 역사를 통해 당신에게 허락하신 내적 힘과 지혜의 풍성함 가운데 살고 있는가?

어떤 제안에 따라 시도했다가 그것이 당신을 만족시키지 못할 때 일어날 수 있는 최악의 상황은 어떤 것인가? 당신이 인정받지 못하는 것을 두려워한다면 이미 자기 거부의 삶을 살고 있는 것이다. 당신은 다른 사람들이 당신을 거부할 것이라고 믿고 있다. 그러나 그들이 거부한들 무슨 상관인가?

그러나 나는 당신이 놀라게 될 것이라고 믿는다. 다음 제안들은 놀랍고 우습게 들릴지 모르며, 심지어 당신이 전혀 예상치 못한 것일지도 모른다. 그러나 당신이 지금보다 나은 경험을 얻기 위해서 취해야 할 것은 열 가지 가운데 하나라도 성공적인 경험을 하는 것이다. 그렇게 불리한 게임은 아니다. 그러나 이것은 당신의 선택에 달려 있다. 하나님이 당신을 믿으셨듯이 자신을 믿어 보지 않겠는가?

당신이 인정을 지나치게 추구하는 사람이라면 특별히 이유를 들지 않고는 "아니오"라고 말하기가 힘들 것이다. 그렇다면 "아니오"라고 몇 번 연습하라. 가게에 가서 진열된 물건들을 구경만 하라. 그러나 아무것도 사지는 말고 점원의 친절에 계속 "아니오, 구경만 합니다"라고 말하라.

"아니오"라고 말하는 것이 왜 잘못인가? 당신이 속으로는 긍정하지 않으면서 "예"라고 대답하는 것은 괜찮다는 말인가? 다른 사람이 당신에게 행동해 주길 바라는 내용을 적어도 세 가지 이상 적어 보라. 당신이 그들의 행동에서 고마움을 느낄 수 있도록 아주 구체적인 방식으로 적어 보라.

이번 주에 적어도 세 번은 "아니오" 혹은 "좀 생각해 볼게요"라고 말하라.

당신이 남을 돕는 일에 언제나 가장 앞장서서 자원하거나 가장 먼저 도착하거나 가장 나중에 떠나는 사람이라면, 당신의 일상적인 행동을 바꾸어 보라. 다른 사람에게 섬길 수 있는 기회를 주라.

당신이 인정이나 관심을 얻기 위해서 언제나 기지를 발휘하고 농담을 하는 사람이라면, 한 발짝 뒤로 물러나라. 다른 누군가가 흥을 돋우고 대화를 끌어가도록 내버려 두라.

환불을 잘 안 해주기로 유명한 가게에 물건을 물리는 연습을 친구와 함께 해보라.

당신이 반응하는 전형적인 방식을 좀 바꾸어 보라. 사무실에서 늘 미소를 짓고 있다면 좀 심각한 표정을 지으라. 옷 입는 스타일을 바꾸어 보라. 어두운 색의 정장을 잘 입는다면 좀 대담하고 색이 강렬한 원피스를 입어 보라. 다른 사람의 생각을 듣기 전에는 당신의 의견을 말하지 않는 경향이 있다면 당신의 생각을 먼저 나누어 보라.

수줍음과 거절에 대한 두려움 때문에 갈등한다면 당신이 갖고 있는 신화가 어떤 것인지 살펴보라. 얼마나 자주 그런 것을 의식한다고 생각하는가? 목록을 만들어 보라. 그것에 대한 당신의 결심을 적어 보라.

마음속 이미지를 눈으로 그려 보는 연습을 할 때, 한 번에 하나의 신화를 가지고 당신이 그 신화를 믿지 않는 것처럼 다른 사람과 교류하는 모습을 연습해 보라. 당신이 성공적으로 교류해서 자신에게 만족하는 모습을 상상해 보라.

전혀 알지 못하는 세 사람에게 매일 인사하기를 연습하라. 하루에 적어도 낯선 사람 한 명에게 시간을 물어 보라. 편안하게 느껴질 때까지 이러한 연습을 계속하라. 당신이 다른 사람과 이야기하는 동안 그들의 눈을 쳐다보라.

혼자 가게에 가거나 식당에서 식사하는 것을 두려워한다면, 혼자 가서 이러한 두려움에 직면하라. 그곳에 있는 동안 점원에게 친절하게 대하고, 그에게 한 인간으로서 관심을 보여 주는 두세 가지 질문을 하라.

그럴듯한 설명을 해주어야 할 의미 있는 배지를 하나 달고 다니라. 자신의 것을 하나 만들어 보라. 이렇게 할 때, 그것이 무엇을 의미하는지 물어보는 사람이 많은 것에 놀랄 것이다.

이러한 제안이 두렵게 느껴질지도 모르지만 마음속에서 혹은 친구와 더불어 말하며 반복하여 연습하면 두려움이 줄어든다. 왜 다른 사람들이 당신을 받아들이는 것처럼 행동하지 않는가? 대부분의 사람들은 그렇게 할 것이다!

자기표현을 할 수 있는 사람이 되는 것, 즉 모든 것을 속에 담아 두기보다는 자신을 다른 사람들과 나누는 사람이 될 수 있다. 자기표현을 한다는 것은 불평을 말하거나 어떤 방법으로 고집을 피우는 것 이상이다. 그것은 자신의 잠재력과 힘을 경험하는 능력이다. 자신의 생각과 느낌을 자유롭게 표현하되 따뜻함과 애정, 희망, 두려움을 포함하는 것을 의미한다. "아니오"라고 말할 수 있고, 생각과 느낌을 마음속에 가두어 두지 않을 수 있는 고요한 확신이다. 이것은 건강하고 긍정적이며 오래 지속되는 관계를 개발시킨다.

당신은 자기표현을 하는 사람인가? 어느 정도나 표현하는가? 다음 질문을 사용해서 자기표현 정도를 알아보라.

자기표현을 위한 질문

A칸은 당신이 자기표현을 하는 빈도수를 나타낸다. 이러한 사건이 얼마나 자주 일어나는지를 다음을 기준으로 A칸에 점수를 매기라.

1. 지난 30일 동안 한 번도 일어나지 않았다.
2. 지난 30일 동안 몇 번(한 번에서 여섯 번) 일어났다.
3. 지난 30일 동안 종종(일곱 번 이상) 일어났다.

B칸은 자기표현에 대해 당신이 어떻게 느끼는지를 나타낸다. 이러한 사건들에 대해 당신이 어떻게 느끼는지를 다음을 기준으로 B칸에 점수를 매기라.

1. 이 일이 일어났을 때 나는 매우 불편하거나 당황했다.
2. 이 일이 일어났을 때 나는 약간 불편하거나 당황했다.
3. 이 일이 일어났을 때 나는 아무렇지도 않았다(편안하거나 불편하지도

않았고 좋거나 나쁘지도 않았다).

4. 이 일이 일어났을 때 나는 제법 편안하거나 기분이 좋았다.
5. 이 일이 일어났을 때 나는 아주 편안하거나 기분이 좋았다.

(유의 사항_ 지난달에 이 사건이 일어나지 않았다면 그런 일이 일어났을 경우 당신이 어떻게 느낄 거라고 생각하는지에 따라 점수를 주라. 이 사건이 지난달에 두 번 이상 일어났다면 당신이 대체로 어떻게 느꼈는지를 대략 점수로 매겨 보라.)

당신 자신에 대해 다시 한 번 생각해서 당신이 해야 할 것과 하고 싶은 것을 목록으로 만들어 보라. 한 여성이 만든 목록을 예로 들어 보자.

	A	B
1. 차를 빌려 달라는 사람의 부탁을 거절하다.		
2. 어떤 사람에게 도움을 요청하다.		
3. 물건을 사라는 압박을 거부하다.		
4. 두려움을 인정하고 고려할 것을 요청하다.		
5. 상대방의 말이나 행동이 내 마음에 걸린다고 말하다.		
6. 토의하고 있는 분야에 대해 무지함을 시인하다.		
7. 돈을 빌려 달라는 친구의 부탁을 거절하다.		
8. 수다스런 친구의 입을 막다.		
9. 건설적인 비판을 요청하다.		
10. 어떤 사람이 말한 것에 대해 혼란스러울 때 명확히 해줄 것을 부탁하다.		
11. 내가 누군가의 마음을 상하게 하였는지를 물어보다.		
12. 한 이성에게 좋아한다고 고백하다.		

	A	B
13. 동성인 사람에게 좋아한다고 말하다.		
14. (식당 같은 곳에서) 기대한 서비스를 제공해 주지 않을 때 그것을 요청하다.		
15. 내 행동을 비판하는 사람과 개방적으로 토의하다.		
16. 가게나 식당 같은 곳에서 흠이 있는 물건이나 음식을 되돌려 주다.		
17. 상대방과 다른 의견을 제시하다.		
18. 어떤 사람이 내게 공정치 못한 일을 행했을 때 내가 어떻게 느끼는지를 말하다.		
19. 내가 특별히 좋아하는 사람이 아닌 경우 사교적인 초청을 거절하다.		
20. 술을 마시라는 압박을 거부하다.		
21. 내게 중요한 사람의 부당한 요구를 거절하다.		
22. 빌려 간 물건을 돌려 달라고 요청하다.		
23. 친구나 동료가 나를 성가시게 하는 말이나 일을 할 때 그것을 알려 주다.		
24. 공적인 상황에서 나를 거슬리게 하는 사람, 예를 들어 버스에서 담배 피우는 사람에게 중단해 달라고 부탁하다.		
25. 친구를 비판하다.		
26. 배우자를 비판하다.		
27. 어떤 사람에게 도움이나 충고를 구하다.		
28. 어떤 사람에게 사랑을 표현하다.		
29. 어떤 것을 빌려 달라고 부탁하다.		
30. 한 집단에서 중요한 일을 의논할 때 의견을 내다.		
31. 논쟁거리에 대하여 명확한 견해를 취하다.		
32. 두 친구가 옥신각신할 때 내가 동의하는 사람을 지지하다.		
33. 잘 알지 못하는 사람에게 내 의견을 표현하다.		
34. 말을 잠시 멈추게 해서 내가 잘 알아듣지 못한 내용을 반복해 달라고 하다.		

	A	B
35. 어쩌면 상대방에게 상처를 줄지 모른다고 생각될 때에도 반대 견해를 취하다.		
36. 누군가에게 그가 나를 실망시키거나 기운 빠지게 만들었다고 말하다.		
37. 누군가에게 나를 혼자 내버려 두라고 말하다.		
38. 친구나 동료에게 일을 잘했다고 칭찬하다.		
39. 누군가에게 토론할 때 좋은 의견을 말했다고 칭찬하다.		
40. 누군가에게 그와의 이야기를 즐겼다고 말하다.		
41. 누군가에게 그의 기술이나 창의력을 칭찬하다.		

표6[3]

1. 남편이 지난주에 내게 해주기로 한 일을 하지 않아 화가 났다는 것을 부드러운 목소리로 그에게 말한다.
2. 다른 사람과 같이 있을 때, 나는 내가 선호하는 것이 무엇인지 표현하기를 원한다.
3. 전화로 물건을 팔려는 사람에게 즉시로 "아니오"라고 대답한다.
4. 개를 혼자 내버려 두어 그 개가 밤새 짖었다는 것을 이웃에게 알려 준다.
5. 강압적인 외판원에게 이유를 말하지 않고도 "아니오"라고 말한다.
6. 어떤 집단에 가서 적어도 세 사람에게 인사하고 한 사람과 대화를 나눈다.

이것을 시작하면서 당신이 미리 준비하고 어느 정도 편안하게 느끼는지와 얼마나 능숙한지를 (1부터 5까지 수치로) 가늠해 보는 것이 중요하다. 3은 중간 정도며 5는 아주 편안하고 능숙한 것이다.

행동의 자취를 추적해 봐야 할 좋은 이유가 있다. 그것은 당신의 행동이 어떤 기간에 걸쳐 어떻게 변하는가를 볼 수 있는 기회를 준다.

옛 방식을 깨뜨려 버리고 삶에 새롭게 반응하기 위해 필요한 자신감과 기술을 개발하는 가장 좋은 길은 상상을 통해 사교적인 기술을 연습하는 것이다. 이것은 마음속에서 은밀하게 성취할 수 있다. 당신은 다양한 반응을 시도하고 그 반응들을 다듬을 수 있으며, 속으로 당신이 원하는 온갖 실수를 다 저지를 수 있다. 아무도 당신의 연습 과정을 모를 것이다. 당신은 머릿속에서 어떤 상황도 만들어 낼 수 있다.

당신이 지금 막 만든 목록 중 한두 가지 실제 상황을 택해 보라. 가장 쉬운 두 가지, 혹은 가장 가까운 시기에 일어날 수 있는 두 가지를 선택하라. 이것은 당신으로 하여금 즉시 성공을 확신시키며, 일어날 확률이 많은 것에 대해 더 잘 준비되도록 도와준다. 당신은 적어도 하루에 15분 이상 상상력 연습을 하라. 연습은 방해받지 않는 공간에서 하라. 침대나 거실 소파에 눕는 것이 좋을지도 모른다. 휴대 전화 전원과 텔레비전은 끄고, 필요하다면 방문에 "기도 중"이라는 표지판을 붙여 두라. 특별히 이러한 새 방식을 시작할 때는 자신을 위하여 조용한 분위기를 만드는 것이 필요하다.

당신의 개인적인 관심 중 한 가지를 선택해서 눈을 감고 실제 장면을 상상해 보라. 상상 속에서 천연색을 사용하여 장소가 어디인지, 누가 있는지, 그 장면에서 당신은 어디 있는지, 당신과 다른 사람들은 무슨 옷을 입고 있는지 등을 상상해 보라. 당신이 새로운 태도로 행동하고 싶은 장면에 이르기까지 그 사건을 그려 보라. 당신이 하고 싶은 대로, 당신이 느끼는 대로 행하거나 말하는 자신의 모습을 그려 보라.

자신감을 갖고 머뭇거리지 않고 말하며 행동하는 자신의 모습을 그려 보라. 당신은 상황을 통제할 수 있고 결코 아무 공격도 받지 않는다. 스스로에게 만족스럽게 느낄 때까지 연습하고, 그러한 방식으로 자신에게 반응하라. 굉장할 필요는 없다. 그것은 짧고 단순하게 끝날 수도 있다.

이렇게 할 때 당신 어깨 위에 지지하는 손길을 느낀다고 상상해 보라. 당신을 지지하는 자가 누군지 주위를 돌아볼 필요는 없다. 그분은 당신과 함께 한 걸음 한 걸음 걷는 예수 그리스도시다. 그분은 거기 계셔서 당신을 돌보시고, 사랑하시며, 지지하시고, 능력을 주고 계신다. 당신은 자신의 힘이나 능력만으로 다르게 반응하는 법을 배우는 것이 아니라 주님의 권능과 임재를 통하여 배우는 것이다. 예수께서는 이것을 성취할 수 있는 당신의 능력을 믿으신다. 그분은 당신이 새 사람이 되길 원하시며, 하나님이 당신에게 주신 잠재력을 개발하여 그리스도를 위해 더 효과적으로 사용하기를 원하신다.

이제 당신은 자신의 말을 한 후 무슨 일이 벌어지는지를 상상해 보라. 다른 사람들은 무엇이라고 말하며 행동할까? 반드시 당신의 새로운 행동에 대한 긍정적인 효과를 상상하고, 뒤로 물러나 걱정 어린 부정적인 예상은 하지 말라. 때때로 당신이 원하는 대로 다른 사람들이 반응하지 않는 것을 상상할 수도 있다. 그들은 가끔 그러기도 할 것이기 때문이다. 그러나 그 일은 당신이 두려워하는 만큼 그렇게 자주 일어나지는 않을 것이다. 사실 당신은 다른 사람들의 행동이나 말을 조절하려는 것이 아니다. 단지 자신이 더 긍정적인 태도로 상황에 대처하는 법을 배우고 있다.

일단 장면이 완성되면 되돌아가서 반복하라. 이번에는 세세한 부분들을 좀 바꾸어 보라. 당신은 그 상황을 유도하는 말을 약간 바꾸거나 고치고 싶을지도 모른다. 이러한 과정을 여러 번 거쳐 때때로 그것을 조정하라. 당신의 비디오테이프가 언제나 다른 사람에게 받은 긍정적이고 만족스러운 새 행동과 반응을 기억하게 하라.

여기 한 대학생을 예로 들어 보자. 그는 교회에서 다른 대학생들과 교제하는 데 관심이 없다. 그는 집회에 약간 늦게 도착해서 다른 사람들과 교제하는 것을 회피하거나 일찍 도착했을 때에는 구석으로 가서 혼자 앉아 있었다. 여기 그 장면의 개요가 있다.

첫 번째 장면

사진_ 나는 교회 대학부에 참여하고 있다. 일찍 도착했고, 예배당에는 약 25명의 사람이 있다. 어떤 사람들은 모여서 이야기를 나누고, 또 어떤 사람들은 둘씩 짝을 지어 대화하고 있다. 몇몇 사람은 그냥 서서 아무것도 하지 않고 있다.

비디오테이프_ 나는 내가 예배당에 들어오는 것을 본다. 몇 명이 내가 들어오는 것을 쳐다본다. 다른 사람들은 자기네 대화에 몰두해 있다. 두 사람이 나에게 인사하고는 다른 사람들과 계속 대화한다. 나는 약간 불안해하고 머뭇거리면서 방 안으로 좀 더 들어가 어떤 사람에게 다가가 대화하기로 결정한다.

사회적 상호 관계_ 나는 다른 두 사람에게 다가가 말한다. "안녕, 학교 수업 시간에 너를 몇 번 본 적이 있어. 그리고 네가 이 교회에 다니는 것도 알게 되었어. 우리는 한두 가지 공통점이 있는 것 같아. 예배가 끝나면 차 한 잔 같이 하는 거 어때?" 반응은 이렇다. "맞아, 우리는 같은 수업을 듣고 있지. 여기 좀 앉지 그래! 마침 빈 의자가 있네. 차 마시는 건 정말 좋은 생각이야. 나는 늦게까지 남아 있는 걸 그다지 좋아하지 않아서 그럴 기회가 전혀 없었거든. 초대해 줘서 고마워." 내가 말을 꺼내기 시작할 때 나는 내 어깨 위의 한 손을 느낀다. 나는 내 힘으로 말하고 있는 것이 아님을 깨닫는다. 예수께서 나와 함께 거기에 서 계신 것을 그려 본다.

이제 224쪽 목록에 나오는 한 여성의 상황을 살펴보자. 그 여성의 목록에 가장 처음 나온 것은, 지난주에 남편이 해야 할 일을 하지 않아서 마음이 상했다는 것을 남편에게 말하고 싶다는 내용이다.

사진_ 당신은 남편과 함께 저녁을 먹고 나서 거실에 앉아 있다. 텔레비전은 꺼져 있고, 쾌적한 시간이다. 둘 다 바쁜 하루를 보내고 난 후라 약간 피곤한 상태로 쉬고 있다.

비디오테이프_ 당신은 같은 상황에 있는 자신을 본다. 그리고 이제 하루 일과를 가볍게 이야기하고 있다. 집안일에 관한 몇 가지를 이야기한다. 이 시점까지는 별다른 갈등이나 진지한 토론이 없고, 둘 다 그 시간을 즐기고 있다. 당신은 남편에게 지난주에 일어난 일을 나누려고 생각하고 있다. 당신은 약간 초조하지만 적절하게 나눌 수 있다. 그래서 당신이 시작한다.

사회적 상호 관계_ "여보, 지난주에 당신은 차고 한쪽을 치울 수 있을 거라고 말했어요. 그래서 내가 그곳에 물건을 쌓아 둘 수 있도록 말이에요. 나는 주말 전에 그걸 기대하고 있었는데 어쩐 일인지 안 되어 있더군요. 약간 실망했지만, 지금도 당신이 그걸 해주길 바라고 있어요. 이번 주 언제 그걸 할 수 있는지 확실한 시간을 알려 줄 수 있어요?" 당신이 이렇게 하는 동안 예수 그리스도의 손이 당신 어깨 위에 놓여 있어서 당신을 지지하며 힘을 주고 있음을 상상하라.

반응_ 남편은 약간 놀란 듯이 당신을 쳐다보더니 이마를 손으로 친다. "참, 그렇지! 당신 말이 맞아요. 그걸 완전히 잊어버렸군. 그리 마음 내키는 일은 아니었지만 하겠다고 했었죠. 그 일은 당신에게 중요하니까요. 흠, 내가 토요일 저녁까지는 해놓을게요. 알려 줘서 고마워요."

시각적 상상의 기술을 배우는 것을 돕기 위해서 자신이 맛본 느낌을 먼저 글로 한번 써 보아도 좋을 것이다. 책을 한 권 쓸 필요는 없지만, 주요 장면과 말, 장면의 흐름을 반드시 써 넣기 바란다. 당신이 만든 장면에 만족한다면 그것을 이번 주에 연습할 계획을 세워서 적어도 하루에 15분씩 연습하라. 당신의 목록에 있는 상황 두 가지를 사용해서 일주일 동안 그렇게 해보라.

상상력 연습은 당신이 자신의 능력을 더 깊이 신뢰하는 것은 물론 당신이 원하는 변화를 가져다줄 것이다. 다음 단계는 실제로 당신의 기술을 사용해 보는 것이다. 당신은 초조하고 어색하며 당황하고 미숙하게 느낄지도 모른다. 당신이 그렇게 느끼는 것을 허용하라. 그것은 정상이다. 자신을 표현하는 법을 배울수록 이러한 접근 방식은 새롭게 변화한다는 것을 이해할 것이다. 상황이 우연히 주어지도록 기다리지 말고 오히려 활발하게 기회를 만들라. 위험 부담은 최소화하고 성공 가능성은 최대화할 수 있는 것을 찾으라. 할 수 있는 한 충분히 연습하라. 완전할 것을 기대하지는 말라. 그것은 당신의 진보를 방해한다. 점진적인 성숙과 발전은 당신에게 중요한 단계가 될 것이다.

두 주 동안 다양한 상황에 대비하여 연습한 후 편안한 정도와 기술을 측정하는 점검표로 돌아가서 자신을 다시 평가해 보라. 자신의 진보를 편안하게 느낀다면 당신은 상상력 연습을 어디서나 행할 수 있다. 이러한 새 접근 방식에 덧붙여 융통성 있고 즉각적으로 반응하는 법을 배운다면 더욱 안심할 것이다. 머지않아 어떤 상황이 벌어지든 바로 그 시점에서 적극적으로 반응할 수 있을 것이기 때문이다.

과거에서 이어져 온 그러한 습관들 중 하나 때문에 마비된 채로 남아 있어서는 안 된다. 소아마비나 척추 장애와 같은 신체적인 마비는 회복될 여지가 별로 없다. 그러나 두려움과 불안정, 인정받고 싶은 지나친 욕구에 의한 마비는 치유될 수 있다. 당신은 예수께서 왜 38년 된 병자에게 침상을 들고 가라고 하셨다고 생각하는가? 예수께서 그 사람에게 이제 침상이 필요 없다는 사실을 말씀하셨다고 볼 수 있는가?

그것은 그 사람의 과거 생활을 상기시키는 것이므로 이렇게 말씀하셨다. "너는 이제 그것이 필요하지 않을 테니 어서 치워 버려라." 예수께서는 그 사람에게 재발될 가능성을 허락하지 않으셨다. 우리는 삶에서 변화의 영구성을 쉽게 의심한다. 그래서 과거에 의존하던 방식을 한 손으로 계속 붙들고 싶어 한다.

그 사람은 이렇게 물었을지 모른다. "제가 내일 깨어날 때 다시 걸을 수 없으면 어떡하죠? 이 상태가 지속되지 못한다면요? 제가 다시 마비될 경우를 대비하는 것이 좋겠습니다."

예수께서 말씀하셨다. "너의 과거는 지나갔다. 이제 내가 주는 새 삶을 살게 될 것이다."

감정적인 마비는 영구적인 질병이 아니다. 그것은 치유될 수 있다. 당신은 단지 걷게 될 뿐 아니라 뛰어다닐 수도 있을 것이다. 예수 그리스도께서 당신에게 걷는 법을 가르치시게 한다면 당신은 목발과 침상을 없애 버릴 수 있다.

MAKING
PEACE
WITH
YOUR PAST

11장
당신의 상처를 처리하라

이 책을 통해 당신은 불필요한 짐 꾸러미를 발견하고 자신을 재점검하기 시작했으며 자유를 향하여 성숙해 나가고 있다. 그러나 감정적인 상처들이 아직도 당신 앞을 방해하는 것처럼 느껴질 때 당신은 어떻게 하겠는가? 당신 생애의 여정에서 당신을 방해할지도 모를 몇 가지 상처를 살펴보자.

상처를 인정하라

우리는 보통 상처란 전쟁이나 싸움 중에 생기는 것으로 생각한다. 마음의 눈으로 우리는 군인들이 포복하거나 절뚝거리며 움직이려고 애쓰는 모습을 그린다. 상처는 당신을 제한하며 능력을 약화시킨다. 그러나 제대로 처리된다면 상처는 치유될 것이다.

이러한 감정적인 상처에는 실망, 실패, 절망, 비통, 죄의식, 자기 거부, 자기 연민 등이 있다. 우리 가운데 감정적인 상처가 있는 사람들은 다음 네 가지 중 하나로 반응한다.

1. 감정을 막아 버리거나 억눌러서 단지 이성만 가지고 살아간다.
2. 감정에 근거해서 살아가기 때문에 지나치게 예민해진다.
3. 의심이 많아지거나 공포에 사로잡힌다.
4. 슬픔이나 우울증에 끊임없이 시달린다.

감정적으로 상처를 받은 사람은 흔히 고독한 가운데 상처를 드러낸다. 당신은 어린아이일 때 다른 사람을 신뢰하는 것을 배웠어야만 했다. 삶의 모든 영역에서 다른 사람들에게 전적으로 의존되어 있었기 때문에 신뢰는 필수였다. 그것은 당신이 살아남을 수 있는 유일한 길이었다. 그러나 당신을 돌보는 사람들이 사랑을 주지 않거나, 신실치 못하거나, 당신을 돌보는 데 일관성이 없었다면, 당신은 곧 그들에게 불만족했을 것이다. 당신은 다른 사람들을 신뢰할 수 없을 뿐 아니라 그들이 실제로 '당신을 이용'하거나 '당신을 망치기' 위해 존재한다고 확신하게 된다. 당신은 조심스러워하고, 마침내는 의심하는 것을 배웠다. 당신은 외로운 사람이 되었다.

외로움은 하나의 감옥이다. 다른 사람들과 함께 있어도 여전히 혼자라고 느끼기 때문이다. 자신을 감정적으로 고립시켜 의도적으로 다른 사람들에게서 자신을 소외시킨다. 의심이 많은 사람이 되어 버린다. 다른 사람을 있는 그대로 받아들이지 못한다. 위협감을 느낄 정도로 매우 가까워지거나 친밀해지면 당신은 차라리 고립을 택한다. 그리고 당신을 고립으로 몰아넣은 것은 그들의 신실치 못함 때문이라고 다른 사람을 비난한다. 시편 142편 4절은 외로운 사람의 감정을 그림처럼 묘사한다.

오른쪽을 살펴보소서 나를 아는 이도 없고 나의 피난처도 없고 내 영혼을 돌보는 이도 없나이다.

다른 사람들에게 소외당하고 버림받고 무리로부터 배척당하는 것은 외로움이라는 감정뿐 아니라 사람들 사이에 감정적인 교류를 단절시킨다. 외로움은 혼히 자초하는 것이다. 그것은 또한 계속 상처를 받는 상태다.

감정 억제

고립과 외로움의 한 형태는 우리의 감정과 느낌을 막아 버리는 것이다. 감정이란 우리가 살아 있음을 느끼는 방법이다. 감정은 주변 세상에 대한 우리의 반작용이다. 감정의 깨달음이 없다면 우리는 삶과 교통하는 일이 별로 없을 것이다.

어떤 사람들은 자기감정에서 숨기 위해 지성 속으로 도피해 버린다. 생각이나 언어의 영역은 감정의 영역보다 고통이 덜하다. 감정은 매우 불안정하기 때문에 사람들은 자기감정을 잘 신뢰하지 못한다. 감정적인 상처는 어떤 지적인 상처보다 크며, 그것은 우리의 희망과 에너지를 고갈시킨다.

그래서 그들은 머리로 자신을 보호하는 법을 배우며, 다른 사람들을 두려워하여 움츠러든다. 사랑을 주고받는 그들의 능력은 제한된다. 그들은 다른 사람들에게 더 많이 요구하거나 그들을 더 의심하게 된다. 어떤 사람들은 마음의 문을 얼마나 단단하게 닫았는지 아무 감정도 자라날 수 없게 되어 버린다. 사람의 마음은 실제로 두려움과 사랑, 평화, 기쁨, 부드러움 등의 감정을 막아 버릴 수 있다.

과민함

정서적인 성숙은 삶 가운데 일어난 일에 대해 비난할 대상을 찾거나 자기의 과거를 후회하지 않고, 그 일을 인정하고 받아들이는 것을 의미한다. 그것은 현재를 사는 것을 의미하며 계속 앞으로 나아가는 것을 의미한다. 많은 경우, 사람의 연령은 그의 정서적인 나이와 맞지 않다. 어릴 때 인정받던 사람은 정서적으로 성숙하기가 좀 쉽다. 당신이 어릴 때 인정받지 못했다면 정서적으로 성숙하기 위해 노력해야 할 것이다.

다른 사람에게 인정받은 경험이 부족하면, 자신의 가치, 귀중함, 선함에 대한 느낌이 자라지 못하게 하여 당신으로 하여금 두려워하고 자기 자신을 믿지 못하게 만든다. 당신은 주변 세계를 향해 자신을 개방하는 데 어려움을 느낀다. 심지어 하나님께 자신을 열어 놓는 것조차 힘들어한다. 당신은 어릴 때 적절한 양분을 섭취하지 못했기 때문에 감정이 자라지 못한 채로 남아 있다. 그 결과로 지나치게 예민하든지 감정적으로 닫혀 있다. 둘 다 상처다.

자기 삶의 근거를 감정에 두고 사는 과민한 사람은 불확실한 삶을 택한 것이다. 끊임없이 자기감정의 고통을 듣는 것은 의심을 남긴다. 그는 쉽게 느끼지 않으며 다른 사람의 생각과 감정, 반작용에 의아해한다. 그는 다른 사람들이 자신에 대해 생각하고 느끼는 것을 '확인'하고자 한다. 그러나 심지어 인정을 받을 때에도 여전히 의심 속을 맴돈다.

내적 불안정은 끊임없는 확신과 인정을 추구한다. 과민한 사람은 자기감정을 노골적으로 드러낸다. 그는 쉽게 상처를 받는다. 심지어 단순한 의견 차이나 사소한 반대조차도 당황함이나 우울증으로 이어질 수 있다. 그는 계속해서 다른 사람들에게 소외되고 고립된다. 그가 과거에 느낀 감정의 기억은 현재의 느낌에 여전히 영향을 준다.

과거의 고통이 사라지지 않았다면 우리는 현재의 감정에 따라 온전히 살지 못한다. 불행하게도 과거의 고통을 막아 보려는 시도 속에서 우리는 과거의 즐거움도 함께 막아 버린다. 비록 부정적인 기억을 가졌다 할지라도 우리는 부인하지 말아야 할 긍정적인 기억도 갖고 있는 것이다. 긍정적인 기억들은 우리 속에 낙천주의자를 만들어 내지만 부정적인 기억들은 염세주의자를 만들어 낸다.

옛날에는 사람들이 돈을 빌리고 갚지 못할 때 채권자의 감옥에 갇혔다. 불행하게도 이러한 처벌은 채무자와 채권자 두 사람 다 벌주는 것이 되었다. 감옥에 있는 동안 채무자는 빚을 갚을 돈을 전혀 벌 수 없었기 때문이다.

오늘날 우리 중 많은 사람이 채권자의 감옥에 살고 있다. 과거의 감정적인 빚이 존재하는 한 이자가 생겨서 빚은 더 늘어간다. 우리가 사는 동안 손실과 고통에 대한 두려움 때문에 신뢰하고 사랑하기를 계속 주저한다면 삶은 더욱 좁아지고 빚 때문에 짐스럽게 된다. 하지만 우리가 위험을 불사하고 사랑하기로 작정할 때, 그리고 신뢰가 시작될 때, 삶은 더욱 행복해지고 충만해진다.

때때로 우리는 어떤 감정을 가두어 놓고는 느낄 수 있는 잠재력을 차단시켜 감정적인 빚을 안고 산다. 감정 주변에 장벽을 많이 만들수록 더욱 조여든다. 상처는 삶의 한 부분이다. 우리는 불완전한 세상에 살고 있다. 그렇다면 어떻게 우리가 다른 사람들에게 일관성을 기대할 수 있겠는가?

감정적인 빚에서 헤어나는 길은 자신과 다른 사람 모두를 연약함을 지닌 존재로 받아들이는 것이다. 그것은 손을 내밀고, 시도해 보며, 신뢰하는 것을 뜻한다. 자신의 정서 생활에서 방어하는 태도를 취한다면 당신은 끊임없는 스트레스 속에 있으며 삶을 있는 그대로 보지 않는 것이다. 당신의 과거 경험이 어떠했든 당신은 단지 생각할 뿐만 아니라 느껴야 한다. 신뢰하지 않는 사람은 지속적으로 두려워한다. 그것은 마치 걸어 다닐 때 귀에서 윙윙거리는 소리가 나서 신중하고 조심스럽게 행하도록 일깨워 주는 것과 같다.

두려워하는 것이 무엇인가? 정말 당신이 마음을 닫게 하는 두려움인가, 아니면 다른 어떤 것인가? 당신이 감정에 대해 열어 놓는다면 일어날 수 있는 최악은 무엇인가? 그것이 지금의 경험보다 나쁜 것이겠는가? 고독하다면 다른 누군가와 감정을 나누라. 상처를 받았다면 다른 사람들에게 알리라. 화가 나면 긍정적인 방법으로 말하라. 슬프다면 누군가에게 말하라. 당신이 현재의 삶을 살기 원한다면 미래에 대한 희망과 함께 과거에 일어난 일을 수용하라. 과거의 경험은 바꿀 수 없다.

지나친 의심

신뢰하는 능력이란 당신이 깊은 관계를 맺을 수 있도록 허용하는 것을 의미한다. 그러나 오늘날에는 많은 사람이 누군가를 신뢰한다는 것을 어려워한다. 의심이란 삶의 주요 단어다. 다른 사람을 신뢰하지 못하는 것은 당신이 상처 받기 쉽다는 것을 뜻한다. 지속적으로 어느 정도 두려움이 있다는 것은 당신이 어떤 형태로든 흥분해 있다는 것을 보여 준다. 극단적인 예로 당신은 누군가가 당신을 관찰하고 있으며, 그들은 당신을 좋아하지 않고, 무엇을 말하든 당신의 배우자는 당신보다 다른 사람들을 더욱 신뢰한다고 느끼며 실제로 그렇게 믿을지도 모른다.

다른 사람들이 당신을 이용한다거나 누군가가 당신의 집을 쳐다보고 있다고 믿는 것에서 다른 사람이 당신의 마음을 읽을 수 있다고 믿는 데까지 의심의 정도는 다양하다. 당신이 다가갔을 때 직장 상사가 말문을 닫아 버리면, 당신은 틀림없이 그가 누군가에게 당신에 대해 이야기하고 있었다고 확신한다. 당신이 들어올 때 친구가 다른 사람과 하던 통화를 중단하면 당신은 그가 당신에 대해 이야기했다고 확신한다. 다른 직원 세 명이 점심시간에 같이 앉아 웃고 있으면 당신은 그들이 누구에 대해 비웃었는지 짐작한다.

당신에게 의심하는 경향이 있다면 당신은 머릿속에 무언가를 가지고 있는 사람이다. 당신은 고정적이고 미리 정해진 기대를 가지고 세상을 보고 있다. 당신은 이 기대를 확인할 수 있는 근거를 계속 찾는다. 의심이나, 그것에 근거한 행동 양식을 버린다는 것은 당신에게 어려운 일이다. 이성적인 논쟁은 실제로 도움이 되지 못한다. 그리고 누군가가 당신이 생각하는 이외의 것을 이야기하고자 하면 당신은 그 사람 또한 의심하게 된다.

의심하는 사람은 정보나 사실을 무시하지 않는다. 그는 그것들을 아주 주의 깊지만 선입관을 가지고 검토한다. 그의 지성과 날카로움, 그리고 주의 깊은 예리함은 실제 판단이 아닌 비뚤어진 선입관에 근거한 것이다. 그는 인간관계에 날카롭고 편협한 관심을 가지고 있다.

지나치게 의심하는 버릇은 아무 이유 없이 생기는 것이 아니다. 생에 대한 이러한 반응의 씨앗은 어쩌면 아주 어린 시절에 뿌려졌을 것이며, 당신은 그 열매를 수확하고 있을 뿐만 아니라 더 큰 씨앗을 심고 있는 것이다. 당신이 의심스러운 생각이나 감정에 굴복할 때마다 즉각적으로 감정이 이완되겠지만 그 생각이나 감정에 당신은 더욱 단단히 묶일 것이다.

지나친 의심은 일종의 '위험하다는 느낌'이다. 특히 당신이 소유하고 있는 것에 집착하게 되며, 그것에 아주 쉽게 상처 받을 수 있다. 또한 당신이 그것을 잃을 수 있는 이유가 당신 속에 있는 어떤 실제적인, 혹은 분명한 결점에서 비롯되었다고 느낄지도 모른다. 이러한 생각 때문에 감정에 따라 행동하기가 매우 쉬워진다. 또한 당신이 두려움을 떨쳐 버리려 노력하는 것조차 오히려 두려움을 강화하는 것이 된다.

지나친 의심의 몇 가지 예는 다음과 같다. 문을 잠갔는지 재차 점검하는 것, 누군가가 당신을 살피고 있는지 둘러보는 것, 수표에 서명을 했는지 지금 막 봉한 편지 봉투를 찢어서 확인하는 것, 쇼핑하는 동안 지갑에 돈이 그대로 들어 있는지 여러 번 확인하는 것 등이다. 조심스럽게 자신을 점검하는 일은 필요하다. 그러나 지나치게 의심이 많은 사람은 불필요한 자기 보호 행동을 한다.

의심은 우리에게 상상의 오류에 이르게 한다. 광고 회사에 구직을 신청한 존의 이야기가 좋은 예일 것이다. 존은 자신의 과거 경력을 완전히 진실하게 소개하지는 않았다. 그는 과거에 몇 개의 직장을 거쳤는데, 새 회사에는 자신이 성공적인 광고 캠페인 원고를 쓴 적이 있다고 말했다. 사실은 광고문을 입력만 했을 뿐이다. 그는 자기 경력이 인상적이지 않으면 원하는 직장을 얻지 못할까 봐 두려웠다. 그는 정말 그 직장을 원했다. 결과적으로 존의 문제는 죄와 그의 마음이 만들어낸 두려움에서 비롯된 것이었다.

회사는 존의 지원서에 좋은 인상을 받았고, 그는 직장을 얻었다. 그 후 존은 자신이 왜 고용되었는지 궁금해졌다. 그의 능력 때문인지, 추천서 때문인지, 아니면 성공적인 광고문을 썼다는 것 때문인지, 의심은 꼬리를 물고 일어났다. 새로운 직장이 그 거짓말 때문에 주어진 것이라면 어떻게 하나? 이것은 존이 거짓말한 사실을 새로운 고용주가 알게 된다면 심각한 문제에 빠질 수 있다는 의미였다. 이 직장은 존에게 최고였다. 봉급이 많아서 좀 더 나은 아파트로 이사할 수 있었고, 친구들은 그를 부러워했다.

존의 의심이 커지면서 점점 직장이 불편해졌다. '상관이 알면 어쩌지?' '내가 한 일에 상관이 의문을 품으면 어쩌지?' 상관은 그가 지난번 직장에서 만든 정도의 수준 높은 광고문을 기대할 수도 있을 것이다. 존은 날마다 직장에 다니면서 자기가 한 거짓말이 결국 발각되고 말 거라는 두려움을 갖게 되었다.

존의 두려움은 직장에서 그의 행동을 지배하기 시작했다. 해고당할 것이 걱정되었기 때문에 존은 일찍 출근해서 점심을 굶고 늦게까지 머물렀으며 어느 누구보다 열심히 일했다. 그는 상관들을 추켜세웠다. 그가 자기 일자리를 안전하게 보장하려고 노력할수록 의심은 커져 갔고 자신이 할 수 있는 한 최선을 다한다 해도 그것이 일자리를 지키기에는 부족하다는 두려움이 더해 갔다.

그 거짓말은 계속 존을 괴롭혔고 마음은 점차 불안해졌다. '상관이 전에 일한 직장의 사람을 만나면 어떻게 하지?' '이전 직장에서 그를 좋아하지 않은 사람이 상관에게 전화해서 탄로 나면 어떻게 하지?' 상관이 전화를 받거나 편지를 읽고 자기 쪽을 쳐다볼 때마다 존의 심장은 요동했다. 그는 다른 사람이 상관에게 자기의 거짓말을 일러바치고 있을 거라고 의심했다. 심지어 일과 후에 상관의 책상에 가서 우편물을 훔쳐보며 누가 자신에 대해 편지를 써 보내지 않았나 조바심했다. 그러나 이런 행동들로는 충분치 않았다. 그것들은 그의 두려움과 의심을 계속 증가시켰다.[1]

당신이 불필요한 두려움을 갖고 행동할 때 언제나 더욱 강한 두려움을 갖게 되며, 이런저런 주의를 해야만 한다는 당신의 신념은 더욱 강화된다. 지나치게 의심하는 일은 점점 자연스러워진다. 당신은 마음속에 자신의 삶에 대한 그릇된 관점이 형성되도록 허용하는 것이다. 이러한 삶의 양식은 오래전에 시작된 것으로 이제는 당신을 통제하고 지배한다.

공포에 사로잡히거나 의심하는 것은 생각이 마비된 것이지만, 당신은 변화될 수 있다. 이것이 당신의 반복되는 모습이며 살아가는 최선의 길이 아니라는 것을 기꺼이 시인한다면, 여기 당신이 할 일이 있다.

먼저, 자신을 보호하기 위해 무언가를 하고 있는 것을 발견할 때 그것을 즉시 중단하라. 행동을 통해 당신이 성취하고자 하는 바가 무엇인지 결정하도록 노력하라. 당신의 목표가 무엇인가? 당신은 자신의 목표를 성취하고 있는가? 지금 기분이 더 좋은가, 아니면 더 나쁜가? 며칠 후 또는 심지어 몇 시간 후에 당신은 어떻게 느낄 것인가? 당신의 두려움은 지금 덜해졌는가, 더 심해졌는가? 당신이 정직하다면, 아마도 그 행동이 도움이 되지 않는다고 말할 것이다. 모든 행동은 당신의 신념, 즉 그러한 행동들이 정말 필요하다는 신념을 강화시킬 것이기 때문이다.

다음으로, 당신이 행동을 계속하기 전에 멈추라. 문이 잠긴 것을 점검하고 있거나 다른 사람이 당신에 대해 어떻게 생각하는지를 알아내려고 애쓴다면, 속히 멈추라. 어떻게 느끼는가? 당신의 기본적인 충동을 거부하여 당신은 그것을 확대해서 보게 된다. 그것은 당신이 두려워하는 초점을 밝혀 줄 것이다. 당신의 모든 생각과 느낌에 주의를 기울이라. 그것들이 드러나도록 하라. 그것들을 적어서 정직하게 직면하라.

이러한 제안의 목적은 당신의 두려움을 강화시키는 행동을 찾아내고 그것을 멈추게 하기 위한 것이다. 이것은 실제로 그런 식으로 행동하려는 충동을 약화시킬 것이며, 또한 의심스러운 생각을 하는 경향을 감소시킬 것이다. 그러나 처음에는 아마도 더 나쁘게 느낄 것이며 충동에 따라 행동하고 싶어질 것이다. 당신이 잃을까 봐 두려워하는 것이 무엇이든 잃지 않을 것이다. 당신은 걱정을 하고 있는 것이며, 당신이 일어나리라고 예상하는 것은 사실에 근거한 것이 아니다. 그것은 아직도 효력을 발휘하는 옛날의 메시지다.

의심하려는 당신의 나쁜 성향을 부추기는 행위를 인식하는 데 도움을 줄 몇 가지 단계를 여기 추가한다.

1. 친구들이나 신뢰하는 친지들과의 관계에서 그 관계를 망칠까 봐 두려워 감정이나 상황을 숨기지 말라. 다른 사람에게 숨기고 싶은 마음이 들더라도 유혹을 이기라. 그것은 단지 문제를 더 크게 할 뿐이다. 당신은 발견될까 봐 두려워하는 그런 관계를 신뢰하지 못할 것이다. 많은 그리스도인이 용납받지 못할까 봐 다른 그리스도인에게 자기의 우울증을 숨긴다.
2. 다른 사람에게 재확신을 구하지 말라. 심지어 관계나 우정에 대해 불확실하게 느낄 때에도 그들이 당신을 좋아하는지 또는 받아들이는지를 물어보지 말라. 그러한 충동에 따라 행동한다면 의심은 더 심해질 뿐 사라지지 않는다. 당신이라면 재확신시키거나 인정해 주는 그 대답을 실제로 믿을 것이라고 생각하는가?

3. 당신이 여하튼 그들에게 그런 생각을 하도록 만들었을지도 모르므로 당신에 대해 부정적인 생각이나 행동을 하는 다른 사람들을 비난하지 말라. 그것은 단지 당신으로 하여금 다른 사람을 더욱 의심하게 만들 뿐이다.
4. 다른 사람의 행동을 시정하려 하지 말라. 그것은 다른 사람이 당신에게 할지도 모르는 행동에 대한 자신의 두려움을 나타내는 것이다. 친구에게 "나한테 크리스마스 선물 사 주는 거 잊지 마"라거나 "나한테 화내지 마"라고 말한다면 당신은 누군가에게 하지 않을 일을 기대하는 것이다. 당신은 그 일이 일어나기도 전에 최악의 상태를 연상하고 시정하려는 것이다. 다른 사람의 행동을 통제하거나 점검해 보려는 대신 그들을 신뢰하라.
5. 당신이 즉각적인 정보를 구하려는 지나친 충동이 있거나, 그것을 추구하는 자라면 그렇게 하지 말라. 친구가 한 어떤 말에 대해 그것이 무슨 의미인지 의아한 생각이 든다면 전화를 해서 설명을 요청하는 일을 하지 말라. 당신의 상관이 내일 당신과 함께 무엇을 의논하고 싶다고 말하면 무엇에 대한 것인지 알아내기 위하여 돌려 말하거나 그를 성가시게 하지 말라. 그냥 내버려 두고 당신은 모든 대답을 다 알지 않고도 행동할 수 있음을 인식하라. 당신이 지나치게 자신의 삶을 통제하려고 애쓰는 것을 멈춘다면, 당신은 주변 사람들을 신뢰하고 다르게 반응할 수 있을 것이다.[2]

우리는 모두 상처를 갖고 있다. 어떤 것은 눈에 보이고 어떤 것은 그렇지 않다. 최근에 나는 한 청년의 삶을 소개하는 방송을 시청하였다. 그는 양팔과 양손이 기형이며 다리 한쪽은 무릎 아래가 없이 태어났다. 이러한 영구적인 상처는 생활과 경험을 쉽게 제한할 수 있다. 그럼에도 그는 테니스 경기에서 수많은 트로피와 상을 받았으며, 지금은 테니스 코치로 활동한다. 그는 전국의 수많은 청년에게 강연하고 있다. 그가 어떤 모임에서 자신의 삶을 나누는 것을 들은 적이 있다. "우리는 모두 장애인이다. 유일한 차이는 당신은 나의 장애를 볼 수 있으나, 나는 당신의 장애를 볼 수 없다는 것뿐이다." 그는 그의 장애에 제한받지 않았다. 그러나 우리는 숨겨진 장애에 제한받는다. 그것들을 직면하고 나누고 처리하는 것은 우리에게 새로운 시작을 가져다준다.

우울증

우리가 이야기해야 하는 또 다른 형태의 상처는 우울증이다. 어떤 사람들은 끊임없는 슬픔 속에서 산다. 가끔씩 이런 상태에 빠져 드는 것은 정상이며, 삶에 깊이와 균형을 잡아 준다. 슬픔은 우리로 하여금 더욱 사색적이고, 진지하며, 사려 깊고, 감사하게 하며, 충만한 삶을 위한 새로운 목적을 준다. 그러나 끊임없는 슬픔은 삶의 햇살과 기쁨을 빼앗아 간다. 상실은 우울증에 빠지게 하는 슬픔을 가져다준다.

수년 동안 나는 특정한 형태의 상실감을 다루는 법을 배워 왔다. 내 아들 마태는 심각한 지적 장애인이다. 원래 나이는 열일곱 살이지만 정신 연령은 15개월 정도밖에 되지 않는다. 우리는 마태를 통해 자신에 대해, 삶에 대해, 그리고 하나님의 신실하심에 대해 많은 것을 배웠다. 우리는 '하나님의 선물'이라는 그의 이름이 의미하는 대로 그를 이해하고 받아들였다. 그러나 마태와 함께한 오랜 여정에서도 우리는 여전히 때때로 그가 잃어버린 것과 우리가 상실한 것을 깊이 느낀다.

최근에 아침 일찍 테니스를 하려고 친구를 만난 일이 있다. 그는 나에게 여섯 살 난 자기 아들과 함께한 1박 2일 캠핑을 이야기했다. 그들은 텐트에서 자고, 불을 피워 아침을 짓고, 강가에서 함께 놀았다. 그가 흥분과 즐거움을 자세히 나누기 시작하자 내 마음 한편은 그와 함께 기뻐하였지만 또 다른 한편은 아주 불편해졌다. 심지어 그만 이야기했으면 하고 느끼기까지 하였다.

나는 곧 내게 일어난 것이 무엇인지 깨달았다. 나는 다시 한 번 상실감을 느끼고 있던 것이다. 나도 아들과 함께 그러한 경험을 하고 싶지만 결코 그럴 수 없을 것이다. 시간은 지났고 결코 되돌아갈 수 없다. 마태의 제한된 능력은 그와 내가 함께 하나가 되는 경험을 허락지 않을 것이다. 나는 다시 한 번 상실을 경험했으며, 그 슬픈 마음은 그날 하루 종일 지속되었다. 그러나 그것을 내담자에게 나누었을 때, 하나님은 내담자에게 도움이 되도록 다시 한 번 그 경험을 사용하셨다. 나는 이것을 아내와도 나누었으며, 그것은 우리를 더욱 친밀하게 만들어 주었다. 슬픔은 다음 날 걷혔고, 나는 그 짧은 경험으로 변화되었다. 나에게 그것은 이제 과거가 된 또 하나의 기억이지만 삶에 대한 심오한 의미와 깊이를 더해 주었다.

상처 받은 사람들은 슬프거나 우울하다. 그리고 이러한 슬픔 또는 우울은 그들의 시각을 다시 만들어 내고 통제한다. 우울증은 생에 대한 우리의 인식을 왜곡시키기 때문이다.

우리의 기억은 언제나 우리와 함께 있기 때문에 각자는 경험의 창고에서 인생을 인식한다. 우리의 인식 작용은 저절로 일어나며, 우리는 자신이 인식한 것이 실제 세상이라고 믿는다.

리처드 버그(Richard F. Berg) 신부와 크리스틴 맥카트니(Christine McCartney)는 우리의 인식 능력을 카메라와 비슷하다고 설명한다. 사진사는 다양한 렌즈 또는 필터를 사용하여 실체의 형상을 바꿀 수 있다. 따라서 카메라가 포착하는 것은 세상의 정확한 모습이 아닐지도 모른다. 광각 렌즈는 더 넓은 영역을 보여 주지만 사진 속 물체는 훨씬 멀고 작게 보인다. 망원 렌즈는 세상을 훨씬 좁고 선택적으로 본다. 그것은 아름다운 꽃에 초점을 맞출 수 있지만 동시에 정원의 나머지 부분에 대해서는 닫아 버린다. 정상적인 렌즈는 행복하고 미소 짓는 사람을 포착하지만, 어안(魚眼) 렌즈를 통해서 보면 같은 사람인데도 찌그러지고 이상하게 보인다. 필터는 실체를 흐릿하게 할 수 있고, 형상을 조각낼 수 있으며, 밝은 장면을 어둡게 할 수 있고, 뿌옇게 만들 수도 있다.

카메라의 렌즈와 필터처럼 세상에 대한 우리의 인식은 왜곡될 수 있다. 우울증은 인생의 어두운 부분에 초점을 맞추며, 따뜻함과 행복, 기쁨을 빼앗아 버린다. 사진사는 렌즈에 따라 변형될 모습을 인식하고 있다. 그러나 우울증에 빠진 사람은 실체에 대한 자신의 왜곡된 인식을 깨닫지 못한다. 우울증에 빠져 있을 때 우리는 자신도 모르는 사이

에 눈이 멀게 된다. 그리고 우울증이 심할수록 왜곡 정도가 심해진다.[3]

우리는 무엇을 왜곡하는가? 홍분과 목적을 상실하여 삶 자체를 왜곡한다. 우리는 하나님의 형상을 왜곡한다. 마치 깊은 계곡이 우리를 하나님에게서 분리시키는 것처럼 하나님이 멀리 계시고 돌보지 않으신다고 생각한다. 그리고 자신에 대한 관점을 왜곡한다. 우리의 귀함과 가치, 능력은 희망과 함께 사라져 버린다.

우울증은 하나의 증상이자 질병이며, 반작용이다. 그것은 무언가가 잘못되었다고 우리의 주의를 환기시키는 하나의 경고 장치다. 정신 분열적인 우울증도 질병이다. 그리고 우울증은 생에 대한 반작용, 특히 삶에서 경험하는 많은 상실에 대한 하나의 반작용이다. 우울증에는 언제나 이유가 있다.

많은 그리스도인이 그리스도인으로서 우울증에 빠지는 것은 잘못이라는 그릇된 생각을 갖고 있다. 우울증에 빠지는 것이 죄라면, 예레미야 선지자는 죄인 중의 괴수임이 틀림없다. 그의 기록 중 많은 부분이 우울한 상태에 있을 때 나온 것이기 때문이다. 우리는 삶 가운데 어떤 요소들이 나타날 때 우울하도록 창조되었다. 기꺼이 받아들이고자 한다면 우울증은 우리가 깊은 물 가운데로 들어가고 있음을 말해 주는 증상으로 환영할 수 있다. 우리는 하나님과 그분의 방법으로 되돌아가야 한다. 그것은 회복할 수 있는 시간을 주어 스트레스와 긴장에서 잠시 숨을 돌리게 해주는 단기적 보호책이 될 수 있다. 우울증은 하나님이 우리를 위해 만드신 경고 장치다. 그러나 하나님은 우리가 형벌의 형태로 우울하기를 바라지 않으신다. 그분은 우리의 형벌을 십자가에서 처리하셨다.

그러나 우리는 우울증에 머물러 있어서는 안 되며, 그것을 생의 방식으로 선택해서도 안 된다. 가벼운 우울증이나 슬픔의 상태에 있을 때 우리는 그 경고에 주의를 기울여 약간 변화를 시도할 수도 있고, 지나치게 오래 머뭇거려 우리 삶 속에 그것이 영구적인 자리를 차지하도록 허용할 수도 있다.

우울증의 원인

우울증의 원인에는 아직도 우리에게 영향을 주는 과거의 문제들이 있다. 주된 원인들 중 하나는 '결손'의 문제다.

어린아이는 신체적이고 정서적인 보살핌과 생존을 위하여 어머니에게 의존한다. 어머니의 따뜻함과 양육과 부드러운 손길은 아이에게 사랑과 안전의 메시지를 전달한다. 어머니는 아이의 필요에 민감하게 반응한다. 어머니는 아이의 울음에 신실하게 반응하며 아이는 신뢰를 배운다.

그러나 어머니가 계속 아이를 무시하거나 사랑 없이 대한다면 무슨 일이 일어나는가? 아이는 금세 어머니란, 심지어 다른 사람들까지도 신뢰할 수 없는 존재라고 배운다. 소홀히 취급받은 경험으로 자신이 별로 달갑지 않은 존재라고 느끼기 시작한다. 그는 왜 자신의 세계가 믿을 수 없고, 의존할 수 없으며, 사랑스럽지 않은지를 이해하지 못한다. 이러한 어린 시절의 경험은 마음속에 좌절감을 만들어 간다. 어떻게 그가 누군가를 신뢰할 수 있겠는가? 이렇게 자라난 쓴 마음과 분노는 어른이 되기까지 겉으로 드러나지 않고 계속 발전한다. 그리하여 나중에는 우울증에 빠지는 원인이 된다.

우울증에는 상실감, 절망감, 그리고 리처드 버그와 크리스틴 맥카트니가 말한 것처럼 '영적인 슬픔'의 감정이 있다.

슬픔은 영적인 자아 개념 속에 깊이 박힌 상처다. 그것은 종종 우울한 사람에게 적잖은 고통을 주고 '어둠 가운데 무성해지는 나무'처럼 보인다. 이 나무의 커다란 두 뿌리는 용서할 능력이 없고 사랑받지 못한다는 신념(거부감)과, 용서를 받아들이는 데 저항하고 자신이 사랑스럽지 않다고 생각하는 신념(완전주의)인데, 이러한 생각들은 현재에 대한 인식을 왜곡시키며 미래에 대한 기대를 희미하게 만든다. 이 어둠의 '나무'는 조건 없이 치유하는 하나님의 사랑이 비추는 빛 가운데서는 자라날 수 없다. 주님은 우리를 어둠에서 벗어나도록 이끄셔서 영적인 슬픔을 치료하길 원하신다. 그분은 가난한 자에게 아름다운 소식을 전하시며 상한 자를 고치시고 포로 된 자에게 자유를, 갇힌 자에게 놓임을 선포하신다(사 61:1).

예수께서는 자신에 대해 이렇게 말씀하셨다. "나는 세상의 빛이니 나를 따르는 자는 어둠에 다니지 아니하고 생명의 빛을 얻으리라"(요 8:12).

시편 기자는 하나님의 치유와 사랑스런 임재 속에서 기뻐한다. "주께서 나의 등불을 켜심이여 여호와 내 하나님이 내 흑암을 밝히시리이

다"(시 18:28).[4]

슬픔의 상처는 종종 자신의 불완전함에 대해 죄의식을 가져온다. 우울증으로 고생하는 많은 사람이 완전주의자인 것은 놀랄 일이 아니다. 그들은 매우 높은 표준을 세워 놓고 쉽게 자포자기해 버린다. 얼마 안 가서 그들은 마치 무거운 짐이 자기 위에 떨어진 것처럼 느낀다.

예수께서는 불완전함에 대해 죄의식을 느끼는 우리 모두에게 우리가 지고 있는 짐에 대한 용서와 자유를 선포하셨다. "수고하고 무거운 짐 진 자들아 다 내게로 오라 내가 너희를 쉬게 하리라 나는 마음이 온유하고 겸손하니 나의 멍에를 메고 내게 배우라 그리하면 너희 마음이 쉼을 얻으리니 이는 내 멍에는 쉽고 내 짐은 가벼움이라"(마 11:28-30).

우울증에 빠진 사람은 희망이 없고 공허하게 느낀다. 그는 자신이 사랑받지 못한다고 생각하며 아무도 그를 진정으로 돌보지 않는다고 믿는다. 시편 기자는 그러한 느낌을 이렇게 표현했다.

여호와여 내 구원의 하나님이여 내가 주야로 주의 앞에 부르짖었사오니 …… 무릇 나의 영혼에는 재난이 가득하며 나의 생명은 스올에 가까웠사오니 나는 무덤에 내려가는 자같이 인정되고 힘없는 용사와 같으며 죽은 자 중에 던져진 바 되었으며 죽임을 당하여 무덤에 누운 자 같으니이다 주께서 그들을 다시 기억하지 아니하시니 …… 내가 어릴 적부터 고난을 당하여 죽게 되었사오며 주께서 두렵게 하실 때에 당황하였나이다(시 88:1, 3-5, 15).

예수께서는 위안이 되는 이러한 사실들을 말씀하셨다. "도둑이 오는 것은 도둑질하고 죽이고 멸망시키려는 것뿐이요 내가 온 것은 양으로 생명을 얻게 하고 더 풍성히 얻게 하려는 것이라"(요 10:10). "내가 이것을 너희에게 이름은 내 기쁨이 너희 안에 있어 너희 기쁨을 충만하게 하려 함이니라"(요 15:11).

우울증에 빠진 사람은 자신의 정체성에 대하여, 자신이 사랑을 받는지 아닌지에 대하여 깊이 의심한다. 이러한 의심은 곧 쓴 마음으로 발전할 수 있다. 이러한 거부감을 표현하고 처리하지 않으면 우울증을 키우게 된다. 하나님의 말씀은 우리가 진실로 사랑받고 있다는 사실에 대해 중요한 증거를 제시한다.

하나님이 세상을 이처럼 사랑하사 독생자를 주셨으니 이는 그를 믿는 자마다 멸망하지 않고 영생을 얻게 하려 하심이라(요 3:16).

너희 생각에는 어떠하냐 만일 어떤 사람이 양 백 마리가 있는데 그중의 하나가 길을 잃었으면 그 아흔아홉 마리를 산에 두고 가서 길 잃은 양을 찾지 않겠느냐 진실로 너희에게 이르노니 만일 찾으면 길을 잃지 아니한 아흔아홉 마리보다 이것을 더 기뻐하리라(마 18:12, 13).

나는 선한 목자라 선한 목자는 양들을 위하여 목숨을 버리거니와(요 10:11).

척 스윈돌(Chuck Swindoll)은 과거의 죄나 실패의 흔적을 가지고 사는 우리를 위하여 위로가 되는 몇 마디 말을 해준다.

비록 당신이 그러한 추하고 쓰디쓴 날들을 자백하고 버렸다 해도 지나간 과거를 완전히 지울 수는 없다. 때때로 혼자 있을 때 과거는 마치 변덕스런 바다 물결처럼 슬그머니 몰려와 당신을 휩싼다. 상처의 딱지는 거슬린다. 상처는 격동하기도 하고 한동안 부드럽게 가만히 있기도 하여 당신은 그것이 없어질 수 있을지 의아해한다. 비록 그것이 아직 다른 사람들에게 알려지지는 않았지만 언젠가 발각되어 거부당할까 봐 두려움 가운데 산다.

한때 내 속에 있는 상처를 치료하고, 그것을 불명예스런 상처가 아닌 아름다운 상처로 바꾸는 데 도움을 준 사람은 에이미 카마이클(Amy Carmichael)이다. 에이미의 글을 당신과 함께 나눈다.

상흔(傷痕)이 없는가?

당신은 상흔이 없는가?
발이나 옆구리, 혹은 손에 숨겨진 상흔이 없는가?
나는 당신이 이 땅에서 힘 있는 자로 찬송하는 소리를 듣노라.
나는 사람들이 당신의 밝게 떠오르는 별을
환호하는 소리를 듣노라.
당신은 상흔이 없는가?

당신은 상흔이 없는가?
그러나 나는 활 쏘는 사람에게 상처를 받았으며
지쳐 버렸노라.
죽기 위해 나무에 기대었으며,
나를 엄습하는 굶주린 짐승들에 의해 온몸이 찢겨졌으며,
나는 기절하였노라.
당신은 상흔이 없는가?

상처도 없고 흔적도 없는가?
주인으로서 종이 되셨네.
그리고 나를 따르라 하신 그 발은 못에 찔렸네.
그러나 당신은 온전케 되었네. 그래서 멀리까지 따를 수 있네.
상처가 없고 흔적도 없는 자가 누구인가?

상처와 흔적은 삶의 조용한 구석에 감춰져 있다. 그것들이 거기 없다면 우리는 의사가 필요 없을 것이다. 또한 서로가 필요하지도 않을 것이다.[5]

당신이 생에 지쳐 불행하고, 고립되었으며, 지나치게 예민하고, 의심하거나 우울하게 느낀다면, 예수 그리스도의 치유하는 능력 속에 희망이 있다. 여기에 따라야 할 몇 가지 실천 사항이 있다. 이것은 당신의 온전함을 향한 시작이 될 수 있다.

1. 오늘날 행하고 생각하는 방식에 아직까지도 영향을 주는 과거의 것은 무엇인가? 어떤 사람들은 과거를 돌아보는 데 시간을 쓰는 것에 반대하기도 한다. 물론 뒤돌아보는 데 지나치게 많은 시간을 쓰는 것은 건강치 못할 수 있다. 그러나 온전함으로 나아가기 위해서는 상처의 원인들을 찾아내야 한다. 우리는 과거의 망령이 되살아와서 우리를 괴롭히라고 마음의 무덤을 파고 있는 것이 아니다. 오히려 장사되었어야 할 과거의 망령이 남아 있지 않은지 찾고 있는 것이다.
2. 당신이 믿을 만한 사람이라면 다른 사람들에게 어떻게 반응하겠는가? 자신의 과거를 불신하는 가운데 오늘을 살고 있는가? 두 세상 속에서 사는 것은 어려운 일이다.
3. 자신의 사랑과 상처, 그리고 기쁨을 나누는 데 감정적으로 열려 있다면, 당신이 다른 사람들에게 어떻게 반응하는지를 그려 볼 수 있겠는가? 몇 분간 조용한 시간을 내어 자신이 새롭고 긍정적으로 반응하는 것을 상상해 보라. 매일 새로운 사람이 되는 과정을 향하여 한 걸음을 내딛으라.
4. 당신이 지금 슬프거나 우울하지 않다면 생을 위해 무엇을 하겠는가? 종이에 자세히 적어 보라. 희망과 기쁨의 새로운 삶을 향하여 당신이 시작할 수 있는 한 가지 일은 무엇인가?
5. 종이에 당신의 슬픔과 우울을 자세히 적어 보라. 그리고 나서 매일 일어나서부터 잠자리에 들기까지 무엇을 할지 적어 보라.

우울증 환자들이 시간을 어떻게 사용하는지 말해 줄 때 내가 발견하는 것은 많은 경우 그들이 하는 일이 실제로 슬픔과 우울함을 삶 가운데 지속시킨다는 것이었다. 나는 그들에게 말한다. "내가 당신처럼 살아간다면 나는 당신보다 더 우울할지도 모릅니다. 당신이 지금보다 슬프거나 우울하도록 자신을 다그치다니 놀랍습니다. 당신은 분명 무의식 가운데 많은 것을 행하고 있습니다. 그게 무엇인지 살펴봅시다. 당신이 그것을 더 잘 사용할 수 있도록 말입니다."

누가 당신의 상처를 치유할 수 있을까? 자기 성찰과 성장을 향한 결단은 중요하다. 어떤 상처의 원인은 깊숙이 감추어져 있어서 당신이 좀 더 앞으로 나아가기 위해서는 전문적인 상담가의 도움을 받아야 할지도 모른다. 그러나 당신이 도움을 받기 위해 어디로 가든 예수 그리스도께서 치유의 근원이시다. 그분은 하나님의 자녀인 당신이 품고 있는 소망의 근원이시기 때문이다. 하나님 아버지의 가족으로 당신이 입양된 사실의 영원한 의미(갈 4:4, 5)를 충분히 깨닫는다면 당신은 삶의 자물쇠에 꼭 맞는, 돈으로 살 수 없는 열쇠를 갖게 된다. 그 열쇠를 이 자물쇠에 넣고 돌려 보라. 그러면 자물쇠는 열릴 것이다.

당신이 자물쇠를 제거하고 자신의 내적 자아로 통하는 문을 열 때, 제한과 족쇄, 사슬과 덫, 그리고 절망감이 사라질 것이다. 자물쇠를 여는 것은 과거의 영향력으로 오늘날 어떤 존재가 되었는지, 그리고 미래의 삶을 어떻게 설계하고 싶은지를 객관적으로 볼 기회를 준다. 당신의 양자 된 신분에 대해 성령이 깨우치고 상기시키는 것 때문에(롬 8:15, 16) 당신은 이제 위험 부담을 무릅쓰고 시작할 수 있다. 당신은 하나님이 과거의 미숙한 내적 아이를 양육하고 제자화하며, 당신을 위하여 예비하신 성숙한 어른으로 자랄 수 있는 능력을 부어 주실 것이라는 믿음 가운데 걸음을 내딛을 수 있다.

로이드 오길비 박사는 오랫동안 내 삶에 영향을 끼쳐 왔다. 그의 통찰들이 과거와 화해하기 위한 우리의 여정에 적절한 결론을 내리는 데 도움을 준다.

우리는 모두 능력이 필요하다. 마음과 의지를 내적으로 활성화하는 것이 필요하다. 우리는 예수와 같이 되도록 재창조되었다. 우리 힘으로는 할 수 없지만 그분은 하실 수 있다. 우리 안에서 역사하시고 능력이 되시며 내주하시는 그리스도께서는 우리가 앞으로 될 수 있는 모습의 선명한 그림을 우리의 머릿속에 넣어 주실 수 있다. 그러고 나서 그분은 우리 의지의 모든 결정을 인도하시고 분별력을 주신다. 그분은 우리에게 새로운 피조물로서 어떻게 행동하고 반응해야 할지를 보여 주신다. 우리의 소모된 에너지는 새 힘을 얻게 된다. 우리는 실제로 우리에게 주어진 잠재력으로 인해 생각하고 행동하며 반응하는 데 있어서 초자연적인 능력을 이미 소유하고 있는 것이다.[6]

주

서론

1. A. W. Tozer, *The Knowledge of the Holy* (New York: Harper & Row, 1961), 107쪽.

1장

1. W. Hugh Missildine, *Your Inner Child of the Past* (New York: Simon & Schuster, 1968), 4쪽.「몸에 밴 어린 시절」, 일므디 역간.
2. Howard Halpern, *Cutting Loose: A Guide to Adult Terms With Your Parents* (New York: Bantam, 1978), 3쪽.
3. W. Hugh Missildine and Lawrence Galton, *Your Inner Conflicts* (New York: Simon & Schuster, 1974), 17쪽.

2장

1. W. Hugh Missildine, *Your Inner Child of the Past* (New York: Simon & Schuster, 1968).「몸에 밴 어린 시절」, 일므디 역간.
2. Frederic F. Flack, *The Secret Strength of Depression* (New York: J. B. Lippincott, 1975)에서 인용함.

3장

1. Henri J. M. Nouwen, *The Living Reminder: Service and Prayer in Memory of Jesus Christ* (New York: Seabury Press, 1977), 19쪽.
2. 앞의 책, 22쪽.
3. Matthew L. Linn and D. Linn, *Healing of Memories* (Ramsey, N. J.: Paulist Press, 1974), 11-12쪽.「기억의 치유」, 성바오로출판사 역간.
4. Lloyd John Ogilvie, *God's Will in Your Life* (Eugene, Ore.: Harvest House, 1982), 136쪽.
5. J. I. Packer, *Knowing God* (Downers Grove, Ill.: InterVarsity 1973), 32쪽.「하나님을 아는 지식」, IVP 역간.
6. Ogilvie, *God's Will in Your Life*, 144-145쪽.

4장

1. Norman Vincent Peale, *Positive Imaging* (Old Tappan, N. J.: Fleming H. Revell, 1982), 17쪽.
2. 앞의 책.
3. John W. Drakeford, *The Awesome Power of the Healing Thought* (Nashville: Broadman, 1981), 120쪽. All rights reserved. Used by permission.
4. Alan Richardson, *Mental Imagery* (New York: Springer Pub., 1969), 56쪽.
5. W. Timothy Gallwey, *The Inner Game of Tennis* (New York: Random House, 1979), 59쪽.
6. Mike Samuels and Nancy Samuels, *Seeing With the Mind's Eye* (New York: Random House, 1975), 169쪽.

5장

1. Lewis B. Smedes, *Forgive and Forget* (New York: Harper & Row, 1984), 118쪽.
2. 분노를 누그러뜨리고 다른 사람을 용서하는 것을 묘사한 접근법으로는 다음을 포함하여 많은 치료사와 목회자가 다양한 형태를 활용해 왔다. Matthew L. Linn and D. Linn, *Healing of Memories* (Ramsey, N. J.: Paulist Press, 1974), 94-96쪽을 보라. 「기억의 치유」, 성바오로출판사 역간; Dennis and Matthew Linn, *Healing Life's Hurts* (Ramsey, N. J.: Paulist Press, 1977), 218-219쪽을 보라; Howard Halpern, *Cutting Loose: A Guide to Adult Terms With Your Parents* (New York: Bantam, 1978), 212-213쪽을 보라(게슈탈트 문헌에 묘사된 '빈 의자 기술'이 이 부분에 묘사되어 있다); David L. Luecke, *The Relationship Manual* (Columbia, Md.: Relationship Institute, 1981), 88-91쪽을 보라; 또한 The Institute of Christian Healing (103 Dudley Avenue, Narbelk, Penn. 19072)에서 발행한 "The Journal of Christian Healing" 과월호를 보라.
3. Lama Foundation, *Be Here Now* (New York: Crown Publications, 1971), 55쪽.
4. Howard Halpern, *Cutting Loose: A Guide to Adult Terms With Your Parents* (New York: Bantam, 1978), 24-25쪽에서 인용.
5. Joyce Landorf, *Irregular People* (Waco, Tex.: Word, 1982), 61-62쪽.
6. Lloyd John Ogilvie, *God's Best for My Life* (Eugene, Ore.: Harvest House, 1981), 1쪽.
7. Lewis B. Smedes, "Forgiveness: The Power to Change the Past," *Christianity Today*, 7 January 1983, 26쪽.

8. Ogilvie, *God's Best*, 9쪽.
9. Smedes, *Forgive and Forget*, 37쪽.

6장

1. W. Hugh Missildine, *Your Inner Child of the Past* (New York: Simon & Schuster, 1968), 59쪽. 「몸에 밴 어린 시절」, 일므디 역간.
2. Howard M. Halpern, *Cutting Loose: A Guide to Adult Terms With Your Parents* (New York: Bantam, 1977), 126쪽.
3. J. I. Packer, *Knowing God* (Downers Grove, Ill.: InterVarsity 1973), 37쪽. 「하나님을 아는 지식」, IVP 역간.
4. Joseph R. Cooke, *Free for the Taking* (Old Tappan, Fleming H. Revell, 1975), 29쪽.
5. Maurice Wagner, *The Sensation of Being Somebody* (Grand Rapids: Zondervan, 1975), 164-167쪽.
6. Halpern, *Cutting Loose*, 128쪽.

7장

1. Jane B. Burka and Lenorn M. Yuen, *Procrastination* (Menlo Park, Calif.: Addison-Wesley, 1980), 28쪽.
2. David Burns, *Feeling Good: The New Mood Therapy* (New York: New American Library, 1981), 313쪽. 「필링 굿」, 아름드리미디어 역간.
3. John Robert Clarke, *The Importance of Being Imperfect* (New York: David McKay, 1981), 11쪽.
4. Burns, *Feeling Good*, 319-320쪽. 「필링 굿」.

9장

1. W. Hugh Missildine, *Your Inner Child of the Past* (New York: Simon & Schuster, 1968), 13장에서 소개한 개념을 인용하였다. 「몸에 밴 어린 시절」, 일므디 역간.
2. Nick Stinnet, Barbara Chesser, and John DeFain, eds., *Building Family Strengths: Blueprint for Action* (Lincoln, Neb.: University of Nebraska Press, 1979), 112쪽.
3. Missildine, *Your Inner Child*, 143-144쪽. 「몸에 밴 어린 시절」.
4. John Powell, *The Secret of Staying in Love* (Niles, Ill: Argus Communication, 1974), 13쪽.
5. Lawrence Crabb, *Effective Biblical Counseling* (Grand Rapids: Zondervan, 1977),

83-84쪽.

10장

1. William J. Knaus, *Do It Now: How To Stop Procrastinating* (Englewood Cliffs, N. J.: Prentice Hall, 1979), 64쪽.
2. 앞의 책, 70쪽.
3. Peter M. Lewinsohm, Ricardo F. Munoz, Mary Ann Youngren, and Antoinette M. Zeiss, *Control Your Depression* (Englewood Cliffs, N. J.: Prentice Hall, 1979), 175-177쪽.

11장

1. Dr. George Weinberg, *Self Creation* (New York: Avon Books, 1978), 4쪽에서 인용함.
2. 앞의 책, 48-55쪽에서 인용함.
3. Richard F. Berg and Christine McCartney, *Depression and the Integrated Life* (New York: Alba House, 1981), 34쪽.
4. 앞의 책, 162쪽.
5. Charles R. Swindoll, *Growing Strong in the Seasons of Life* (Portland, Ore.: Multnomah, 1983), 78쪽.
6. Lloyd John Ogilvie, *God's Best for My Life* (Eugene, Ore.: Harvest House, 1981), March 3 daily reading.

MAKING
PEACE
WITH
YOUR PAST

당신의 과거와 화해하라

초판 발행	1996년 2월 29일
초판 21쇄	2016년 10월 10일
2판 발행	2021년 2월 25일
2판 2쇄	2025년 1월 15일
지은이	H. 노먼 라이트
옮긴이	송헌복, 백인숙
발행인	손창남
발행처	(주)죠이북스(등록 2022. 12. 27. 제2022-000070호)
주소	02576 서울시 동대문구 왕산로19바길 33, 1층
전화	(02) 925-0451 (대표 전화)
	(02) 929-3655 (영업팀)
팩스	(02) 923-3016
인쇄소	(주)주손디앤피
판권소유	ⓒ(주)죠이북스
ISBN	979-11-93507-43-8 03230

책값은 뒤표지에 있습니다.
잘못된 도서는 교환하여 드립니다.
이 책 내용을 허락 없이 옮겨 사용할 수 없습니다.